翁 邦雄
Kunio Okina
京都大学教授

金利と経済

高まるリスクと残された処方箋

ダイヤモンド社

はじめに

金利という観点から最近大きな話題を呼んだのは、2016年初に登場し流行語大賞まで獲得した「マイナス金利」だろう。近年、金融政策の枠組みはどんどん変わり、金利をマイナスにし、さらに手直しが続けられている。いま、金融政策は難解極まりない、不気味なものにみえているのではないか。本書は、「金利」という切り口から日本を軸足として先進国経済の諸問題について考えることを目的としているが、まずはこの難解さを確認するため、手始めに直近の日本銀行の金融政策を振り返ってみよう。

2016年1月、それまで「量的・質的金融緩和」政策を進めてきた日銀は、「マイナス金利付き量的・質的金融緩和」の導入を突然決定し、社会に大きな衝撃を与えた。

実は、マイナス金利の導入自体は必ずしも驚くべきことではない。実際、欧州では2012年ごろからすでにマイナス金利政策が導入されており、その効果と副作用への理解が進みつつあった。

青天の霹靂（へきれき）のように衝撃が大きくなってしまった理由の一端は、早い段階からマイナス金利政策の導入を予告して市場のショックを和らげようとした欧州中央銀行とは対照的に、日銀が直前までマイナス金利の採用を強く否定し続けた点にある。衝撃を大きくする演出でその効果を高めようとする異次元緩和後の日銀の戦略は、先進国中央銀行としてはきわめて特異なものである。

２０１６年9月、マイナス金利政策への風当たりが強まるなか、日銀は、当初予告していたマイナス金利の「深掘り」（マイナス金利のマイナス幅を大きくすること）を見送り、新たな金融政策の枠組みとして「長短金利操作付き量的・質的金融緩和」を決定した。これは、短期金利をマイナス０・１%、10年物長期金利を０%近辺に同時に誘導する方式であり、長短金利の両方を操作することから「イールドカーブ・コントロール」と名づけられた。

その際、日銀はインフレ率が目標を超えても量の拡大を続けるという「オーバーシューティング型コミットメント」を採用した。目標を超えても、という部分がオーバーシューティング型と呼んでいるゆえんであり、この方針を前提として、引き続き80兆円という巨額の国債買い入れ額のメドを維持して量の拡大持続を謳っている。しかし建前はどうであれ、この枠組み変更は、本音としては金融政策の軸足を量から金利に移すもの、と一般には理解され、そのように報道されている。

こうして振り返ってみると、２０１３年4月に量的・質的金融緩和からスタートした日銀のいわゆる異次元緩和は、目新しい名称を量産し、マイナス金利政策を経て、とりあえずイールドカーブ・コントロールへ到達した。

これらの政策の中味はいったいどのようなもので、日本経済にどのような効果と副作用を及ぼすのだろうか。

トランプが米国の大統領に当選してから、財政政策への関心が世界的に一段と高まっているが、金融緩和ではなく財政拡張を行った場合、効果と副作用はどう異なるだろうか。

財政の持続性が懸念される日本では、中央銀行が財政をファイナンスすることへの期待も強まっているが、これは政府の利払い負担を節約し、国民負担を軽減する妙薬になるのだろうか。

そもそも何がファーストベストの処方箋なのか。

これらの点を考えるうえでカギを握るのが「金利」である。本書では、先進国経済の状況を踏まえつつ、「金利」を軸にこれらのさまざまな問題を解きほぐし整理していく。

２０１７年１月

翁　邦雄

金利と経済◎目次

第3章 長期停滞が懸念される理由

第4章 自然利子率がマイナスの場合の金融政策

第5章 マイナス金利政策の登場

第6章 「マイナス金利」追加の功罪

第7章 「イールドカーブ・コントロール」の行方

第8章「財政政策の時代」と金融政策

第1章
金利とは何か

金利政策が「簡単だった」時代がある

「はじめに」を書いてみて改めて感じるのは、最近の金融政策の枠組みが長大な名前をもち、いかにも難解にみえる、ということである。日本の場合、異次元緩和導入後は、サプライズの演出や、建前と本音の乖離(かいり)が大きいことで、難解さが増幅されているとは思う。だが、日本に限らず現代の金融政策がかなりわかりにくいことは間違いない。

翻って昔は、金融政策はきわめてシンプルなものだ、と考えられていた。複雑な現代の話に突入する前に、金融政策がシンプルだった時代の個人的な思い出から話を始めたい。

筆者は、1974年4月に日銀に入行して社会人としての生活をはじめた。

その前年の1973年、入行内定に至るまでに日銀で何回も採用面接を受けた。そのなかでいまも強く印象に残っているのは、人事部（当時）の人事課長だった箕浦宗吉(みのうらそうきち)氏との面接である。箕浦さんは、日銀で理事を務められたあと名古屋鉄道に転じ、中部財界で活躍され、2016年5月に亡くなられた。温厚・誠実な人で、採用面接でも威圧感を与えないソフトな語り口で親しげに話をされたことを記憶している。

しかし、強く印象に残ったことは、その人柄や語り口だけではない。ここで書いておきたいのは、人事課長に就任する前に日銀内のいわゆる政策関連部局を中堅幹部として経験した、箕浦さんの金融政策観である。法学部出身だった箕浦さんは、筆者にこう言った。

「あなたは経済学部だね。でも、僕の経験では、申し訳ないが金融政策には経済理論はあまり役に立たないんだ。僕も、銀行に入ってサミュエルソンの『経済学』（当時、最も読まれていた入門テキストである）を半分くらい読んだけど、およそ役に立たないんだな。結局のところ、金融政策は景気が良くなれば公定歩合を上げて窓口指導を締める。景気が悪くなれば金利を下げて緩める。それだけだからね。理論はいらない」

面接相手の学生を挑発して試してみよう、という感じではまったくなく、ふと思い浮かんだ正直な感想を目の前の学生に噛んで含めるように淡々と語っている印象だった。

ちなみに、日銀の金融機関に対する貸出金利である公定歩合は、現在は政策金利としては使われておらず、公定歩合という名称も消えている。しかし当時は、金融政策運営上の最重要の金利で、日本の金利全体がこの金利を中心に動いていた。大半の金利は市場の需給で決まる市場金利ではなく、いろいろな省庁が関与する規制金利であり、公定歩合はその規制金利体系の出発点にあたる金利だったからだ。規制金利の例外は、短期金融市場のコールレートや手形レートなど、ごく一部の金利にとどまっていたのである。

いまから振り返ってみると、箕浦さんが政策部局に在籍していた高度成長期（おおむね1

955年ごろ～1970年ごろの15年間）における日本の金融政策運営は、ほぼ上記の原理にそっていればよかった、ともいえる。

そのころでさえ政策の機微は、箕浦氏さんが学生に語ったよりは、もう少し複雑であったはずだが、それでも本質的には非常に明快だったといえる。その明快さの背後には、1ドル＝360円の固定相場制と、ごくわずかしかない外貨準備という条件があった。高度成長期の日本の外貨準備は1960年に18億ドルに達した後、1967年ごろまで15億ドルを大きく下回らず、かつ20億ドルを大きく超えることなく推移していた。2016年3月末の外貨準備残高は1兆2620億ドルだから、この時期の日本経済は、およそ1000分の1のオーダーの外貨準備で1ドル＝360円の固定相場を維持しながら円滑に貿易決済を行う、という綱渡りだったのである。

景気が過熱すれば利上げ、不況なら利下げ

景気が過熱して生産が完全雇用にみあう水準を上回ると、輸入が増え、国際収支が赤字になって外貨が足りなくなる。外貨の流出を防ぐためにはどうしても金融引き締めが必要になる。そのために日銀は公定歩合を引き上げ、行き過ぎた銀行の貸出を抑えさせるための「道徳的説得（窓口指導）」を開始した。この時期、日銀には政府からの独立性はなかったが、外貨準備の減少による金融引き締めに対しては、いくら政府・与党が金融を引き締めたくな

いと思っていても、これを避ける余地は限られていた。

国際収支の均衡を維持するような金融政策運営は、間接的に物価安定を保証するものでもあった。基軸通貨国の米国の物価が安定していれば、1ドル360円の固定相場のもとで、日本の輸出物価、ひいては卸売物価も自動的に安定する。幸い、日本の高度成長期には米国の物価もおおむね安定していた。だから、金融政策は、経済が急速に成長するなかで外貨準備が減少して、景気が潜在成長率を上回って過熱している、というシグナルを送れば金利を上げて引き締め、企業や家計に設備投資や耐久消費財購入などの需要を先送りしてもらうようにすればよかった。不況になって輸入需要が減れば、外貨準備にゆとりができてくる。そうなれば、金利を下げ、需要先送りを中止するようにさせればよい。それで景気を安定化させることができる。こう考えると、高度成長期の政策判断の大枠はきわめてシンプルだったといえるだろう。

もっとも、箕浦さんの話は、学生だった筆者にはしっくりこなかった。筆者が日銀の採用に向けて就活をしていた1973年当時、日本国民は前年比2ケタの消費者物価上昇率に不満を募らせていた。「景気が悪ければ金利を下げ、景気が良ければ上げる」――この単純な原理に従えばよいのだとすれば、1973年当時の前年比2ケタの消費者物価上昇率は、なぜ起きているのだろう。実際、日本経済は、このあと起きた湾岸戦争を契機とする第1次石油ショックの影響も相まって、消費者物価の前年比上昇率が20%を大きく上回るところにまで高騰する狂乱物価の時代を迎える。

あるいは、そのとき箕浦さんの脳裏に去来していたのは、簡単な原理どおりには日銀が金利を変更できない、という政策決定プロセスに対するもどかしさだったのかもしれない。そうだとすれば金融政策を困難にするのは、経済理論の問題ではなく政治的な問題だ、と捉えていたのかもしれない。しかし、入行後は一緒に仕事をする機会もなく、長い間お会いしないまま亡くなられてしまった。

「景気」の本質は変化する

ただ、現時点で振り返ってみて明らかなことは、箕浦さんが経験してきた高度成長期の金融政策運営を支えていた世界経済・日本経済の構造は、73年時点では完全に崩壊していたことである。日本の国際収支は恒常的に大幅な黒字となり、外貨準備高も激増して、もはや金融引き締めのシグナルを送ることはなかった。それに代わる水戸黄門の「葵の紋が付いた印籠」のようなシグナルを見出すことができないまま、ニクソンショックを経て為替レートは変動相場制に移行した。他方で、米国はグレート・インフレーションの時代に突入していったから、固定相場制下で日本の物価安定を支えた基礎的な条件も失われていた。

その後も日本経済は、第2次石油危機、バブルの発生と崩壊、グローバリゼーションのもとでの国際金融危機、大震災などに直面してきた。さらに近年は、長年にわたって進行してきた少子・高齢化の影響が顕在化することで新たな局面に突入しつつある。環境が変われば既存の政策枠組みの妥当性は変わる。

それでも多くの経済人は、景気が悪ければ金利を下げて金融を緩和すればよい、という単純な原理の有効性をいまでも基本的に信じているようにみえる。

しかし、この原理の有効性は、そもそも、「景気」とは何か、そのなかで金利の働きとはどのようなものか、という点にかかわっているはずである。「景気」の本質が変化して、金融政策の働きかけの意味が変わったとき、効果は思うようには出なくなり、それゆえに金融政策は、新たな工夫を試みることでどんどん複雑化してくる面がある。

「景気」を考えるうえで特に問題になるのは、経済のトレンドが右肩下がりになっているときの「景気悪化」は、このトレンド上の動きを含むのか、それともこのトレンドを上回ったり、下回ったりする動きを指すのか、ということである。

本書の関心により近づければ、金融政策による金利操作に、本来、期待されているのは、「トレンドへの働きかけ」なのか、トレンドから大きく逸脱しないようにする「経済の安定化」なのか、を明確にする必要がある、ということである。

金利とはどのようなものか

この話をさらに先に進めていくと、「金融政策による金利操作」の本質を掘り下げることになる。しかし、かなり話を急ぎ過ぎたようである。順序立てて話を進めるために、まず、「金利」とはなにか、ということを確認しておくことから始める必要があるだろう。たまたま手元にあった三省堂の『新明解国語辞典』(昭和47年刊行の初版)を引いてみると、次のようにある。

【金利】 貸した・(借りた)お金に対する利子。また、その割合。

さらに「利子」を引くと、こうある。

【利子】 お金を貸したり、預けたりすることによって得るお金。元金に対して一定の割合によって支払われる。

この説明は、一般の人が金利について通常思い浮かべるイメージを良く捉えていると思う。

ただし、経済と金利の関係を捉えるうえでは、もう少し丁寧に概念を整理する必要がある。

まず、金利は元金に対して支払われる利子の割合であることは確かだが、たとえば、元金が100万円、利子が1万円だとしても、『新明解国語辞典』の説明だけでは金利は求まらない。それがどれだけの期間の貸し・借りの対価なのか、という情報が必要だからである。仮に、1年間の対価なら金利は年利1%、半年間の対価なら半年ごとに1%対価が払われるから、年間ではほぼ2%になる。

また、100万円という現金でどれだけのものを買うことができるかという購買力は、どのくらいインフレないしデフレが進行しているか、で異なる。

たとえば、米作農家が100万円である品種の種籾を買うとしよう。いま、種籾が1キロ1000円なら、1000キロ買える。この100万円を農協に年利1%で定期預金し、1年後に種籾を買うとする。1年後に種籾の値段が1100円に上がっていれば、1年後の101万円では、920キロ弱しか買えない。

物価の変動を考慮しない金利を名目金利と呼ぶのに対し、物価の変動を調整した金利を実質金利と呼ぶ。元金が100円、利子が年1円だとすれば、名目金利は1%だが、その1年間に物価が2%上がると見込まれれば、実質金利はマイナス1%、逆に2%下がると見込まれれば、実質金利はプラス3%、ということになる。

名目金利が同じでも、物価が変われば借り手の返済負担は大きく異なり、それが行動に影響を与える。この点は農家に限らず、企業、家計でも同じである。たとえば、サラリーマンが住宅ローンを借りて家を建てるとき、名目金利が同じ10％であっても、物価・賃金が毎年30％上がる時代と、ほとんど横ばいの時代では、実質的な返済負担はまったく異なる。中央銀行が直接に誘導できるのは名目金利のほうだが、こうした理由から多くのエコノミストは、実質金利が大事だと考えている。

実質金利と予想インフレ率の関係

なお、上記のようなお金の貸し借りの判断をするときに重要なのは、「これまでどれだけ物価が上がったか」ではなく、「これからどれだけ物価が上がるのか」という点である。この観点からは、実質金利の計算には過去のインフレ率でなく、これから生じるであろうインフレ率についての予想（期待）指標を使うほうが理屈のうえでは望ましい。予想インフレ率指標には、アンケート調査によるもの、金融商品の価格から算出するもの、などなど、いろいろな指標があり、結果がかなり違うこともある。このため、消費者物価指数などの物価統計で算出した過去のインフレ率で代用されることも少なくない。

金利の分類法

金利には、いろいろな種類がある。銀行間市場（インターバンク）金利、預金金利、貸出金利、国債金利、社債金利、といった金利が形成される市場による区分、短期金利、長期金利といった貸し借りの期間による区分、担保がついているか・いないかによる区分、などである。

各々の市場での金利は、お金を貸し借りする期間（運用・調達期間）、すぐ換金できるか（流動性）、確実にお金が返ってくるか（信用リスク）などの影響を受けて決まってくる。期間による区分についていえば、代表的な短期金利は、無担保コールレート翌日物、代表的な長期金利は10年物の国債の流通利回りである。なお、日銀の金利関連統計では、貸し借りされる資金の満期が1年以内かどうかで、機械的に金融市場を「短期市場」と「長期市場」に区別し、そこで形成される金利をおのおの短期金利、長期金利と呼んでいる。信用度など他の条件を等しくしたうえでの短期金利と長期金利の関係は、金利の期間構造と呼ばれる。

金融政策のかなめとしての金利

金利について一通り説明したところで、金融政策に話を戻そう。先進国の中央銀行の金融政策は、現在はどうなっているのか。主要中央銀行の説明ぶりを覗いてみよう。

イングランド銀行の説明

まず、スウェーデンのリクスバンクとならんで世界でもっとも古い中央銀行のひとつであるイングランド銀行の説明は、以下のようなものである。*1 金融政策は、イングランド銀行の金融政策委員会（Monetary Policy Committee：MPC）が、経済に影響を与えるべく、政策金利（短期金利）を動かすところから始まる。政策金利を動かすことで、各種の貸出金利、借入金利に広範に影響が及ぶ。金利の引き下げは、貯蓄することの魅力を低下させる一方、お金を借りることをより魅力的にし、そのことが支出を刺激する。この説明から、イングランド銀行が期待しているもっとも中核的な効果が金利操作による貯蓄と消費の間の選択への働きかけ、つまり、需要の前倒し・先送りにあることがわかる。

付随的な要素にもいくつか言及している。まず、一般に借り手のほうが貸し手よりお金を使うから、金利低下はこの面からも支出を刺激する。そして金利が上昇すると、この逆のことが起きる。また、政策金利の変化は、金融資産の価格と為替レートにも影響を与え、そのことがさまざまな経路から消費者や企業の需要に影響を及ぼす。

政策金利の水準には上限はないが、これ以上は下げられない水準は存在することを指摘し、こうした状況でMPCは、非伝統的な形の金融政策、たとえば量的緩和（Quantitative Easing：QE）によってさらに経済を刺激することを選択する余地がある、としている。

ちなみに「これ以上下げられない水準」の相場観は、時代と場所によって変わってきた。

大きくいえば若干のプラス、ゼロ、若干のマイナス、という具合に変化してきている。イングランド銀行は長年「若干のプラス派」であるが、後の章でみるように大陸欧州の中央銀行や日銀はマイナス金利を試みるにいたっている。

ところで、イングランド銀行による説明の最後にあるQEに関する部分をみると、量の増加が金利と独立の政策波及ルートになっているようにも読める。そこで、イングランド銀行のホームページの「量的緩和はどのように効くか（How does QE work?）というページに飛んでみる。すると、イングランド銀行が英国債（gilts）を年金基金や保険会社などの民間投資家から買うと、彼らはその資金を社債や株式など他の資産の購入にあて、これが長期資金の借り入れコストを下げ、株式や社債の発行を促し支出を刺激するのだ、と説明されている。そして、「QEは、ときたま囁かれているように銀行券をよりたくさん印刷することではない」という点も付け加えられている。

連邦準備制度の場合

量的緩和についての米国の中央銀行である連邦準備制度の説明も、長期金利への影響を軸としている。このため、連邦準備制度は、量的緩和という俗称を好まず、大規模資産購入（Large-Scale Asset Purchase Programs：LSAPプログラム）をその正式名称とした。リーマンショック後に連邦準備制度が採用した当初の量的緩和（いわゆるQE1）は、信用緩和（credit easing）とも呼ばれ、金融危機対応としての色彩が濃かった。当時の米国では、金融商品に対する不信が極度に高まり、リスクのある金融資産には売り手ばかりでほとんど買い手がいない、という状態に陥り、国債のような安全資産とリスクのある金融資産の利回りの差（信用スプレッド）が極端に拡大した。連邦準備制度は、必要に応じて機能不全に陥った個々の金融商品市場に買い手として参入し、信用スプレッドを圧縮する政策を採った。これは、信用スプレッドの引き下げが目的で、量的拡大が目的ではないから、連邦準備制度は信用緩和という表現を定着させようとしたのである。

さらに、ゼロ金利制約のもとでの景気刺激を狙って2010年に導入されたいわゆる量的緩和第2弾（QE2）では、ゼロに近づいて引き下げ余地がほぼなくなった短期の政策金利（フェデラルファンド・レート）の引き下げの代わりに、長期の金融資産を購入して長期金利を低下させ、住宅投資を刺激しようとした。実際、連邦準備制度は長期金利を下げることがQE2の狙いである点を繰り返し説明し続けてきた。しかし、市場は信用緩和やLSAPという表現よりも、わかりやすい量的緩和という表現を好み、この表現は、連邦準備制度の意図と反する形で定着してしまった。

異次元緩和における金利の位置づけ

異次元緩和でマネタリーベースの倍増を謳った、日銀の説明はどうだろうか。2016年

6月20日に行われた「デフレからの脱却に向けて：理論と実践」（慶應義塾大学）という日銀総裁講演を覗いてみよう。そこで黒田東彦総裁は、以下のように述べている。

「就任後、最初の金融政策決定会合があった4月に、『量的・質的金融緩和（ＱＱＥ：Quantitative and Qualitative Monetary Easing)』の導入を決定しました。

この政策は、それまでの金融政策の限界を打破するために設計されたもので、２つの要素からなっています。第一に、日銀が２％の『物価安定の目標』の早期実現に強くコミットすることで、人々の間に定着してしまった『デフレマインド』の抜本的な転換を図り、予想物価上昇率を引き上げることです。第二に、大規模な国債買入れを行うことによって、短期金利だけでなく、イールドカーブ全体にわたって名目金利の低下圧力を及ぼすことです。この結果として、実質金利を短期だけでなく、長期についても大幅に低下させることで、経済に対して、より強い緩和効果をもたらすことができます。

その後、この政策は、２０１４年10月に量・質両面での拡大テンポを引き上げたほか、本年1月には、『マイナス金利付き量的・質的金融緩和』として、量・質に金利の次元を加えた三次元で政策の拡張性を考えられる形としています。マイナス金利の導入は、イールドカーブの起点を引き下げることにより、大規模な長期国債買入れと相まって、短期から長期にわたる実質金利をさらに押し下げることを狙っています。これは、これまでの量的・質的金融緩和の延長線上で、その効果を一段と強化するものであり、いわば〝enhanced QQE〟とでも呼ぶべきものです」

この説明をみても、日銀が想定している具体的な政策波及経路が実質金利であることは明確である。ただし、「長期についても大幅に低下させることで、経済に対して、より強い緩和効果をもたらす」という主張は、2016年9月の「総括的な検証」後の枠組みでは修正されることになる。

偽造貨幣から考えるお金と所得の関係

こうした金融政策効果を金利に集約させる中央銀行の説明は、一般読者にとってなにがしか腑に落ちない面があるのかもしれない。それは、金利を媒介させなくとも、中央銀行がお金の量を変化させることで、もっと直接に物価を動かせる気がするからではないだろうか。

実際、首相官邸ホームページのアベノミクスの説明図（**図表1-1**）をみても、「第1の矢：大胆な金融政策」のキャッチコピーは、「市場のお金を増やしてデフレ脱却！」「金融緩和で流通するお金の量を増やし、デフレマインドを払拭」など、中央銀行が国債をたくさん買ったりすることが、金利を介さずに物価を上げるかのようであり、量の効果を強調するような

図表1-1　首相官邸ホームページに掲載されたアベノミクスの説明図

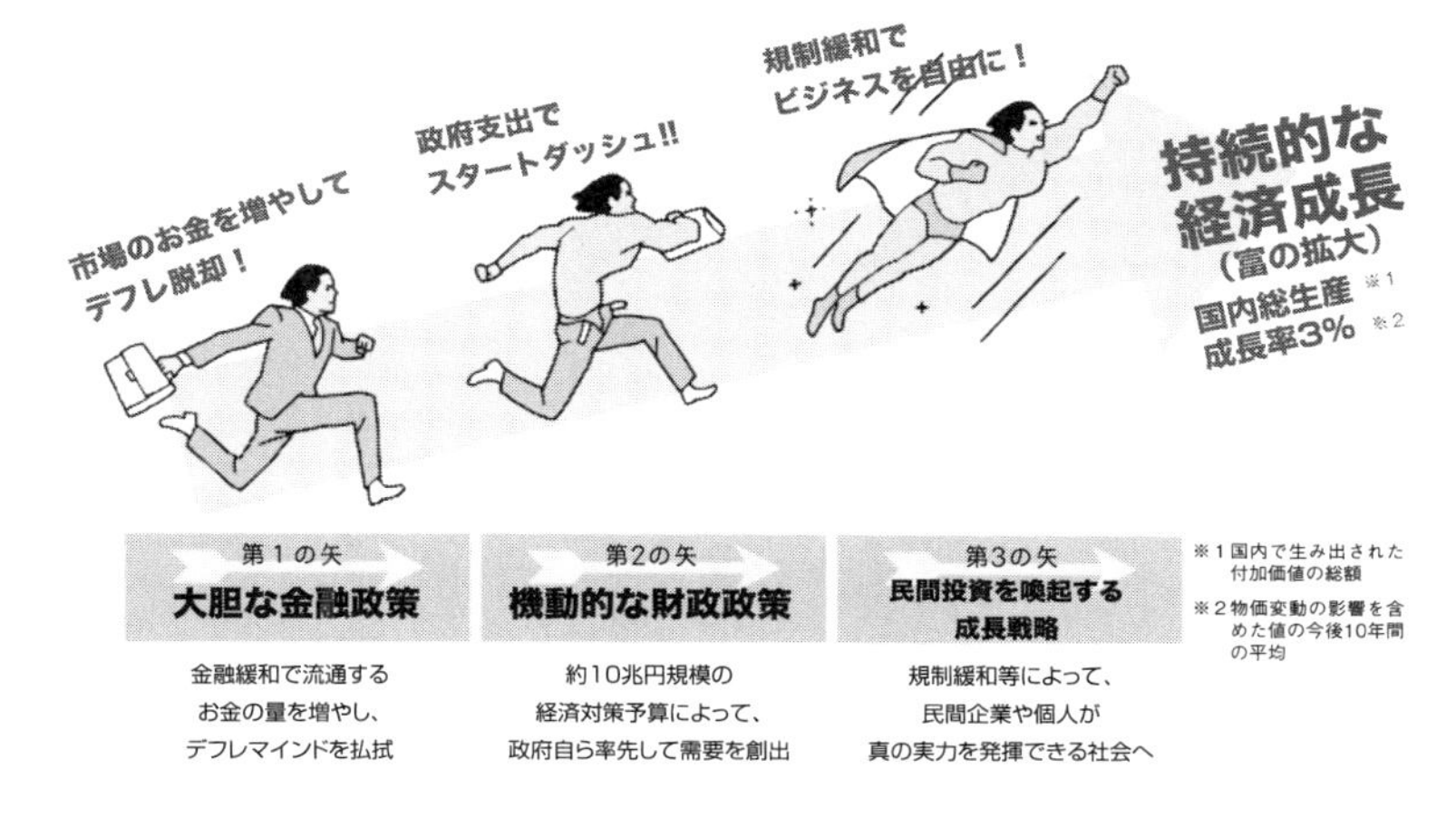

出典：首相官邸HP　http://www.kantei.go.jp/jp/headline/seichosenryaku/sanbonnoya.html

説明ぶりになっていた。

お金が増えれば物価が上がる、というのは、いかにも自然な直感である。なぜ、その直感が正しくないのだろうか。一言でいえば、私たちのこの直感を支えるお金は給与などの所得を源泉とするものだが、中央銀行が作り出すお金は所得ではない、という点にある。

お金を増やすには、ふつう日銀が銀行から国債等を買って、代わりに銀行のもつ日銀当座預金にお金を振り込む。これが高校の教科書でも出てくる「公開市場操作」である。しかし、この操作などでお金を増やす行為は、「所得の創出」ではなく、国債等を決済に使えるお金（流動性）と交換する「流動性供給」にすぎない。これから述べるように、両者は、その本質においてきわめて大きな違いがある。

銀行券偽造が後を絶たない理由

この点を考えるうえで、銀行券を作り出すことがそのまま所得になるという直感に合うケースを考えてみよう。最もわかりやすい例は、銀行券の偽造である。

いま、「市民には日銀券と同じ銀行券を作り出す権利がある」という思想を信奉する秘密結社があるとする。仮に、「カウンタフェイト（偽造）結社」、略してカフェ結社としよう。長年の試行錯誤を経て、ある日、カフェ結社は、日銀券と判別不可能な偽造銀行券の作成に成功してしまった。カフェ結社は、いまや財源（？）潤沢な団体であるから思想への賛同者である結社メンバーには、真券と判別不能な偽造券を対価なく配ることができる。

この場合、メンバーに配られた偽造券は彼らにとってみれば、まぎれもない所得である。現実には銀行券偽造はきわめて引き合わない犯罪であるにもかかわらず、多くの国で銀行券偽造を試みる犯罪者が出るのは、偽造券を店で受け取ってもらうことに成功すれば、偽造券は犯罪者の所得と同じになるからだ。

カフェ結社のメンバーが手に入れた偽造券で家や車などのモノや、さまざまなサービスを買えば、それらの需要が増えて物価は早晩上がりはじめ、カフェ結社の偽造が摘発されない限り、いずれ日本はひどいインフレに悩まされることになるだろう。

問題は、中央銀行の「流動性供給」は、カフェ結社本部からの偽造券配布と異なり、対価なく行われるものではない、という点にある。基本的には、国債など何らかの金融資産と銀行券（ないしそれと等価の中央銀行当座預金）を交換する、という取引にすぎない。

実際の中央銀行のオペレーションは金融機関を相手にしているが、家計との直接取引を想定しても、中央銀行のできることは、取引相手が持っている資産と交換に銀行券を提供する、ということにすぎない。仮に、日銀が家計のもつ国債を直接買う、というオペレーションを行っても、オペの対象になった家計にとっては、たとえば、それまでもっていた100万円分の国債が100万円分の銀行券（決済に使え、流動性の最も高い資産）に変わったにすぎない。この状況変化は偽造券配布により「収入」が100万円増えた、ということとはまったく異なる。家計は、その分、豊かになったわけではないから、それが直接に大きな追加的な需要を作り出す、というものではない。家などの大きな買い物をする場合、ふつうは家を買うことに決めたから国債を売ってそのお金で支払いをする、ということであって、国債と預金の交換が、家を買う原動力になる、ということではない。

ちなみに、お金が提供する「流動性」の対価が金利であり、金利がプラスの間は、中央銀行が「流動性」を供給すると、その〝ありがたさ〟が低下して金利が下がり、そのことが経済を刺激する。しかし、金利がゼロになると、流動性を追加する効果がなくなってしまう。国債とお金の交換が、ちょうど1000円札と1万円札の交換と同じように、ほぼまったく等価のものの交換になってしまうからだ。

それでは、偽造券ではなく、本当の銀行券をタダで国民に配れば所得になり、経済を活性化できるのではないか。ちなみに、銀行券を空から国民にばらまく（ような）政策を「ヘリコプターマネー」と呼ぶ。本書の第8章でみるように、2016年1月の日銀のマイナス金利導入が空振りに終わってから、日本国内ではこの政策への急速が関心に高まった。

ただし、銀行券を国民に配ることに相当する行動ができるのは、減税による税金還付や地域振興券の発行・交付ができる政府であって、中央銀行は直接こうした行動はできない。金融政策として取りざたされるヘリコプターマネーについても、政府がたとえば大規模な減税に打って出て、このために必要な資金を全額、中央銀行が国債を購入して恒久的にまかなう形になる。政府が必要と判断した財政政策のファイナンスに中央銀行の機能を使うのであって、主役は財政である。

本物と区別がつかない偽造硬貨「天皇陛下御在位六十年記念貨幣」の出現

この章の段階では、ヘリコプターマネーの話題に深入りすることは避けるべきだろうが、一点だけ付け加えておきたい。それは、一般にヘリコプターマネーは、財政コストを伴わない、と理解されているが、政府と関係のない偽造団による「本当の銀行券と区別がつかない偽造券」撒布でさえ、直接的な財政負担につながる、ということである。

日本でも本物と見分けがつかない膨大な量のお金が偽造されたことがある。このときの偽造対象は銀行券ではなく、超高額記念貨幣だった。

１９８６年から１９８７年にかけて日本政府は昭和天皇の在位60年を記念し、直径３センチの10万円金貨を発行した。重さ20グラムほどのこの金貨の原価は約４万３０００円であり、その大半は金地金の値段である。ずいぶん高い原価だが、額面は10万円だから、記念貨幣発行により政府は１枚６万円近い差益を得ることができた。このとき、日本国内では「金貨フィーバー」が起き、発行枚数は追加分を含め１１００万枚にのぼった。これにより、当初、政府は大きな税外収入を手にしたのである。ちなみに、この超高額記念金貨発行を企画したのは、のちに財務官として「ミスター円」と呼ばれ、大活躍した榊原英資氏である。当時、同氏は大蔵省理財局の国庫課長であり、「天皇陛下御在位六十年記念貨幣」の発行は税外収入獲得の妙案として当初、高く評価された。

ところが、大人気だった記念貨幣が、なぜか大量に日銀の窓口に戻り始める。せっかく手に入れたはずの記念貨幣を、わざわざ銀行に持ち込んで普通の銀行券に換える動きが鮮明になり、銀行はその記念貨幣を日銀に持ち込んで日銀当座預金に入金していた。そして１９９0年1月、あるきっかけで日銀と警視庁は記念貨幣の精査を開始した。日銀券については、すき入れ、バーパターン、パールインキ、マイクロ文字、深凹版印刷、潜像模様、ホログラム、……といった偽造防止技術が結集されているが、金貨は鋳型から鋳造するだけなので偽造はきわめて容易であり、かつ真偽の判別は困難を極める。だが、やがて偽造が確認され、その後、確認された偽造枚数はどんどん拡大し、10万枚を超える事態となった。しかも、そのうち8万5647枚がすでに日銀に還流していた。

政府にとって盲点だったのは、偽造団が原価をケチらずに純金で偽造金貨を作ったことだろう。10万円の額面に対し4万円強の価値の金を使って差益を出していたため、偽造団が純金製の偽造貨幣を作っても政府同様の差益を得ることができる。地金価値と額面価値の差益で稼ぐ日本政府の戦略がここでは裏目に出たのである。純金製の貨幣を偽造するという意表の犯罪に翻弄されたことから、これ以降、記念金貨は「額面以上の金を含むが額面を上回る値段で売り出す」というプレミアム型金貨の形をとるようになる。

日銀はこの偽造金貨を受け入れることで、約68億円の損失を計上するに至った。どういう経理処理でこうした損失が計上されたかは会計上の問題になるが、大きなメカニズムを考えてみると下記にまとめられる。

①偽造貨幣の発行段階では、政府・日銀にコストは生じない。
②しかし、偽造貨幣が日銀に還流すると、日銀のバランスシートは偽造貨幣の受け入れで資産が増加し、日銀当座預金の提供により負債が増加する
③受け入れた貨幣のなかに偽造が混在していたと後日判明すると、資産価値は毀損される

④日銀の損失は、日銀から政府への国庫納付金の減少という形で政府の損失にもなる

第8章の議論を少し先取りすると、偽造券でなく本物の銀行券を配る「ヘリコプターマネー」の場合にも、利子を生まない銀行券が金融機関から日銀に還流し、見合いに銀行に振り込む日銀当座預金に利子を払うことになると、財政コストが発生しうる。ヘリコプターマネーも政府のコストにつながってしまうのである。

第2章
バブルとデフレ、どちらをとるか

自然利子率とは何か

偽造券で話が少し横道にそれたが、これまでの話の本線は「中央銀行の金融政策の中核は、市場の実質金利を上げ下げすることである」という点にある。

発展途上国であれば高度成長期の日本のように、外貨準備をみながら金利を上下させればよい、という場合もあるだろうが、先進国ではそうはいかない。それでは、実質金利はいったい、どの水準に誘導するのが適切なのだろうか。

この問いに対する教科書的な答えは、「中央銀行は、（名目市場金利から予想インフレ率を差し引いた）実質市場金利が『自然利子率』と等しくなるように金利を誘導すればよい」というものである。この自然利子率も通常、名目金利から予想インフレ率を差し引いた実質金利で測られる。

この「自然利子率」というのは、19世紀にスウェーデンが生んだ偉大な経済学者であるクヌート・ヴィクセルの表現である。ほかにも均衡実質金利とか中立的金利とか、いろいろな言い方をされる。どういう意味で〝自然（均衡、中立）な金利〟なのか、という点についても、いろいろな表現の仕方がある。ただ、筆者がもっともわかりやすいと考える定義は、「完全雇用に対応する実質利子率」というものだ。自然利子率と等しくなるように中央銀行

図表2-1　教科書的に整理した自然利子率の概念

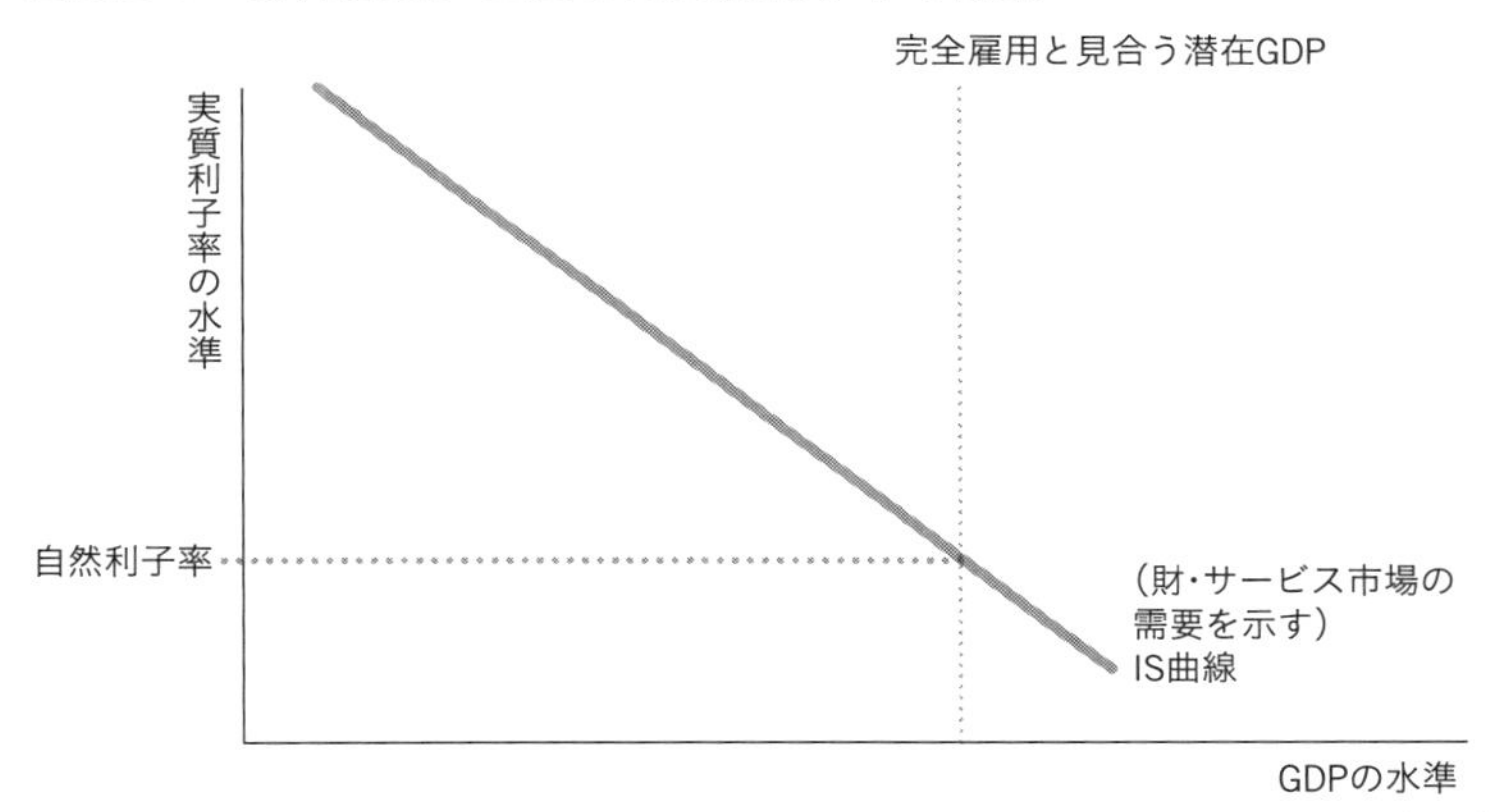

出典：Laubach and Williams (2015)

が実質市場金利を誘導すれば完全雇用が実現できる、ということになる。

言葉だとわかりづらいかもしれないので、概念図を掲げておこう（**図表2-1**）。この概念図は、トーマス・ローバッハとジョン・ウィリアムズの共著論文[*2]に出ていたものである。この二人は、自然利子率の計測について非常に影響力のある一連の論文を共著でいくつも書いており、ジョン・ウィリアムズはサンフランシスコ連銀の総裁でもある。

さて、この図では自然利子率の概念をマクロ経済学の初歩的な教科書におけるIS－LMに近い枠組み[*3]で説明している。

まず、縦軸に実質金利、横軸にGDPをとる。縦の垂直の線が、完全雇用に対応する潜在GDPである。右下がりになっている曲線が、実質金利水準に対応する財・サービスの需要を示す

ＩＳ曲線にあたる。実質金利が下がるほど、設備投資や住宅投資などの投資需要や自動車などの耐久消費財の購入が増えるので右下がりになる、と想定されている。

潜在ＧＤＰの垂直線とＩＳ曲線が交わるところの実質利子率が自然利子率で、実質市場金利がこの水準にあれば完全雇用が達成されていることになる。

この議論をもう一歩進めると、自然利子率よりも実質市場金利が低ければ、完全雇用に必要である以上の需要を作り出すほど景気刺激的になるから、供給が追いつかずにインフレが加速し、逆に自然利子率よりも実質市場金利が高ければ完全雇用に必要な需要よりも少ない需要しか生じないからインフレ率が低下する、と考えることができる。ＩＳ－ＬＭ的な枠組みで自然利子率を捉えれば、こうした説明ができる。

「不均衡の累積」という現象

ちなみにヴィクセルの自然利子率は、ダイナミックな「不均衡の累積過程」の理論とされている。ただ、どういう不均衡の累積を想定ないし懸念するか、という点については、時代によって大きく異なる。

たとえば、日本で田中角栄が提唱した「列島改造論」ブームから狂乱物価に突入する直前の、1972年5月に刊行された館龍一郎・浜田宏一両氏共著の教科書[*4]『金融』をみてみよう。１９７０年代は、日本だけでなく世界的にもインフレーションの時代で、米国では１９７９年にポール・ボルカーが連邦準備制度理事会議長に就任して強烈な金融引き締めを発動するまで、前述のように「グレート・インフレーション」と呼ばれる時代が続いた。

さて、館・浜田の同書では、ヴィクセルの不均衡過程について説明するのに、「市場利子率が自然利子率よりも低い状態で、資源に余裕がない状況を想定しよう」という設定で議論を始める。

すると、財の市場には超過需要が存在するにもかかわらず生産は増加しないから、物価が上昇する。市場利子率が自然利子率を下廻るかぎりこの状態はつづき、物価は累積的に上昇する。したがって、物価を安定に維持するためには市場利子率と自然利子率が一致しなければならない」。これがヴィクセルのいわゆる「累積過程の理論」である、としている。

不均衡の方向が逆転した90年代後半

ところが、１９９０年代後半以降の不均衡の累積についての関心は、基本的にこれとまったく逆方向だった、といってよい。そこで特に懸念されるのは、潜在ＧＤＰの垂直線とＩＳ曲線がマイナスの領域で交わり、自然利子率がマイナスになっている状況である。名目金利をマイナスにするのが難しいとすれば、インフレにならなければ、実質市場金利が自然利子率に追いつかない。

たとえば、バブルの崩壊や金融危機で需要が委縮すると、ＩＳ曲線が左に動く。バランスシートが傷ついた企業や、将来の所得に不安を抱える家計は、同じ金利ではより少ない財・サービスしか需要がなくなるからだ。

この結果、自然利子率がマイナスになり、同時に、物価が持続的に低下するデフレーションに突入したとしよう。もし、中央銀行が名目金利をゼロ以下に誘導できなければ、デフレの加速により実質市場金利は上昇するはずである。すると、それは金融引き締め効果をもつ。需給ギャップは一層拡大するから、デフレーションはさらに強まる。このため、実質市場金利はさらに上昇し、需給ギャップは一層拡大し……、という悪循環で、景気はとめどなく悪化する。１９３０年代の大恐慌のような悪夢のシナリオである。

日本のバブル崩壊期には、資産価格はつるべ落としに下落したが、それでも結局、こうしたデフレ・スパイラル的な財・サービス価格の下落は発生しなかった。しかしヴィクセルの不均衡過程は、20世紀末から21世紀にかけては、こうした現象への懸念として大きな関心を集めるようになっていく。はじめはバブル崩壊後の日本特有の問題と考えられていたが、リーマンショック後は先進国共通の懸念となっていったのである。

グリーンスパンの感じた恐怖

理論の次は、1990年代以降に、実際の実質市場金利、自然利子率がどのように推移してきたか、という問題になる。その前に、ひとりの著名な中央銀行家がこの時期の金利について何を感じ、何を恐れたのか、触れておこう。

その中央銀行家とは、1987〜2006年の20年間近く米国・連邦準備制度理事会議長を務めたアラン・グリーンスパンである。筆者はかつて、グリーンスパンの金融政策運営について検討した論文を書く機会を与えられ、在任中の一連の講演記録や回顧録[*5]などを読んでみた。その際に強く印象に残ったのは、90年代以降の金利動向にグリーンスパンが感じていた恐怖感に近い感情である（以下は、以前に行った整理[*6]に基づいている）。

日本経済がバブル崩壊後の強い逆風にさらされ、「失われた10年」のなかでもがき、デフレ・スパイラルと呼ばれた累積的不均衡による経済破綻におののいていた90年代から2000年代初頭にかけて、米国における主流派のマクロ経済学者や連邦準備制度のボードメンバーらはこれとは対照的に大きな達成感に浸り、強い自信にあふれていた。この時期、実質経済成長率でみても、物価上昇率でみても、米国経済は非常に安定しているようにみえたからである。いわゆる、グレート・モデレーション（大安定）の時代である。

米国の大安定は、稀代の名議長であるグリーンスパンを擁した連邦準備制度の絶妙な金融政策運営の成果である、とされていた。それを支える米国主流派のマクロ経済学の貢献も重要と考えられていた。そして、グリーンスパンは連邦準備制度理事会議長在任中は「マエストロ」と呼ばれ、どんどん神格化されていく。

だが、皮肉なことにグリーンスパン自身は、いわゆるグレート・モデレーションが金融政策の成功によるもの、という通説にはかなり懐疑的だった。他方で、成長率・インフレ率安定の背後に迫っている、デフレ圧力と金利低下圧力に強い恐怖感を感じていた。回顧録から、その心の揺れをみてみよう。*7

グリーンスパンはまず、「多くのエコノミストは過去十年にわたって世界的にインフレが抑制されてきた主要な要因が、中央銀行の金融政策にあると認めている。そうであればいいとわたしも思う」としたうえで、しかし、「(金融)政策の発動やインフレと戦う中央銀行への信認が過去十年から二十年の長期金利の低下に主導的な役割を果たしたとする見方は、大いに疑問である」とする。彼の眼から見れば、長期金利の低下は謎めいており、金融政策によるインフレとの闘いの勝利以外の要因によっている、としか思えなかったからだ。

そして、「じつは1990年代半ば以降、(…中略…)インフレ率が比較的簡単に下げられることに、わたしは驚いてきたのである。1980年代末に嫌というほど意識していたインフレ圧力はほとんどなかった。正確にいえば、休止状態にあった。わたしが「謎」だと考えた動きは、この点を示していた」とも述べている。

そして彼は、「思い返してみると、インフレ圧力を抑制しようと動いたとき、ほとんどの場合、積極的な引き締めは必要なかった。『ブレーキに軽くふれる』だけで、長期金利を低下させることができた。あまりに簡単で、金融政策が危機に瀕した1970年代とは大違いだった。わたしがFRB議長として宣誓を行った当日、アメリカ国債十年物の利回りは8・7%であり、ブラック・マンデーには10・2%に上昇していた。その後16年間、十年物国債の利回りは低下をつづけたが、FRBの政策運営方針とは関わりがないように思えた。十年物の利回りがある程度の期間、上昇するには、FF金利の誘導目標をどの程度引き上げる必要があるのだろうか、とよく考えたものだ。世界的な要因によって予想インフレ率と実質長期金利が下がり、株価と不動産価格を押し上げているかぎり、世界的な巨額の資金の流れに対抗するには、とんでもない努力が必要になっただろう。十年物国債利回りを動かす要因は、世界的なものになってきたように思えた。こうした状況下でとりうる最善の策は、流れにそうこと、金融政策が世界の動向と矛盾しないようにすることである。われわれはそのように行動した」と振り返る。

そして、金利低下圧力についての彼の感想は「実質長期金利の低下圧力は、世界に広がっていったが、われわれがそれに対抗する資源をもっていたのか疑問に思う。日本は、あきらかに対抗できなかった」という日本への言及で締めくくられている。

金融政策と財政政策を総動員しても、デフレから抜け出せない日本の経験は、グリーンスパンに大きな恐怖を与えた。彼は日本の状況を目のあたりにするまで、デフレに陥りそうな状況になったとしても、「印刷機をまわしてデフレの悪循環を防ぐのに必要なだけの紙幣を供給すれば問題は解決する」と考えていた、という。

だが、日銀の苦闘をみて、その確信は揺らぐ。グリーンスパンは、「この時期、日本はいってみれば、通貨供給の蛇口を全開にしている。短期金利をゼロにまで引き下げている。財政政策を思い切り緩和し、巨額の財政赤字をだしている」と指摘した。「それでも物価は下がりつづけていた。日本はデフレの軛から抜け出せないようであり、1930年代以降にはなかったデフレの悪循環に陥っているのではないか」と懸念していたのである。[*8]

バブルをとるか、デフレをとるか

筆者は実際には、1990年代の日本経済をデフレ圧力と低成長に引きずり込んでいったのは、何よりバブルの崩壊による金融システムの不安定化であった、と考えている。リーマンショック後、欧米の政策当局もバブル崩壊による逆風の強さと金融危機への恐怖を切実に体感することになる。しかし、連邦準備制度は物価がつるべ落としに下がった1930年代の大恐慌のトラウマをもつ中央銀行であり、そのトップであるグリーンスパンは明らかにバブルよりもデフレをはるかに恐れていた。

バブルを覚悟した超低金利政策

そのことが、2003年にデフレのリスクをより重視し、あえてバブルが発生するリスクを甘受する、という政策をグリーンスパンに採らせる結果につながっていった。

これにより、連邦準備制度の政策金利（誘導目標の短期金利）であるフェデラルファンド・レートはこの時期、いわゆる「テイラー・ルール」が示す「適正金利」から乖離した低空飛行を続ける。

よく知られているように、テイラー・ルールは、スタンフォード大学のジョン・テイラーが考案した自然利子率、GDPギャップ、インフレ率の目標インフレ率からの乖離、という3つの要素から適切な政策金利を決める計算式であり、金融政策運営のベンチマークを提供する。テイラーは、連邦準備制度のベスト・パフォーマンス期であった1987〜1992年の金融政策運営方針が、このルールでほぼ忠実に再現できることを1992年に示した。このルールの手軽さや有効性は、学界・中央銀行サークルに衝撃を与え、主要先進国・地域の中央銀行の金融政策運営にきわめて大きな影響を与えてきた。グリーンスパンがあえてこのルールから意図的に乖離した政策運営を行ったことで、連邦準備制度は金融危機後、テイラーらから強い批判を浴びることになる。また、米国内では共和党を中心に、連邦準備制度に対して金融政策のベンチマーク・ルールの採用を義務づけようとする動きへとつながった。
2003年6月に連邦準備制度が政策金利を引き下げたことのリスクについては、グリーンスパン自身も認識していた。回顧録では、「経済の状況に基づくなら、一層の利下げはおそらく不要だろう」というのが公開市場委員会メンバーの一致した見解だった、と述べている。株式市場は息を吹き返していたし、この年の後半にはGDP成長率がそれまでよりかなり高くなると見られていたからである。しかし、グリーンスパンはそれでもリスクを比較検討した結果、利下げを実施した。そのときの心境について、グリーンスパンは「デフレという悪性の病にかかる可能性を完全になくしておきたかった。そのためには、利下げによってバブルが発生するリスク、ある種のインフレ型ブームになって、後に抑え込まなければならなくなるリスクをとることもいとわないと考えた」と述べている。[*9]
このように、当時のグリーンスパンは、この利下げがバブル発生につながるリスクを明確に認識していた。しかし、デフレのリスクに比べれば、バブル発生を相対的に小さなリスクと捉え、デフレから免れるために、バブル発生のリスクに目をつぶる低金利政策に踏み込んでいった。そして、バブルが発生するリスクをいとわない政策のもとで、実際に米国では住宅価格バブルが発生することになる。金融政策が原因になったかどうか、についてはさまざまな議論がある。しかし、金融政策によるバブル醸成をグリーンスパンが覚悟していたことは、間違いない。

図表2-2　実質長期金利の推計値

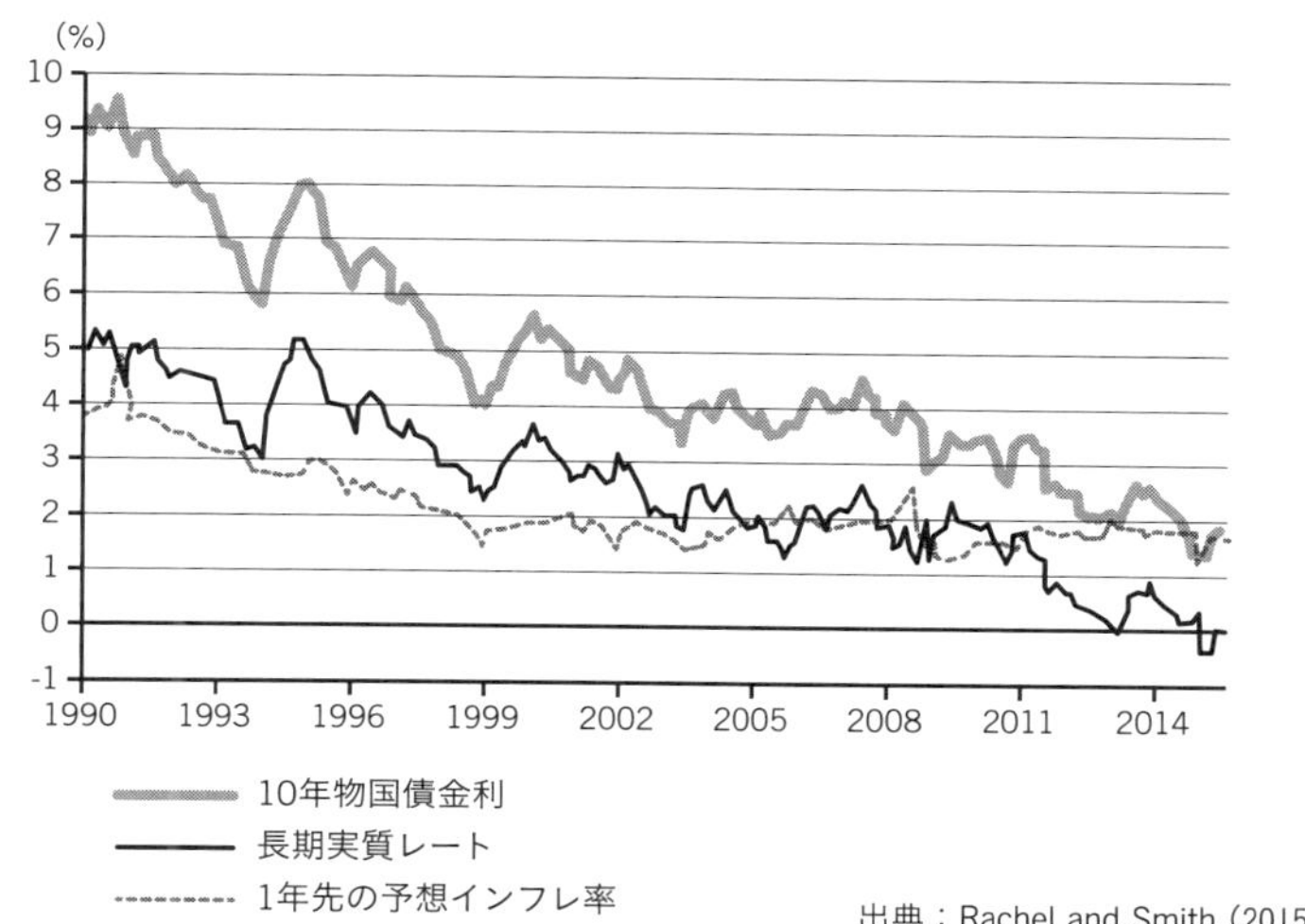

出典：Rachel and Smith (2015)

世界的な実質長期金利のトレンド的低下

グリーンスパンの「恐怖感」を念頭において、この時期の先進国の実質長期金利の動向をみてみよう。この点について参考になるのは、2015年の12月にイングランド銀行のエコノミストであるルーカス・レイチェルとトーマス・スミスが発表したワーキングペーパーである。[*10]そのなかで彼らは、実質金利の長期的トレンドが近年どのように形成されてきているか、を検証している。

彼らは、論文の冒頭近くに先進国の実質長期金利の長期的な推計値のグラフを示している（**図表2-2**）。この実質長期金利の計算期間は、1990年以降の四半世紀にわたる。各国の10年物国債の流通利回りから1年先の予想インフレ率を差し引くことで実質金利を計算し、それを集計したものと考えてよい。衝撃的な点は、その値が1990年代から一貫して低下を続けており、累計低下幅は実に4・5%ポイントにまで達し、最近の水準はマイナスになっていることである。

こうした実質長期金利の推計トレンドをみると、グリーンスパンが感じた恐怖感が切実に伝わってくる。連邦準備制度理事会議長に就任する前にエコノミストして長いキャリアを積み重ね、データを舐めるように精査したことで知られるグリーンスパンは、正体のはっきりしない実質金利低下プレッシャーの強さを、いわば皮膚感覚で感じとり、その恐怖感がテイラー・ルールからの大胆な離脱につながっていった、といえるだろう。

ちなみに、レイチェルとスミスの論文は、先進国の実質長期金利の低下トレンドを示しただけではない。イングランド銀行の総裁であったマービン・キングらの論文[*11]の推計を引用して、この実質長期金利の低下トレンドが世界全体の実質金利についても当てはまり、新興国についても、(米国の量的緩和縮小により新興国からの資本流出懸念が高まり、これらの国で利上げを強いられる、といった時期はみられるものの)おおむね同様の傾向が観察されることをも指摘している。

観察可能な実質市場金利が、長期にわたってトレンド的に低下している、という現象は何を意味するのだろうか。

概念的な整理に立ち戻ると、自然利子率よりも実質市場金利が低ければ、潜在ＧＤＰを超えた需要を作り出し景気を過熱させるから、インフレが加速するはずだ。もし、この理解が正しければ、先進国の実質市場金利が一貫して低下するなかで一向にインフレが加速せず、むしろインフレ目標から遠ざかってきているということは、自然利子率は実質市場金利以上にさらに急激なテンポでトレンド的に下がってきている可能性を示唆しているのではないか。この可能性が、世界経済の長期停滞仮説につながっていったのである。

第3章
長期停滞が懸念される理由

一時的な逆風か、長期的な停滞か

２０１５年12月、レイチェルとスミスの論文がＢＯＥのワーキングペーパーとして公表されたとき、これにただちに強く反応したのはローレンス・サマーズ（ハーバード大学）だった。サマーズはブログに[*12]「レイチェルとスミスが世界の中立的実質金利について、素晴らしい新論文を発表した」と興奮した調子で書いた（ここでの中立的実質金利は、インフレもデフレも加速しない、という意味で中立的と考えてよく、先に触れたように自然利子率と同義である）。

彼らの論文がサマーズに大きな感銘を与えた理由のひとつは、その視野がきわめて長期的である点にある。それは、金融危機の後遺症、といった短いタイムスパンでの自然利子率の低さの説明がそれだけでは不十分であることを強く示唆しているからだ。

そして、彼らの論文がサマーズに感銘を与えた要素が、もうひとつある。それは、この論文が過去を振り返っているだけでなく、将来を見据えようとしている点である。彼らは自然利子率の決定要因を定量的に分析し、それが中・長期的にみて、将来どのようになるかを探ろうとした。非常に困難な作業で、それだけにむろん精度も低い。だが、彼らは、その検討の結果として、自然利子率が近い将来に上昇すると仮定する根拠が乏しい、という重大な結

図表3-1　フェデラルファンド・レートの予想経路：過去と現在

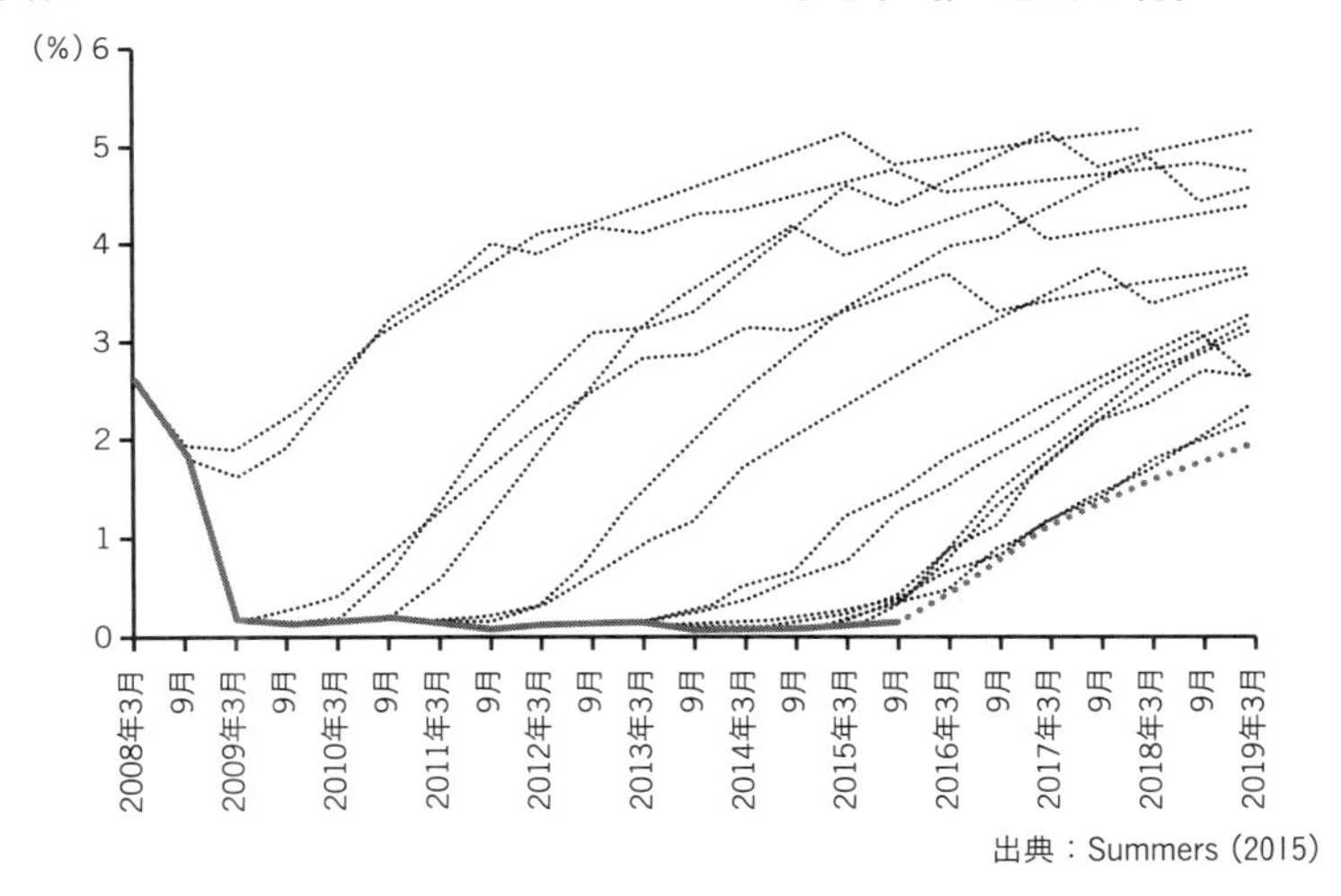

出典：Summers (2015)

論に到達している。

サマーズは、公的当局の間での正統的な見解である「一時的な逆風による自然利子率の低下」という見解と鋭く対立するレイチェルとスミスの見解に強い共感を示し、米国の政策金利の予想経路がどのように推移してきたかについて1枚のグラフを示している（**図表3-1**）。

このグラフが示しているのは、米国では過去、連邦準備制度も予測機関も一貫して短期金利が上がるだろうと予想し、その予想が裏切られ続けてきたことである。予想とはうらはらに、現実の雇用・物価情勢の好転はあまりに緩慢で、短期金利が上がることはなく、楽観的な期待は修正を余儀なくされる。そうした事態が、何度も繰り返されてきた。言葉を変えれば、連邦準備制度も予測機関も、自然利子率低下の長期化への認識が大幅に遅れてきた、ともいえる。そして、もしレイチェルとスミスが正しければ、後述のように、先行き数年の先進国の利上げ余地は、世界中の中央銀行が想定しているよりもはるかに限られた可能性しかないことになる。

バブルでも過熱しなかった先進国経済の低体温症

サマーズが興奮するのも、無理はない。

レイチェルとスミスの論文は、この点に限らず、それまでの2年間にサマーズが展開し、世間を震撼させてきた議論――長期停滞仮説――を実証的に支える内容を数多く含み、いろいろな点でさらに新たな材料を提供していたからだ。

しかし、サマーズに感銘を与えたレイチェルとスミスの分析をもう少し詳しく紹介する前に、サマーズ自身が展開してきた先進国の長期停滞仮説について、少しおさらいしておこう。むろん、ここで長期停滞仮説のサーベイを展開するつもりはない。この話題は、それだけで1冊の本になってしまうからだ。

サマーズが長期停滞仮説を提起して以来、長期停滞仮説についてさまざまな議論が沸騰した。バリー・アイケングリーン（カリフォルニア大学バークレー校）の言葉[*13]を借りれば、長期停滞仮説は「エコノミストにとってのロールシャッハ・テストのような」多様性をはらむようになってきており、それはごく短期間にきわめて興味深い論文集さえ生み出した。[*14] 本書では、サーベイはそちらに譲り、この仮説をリードしてきたサマーズの議論に即してこの問題を振り返っておこう。

サマーズの一連の議論のなかで、もっとも大きな反響を呼んだのは2013年11月、サマーズのMIT時代の恩師スタンレー・フィッシャー（この約半年後の2014年6月に連邦準備制度理事会副議長に就任することになる）を讃える国際通貨基金のカンファレンスでの講演における問題提起である。[*15] この講演は人々に大きな衝撃を与え、たいへんな話題となった。

サマーズの問題提起は「自然利子率」をキーワードとし、グリーンスパンが回顧録で示したデフレ・金利低下圧力に対する恐怖感とも密接に関連した内容であった。

すなわち、2000年代前半、デフレを懸念したグリーンスパンは前述のようにバブル覚悟で異例の低金利政策を維持し続けた。この金融政策が主因かどうかは別として、結果的に、米国では実際に大きな住宅バブルが発生し、それはサブプライム・ローン問題に端を発する世界的な金融危機に発展していく。ところが、そうした大きな代価を払い、デフレ回避のために米国経済の実力以上に需要を膨らませたにもかかわらず――つまり大きなバブルを発生させ購買力を高めたにもかかわらず――この時期でさえ、米国経済は一向に過熱状態にならず、インフレは起きなかった。サマーズが問題にするのは、この点である。

図表3-2　バブルの影響による総需要の一時的底上げ

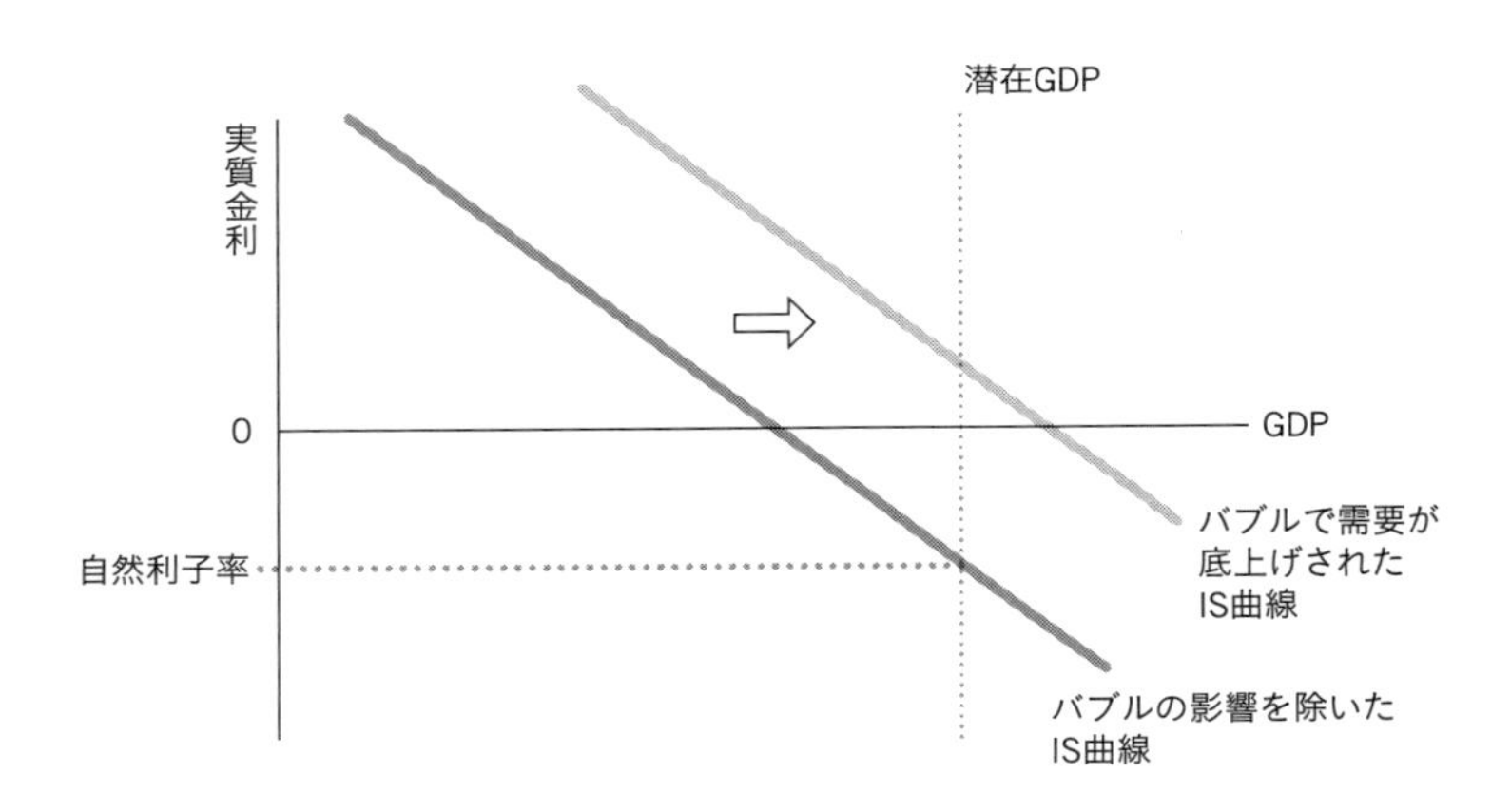

なぜ、バブルでも米国経済は過熱しなかったのか。ひょっとすると、米国経済の需要は恒常的に足りず、バブルが膨らんでいた期間は、それでようやく需要不足が埋め合わされていたのではないか、というのである。

第2章で示した概念図をもとにサマーズの議論にそってバブルの影響を考えてみよう。バブルが発生することにより、需要は一時的に押し上げられ、ＩＳ曲線は右にシフトする。これにより自然利子率は辛うじてプラスの領域に押し上げられていた可能性がある（**図表3-2**）。つまり、バブルを除いた本来の自然利子率はマイナスにとどまり、バブルによる需要底上げでようやく低いがプラスの金利と完全雇用が両立する状況になっていたのかもしれない。

いまやよく知られているようにサマーズの議論は、１９３８年に米国経済学会の会長だったアルヴィン・ハンセンが講演[16]のなかで提起した長期停滞仮説を踏襲している。当時、ハンセンは、米国には新規開拓できるフロンティアはもう存在せず、大規模なイノベーションも枯渇し、人口も減り始めた事実を指摘し、米国が需要不足による長期停滞局面に突入しつつある、と論じた。

しかし、ハンセンの講演の直後に、第2次世界大戦が起きる。これによる膨大な軍需で、米国の需要不足は解消した。減少することが避けられないはずだった人口も、大戦後の予想外のベビーブームにより増加傾向が顕著になった。イノベーションも息を吹き返した。こうしたことから、ハンセンの長期停滞仮説は、時代の閉塞感に流された悲観論として全面的に否定され、忘れ去られてきた。

ところが、サマーズの講演が、長く忘れられていた長期停滞の図式を甦らせた。米国に限らず先進国経済の現状は、むしろ当時のハンセンの指摘によく当てはまるのではないか。そうだとすれば、今度こそ先進国経済が長期停滞に突入するかもしれない。サマーズの講演をきっかけに、そうした不安が改めて台頭してきたのである。

前述のように、サマーズがこの講演で長期停滞仮説を提起する際にキーワードとしたのが、自然利子率である。サマーズは経済の長期停滞の原因として、長期にわたって自然利子率がマイナスになるような状態を挙げた。講演のなかで、サマーズは「自然利子率ないし均衡金利がゼロを大きく下回った場合、通常のマクロ経済学的な思考は深刻な問題に直面することになる」と述べている。ゼロ金利を永続させることはできても、それを超えた異常な政策を永遠に続けることははるかに難しい。しかし、根本的な問題は永続するかもしれない、と論じたのである。

多くがマイナスになっている自然利子率の推計値

本当に米国の自然利子率はマイナスだったのか。

レイチェルとスミスの示した実質市場金利の動向と実際のインフレ率の推移から、実質金利との位置関係は推測できる。しかし、自然利子率の動向について直接的な推計を行っている例も数多くある。これには、いろいろな方法が考えられるが、もっともよく使われるのが、自然利子率の概念図を紹介したローバック・ウィリアムズらの方法によるものである。

そして、彼らがたびたび行っているこうした試算をみると、米国の自然利子率の推計値が、近年ではマイナス圏に落ち込んだ可能性も否定できない（**図表3-3**）。同じ論文のなかで紹介している代替的な推計結果をみても、全部がマイナスに突っ込んでいるわけではないものの、計測時点でいずれもゼロ近傍まで下がっている。

ちなみに、日本についてこの手法を用いた推計としては日本経済研究センターによる推計

図表3-3　米国の自然利子率の推計例

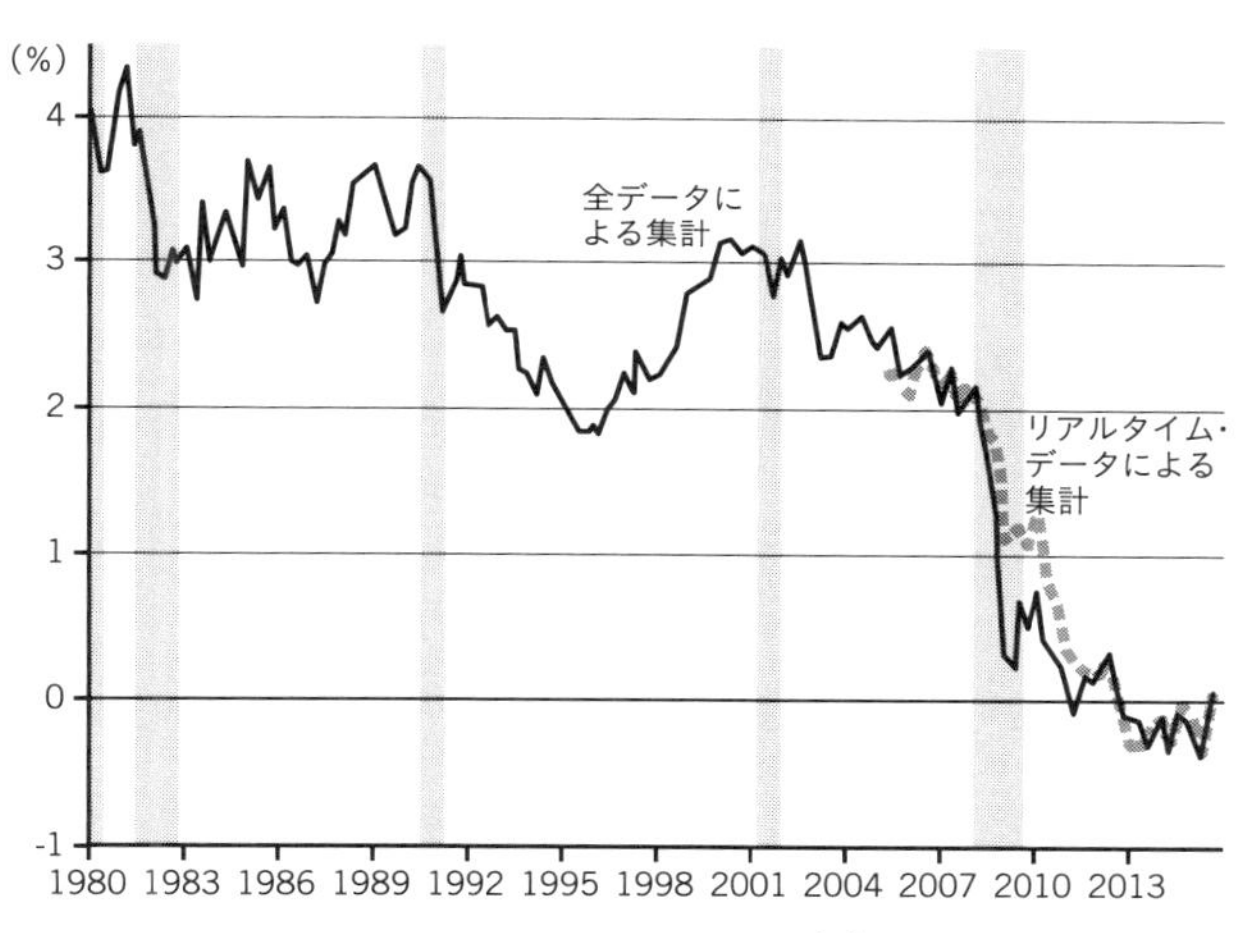

出典：Laubach and Williams (2015)

があり、日本についてもこの手法でみる限り、自然利子率はマイナスに下がり、おおむね実質市場金利を下回っている（**図表3-4**）。

自然利子率がマイナス圏に下がっている可能性が高いとすれば、なぜ、そうなっているのだろうか。そして今後、自然利子率はどうなるのか。そうした点に関心が集まるのは、当然だろう。しかし、その答えを、過去の市場利子率の動向やローバック・ウィリアムズの方法から得ることは困難である。

自然利子率は、実際には、たとえばハンセンが挙げたような要因を含む多くの要因の動向に依存して決まるはずだが、ローバック・ウィリアムズの方法は、シンプルな

図表3-4　日本の自然利子率の推計例

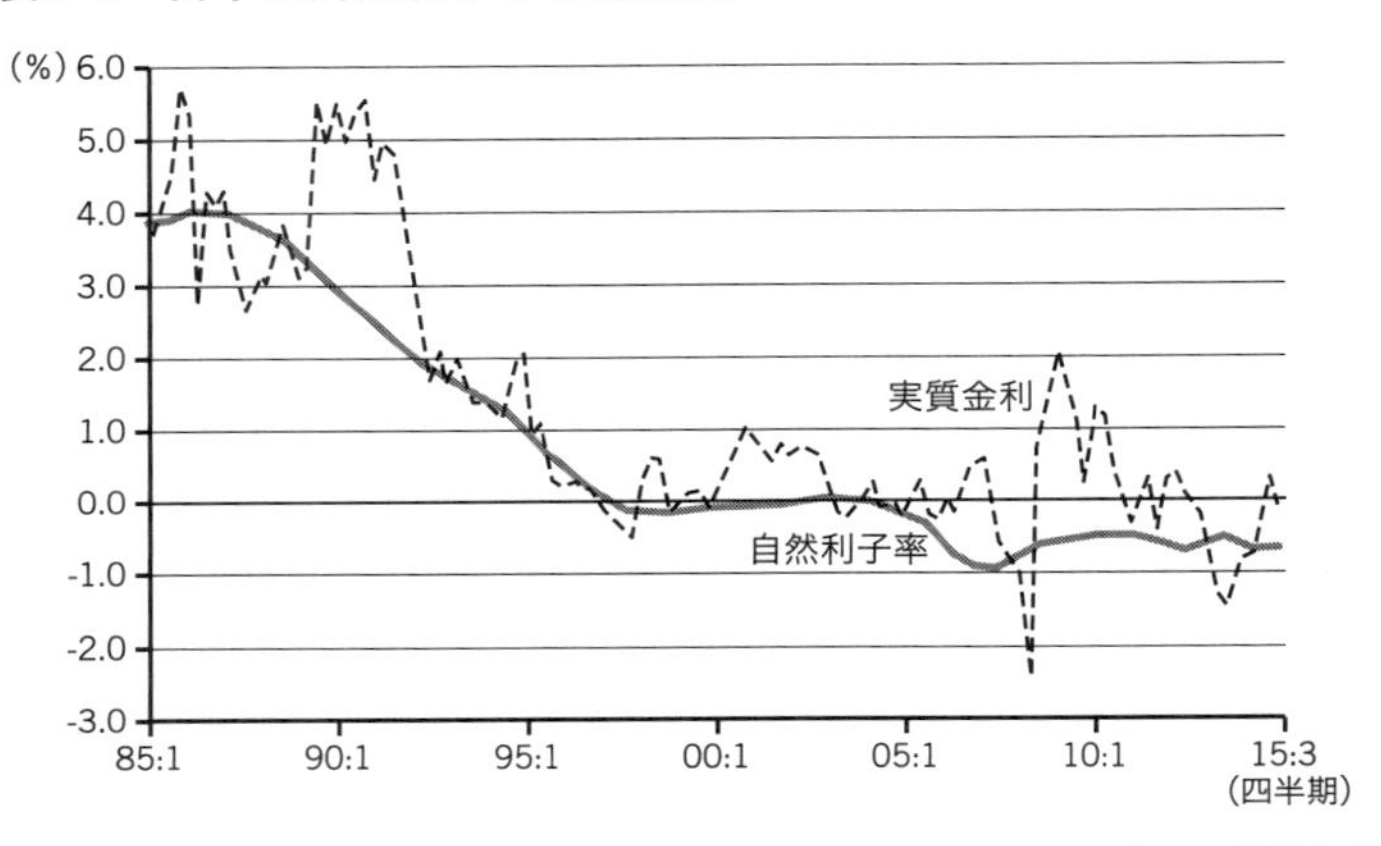

出典：日本経済研究センター「ゼロ金利制約打破後のリスクと課題」2016年3月8日公表（岩田・佐三川『マイナス金利政策』（2016）に転載されている）

ケインジアンモデルを前提としており、IS曲線の動きの背後にあるさまざまな要因にまで立ち戻った推計ではないからである。

非常におおざっぱにローバック・ウィリアムズの自然利子率の推計方法を説明すると、彼らは、図表2－1の概念図にそい「実質市場金利と自然利子率の乖離」が「潜在GDPと現実のGDPの乖離」を決め、「潜在GDPと現実のGDPの乖離」がインフレ率に影響を与える、という仮定をおいている。これはケインズ的な短期モデルによるフィードバック関係を利用した自然利子率の推計といってよい。

こうした自然利子率の推計方法からは、自然利子率の低下トレンドがさらに続くのか、今後、反転が見込まれるのかまでは、わからない。

何が自然利子率の先行きを決めるか

したがって、長期停滞という仮説が説得力をもつためには、自然利子率の動向の背後にある個別の要因の将来動向に見当をつける必要がある。

1930年代末にハンセンが長期停滞仮説を提示したとき、ハンセンは、上述のように大規模なイノベーションの枯渇、ニューフロンティアの不在、人口減少をその理由に挙げた。サマーズの議論と結び付ければ、これらが将来的に自然利子率を低下させると見込まれる要因だったことになる。自然利子率が今後大きく反転できるかという問題を考えるには、かつてハンセンが論じたように、自然利子率の決定要因を特定し、その影響を検討する過程が必要になる。

これは、厳密に行おうとすると、きわめて面倒な作業になる。だが、自然利子率に影響を与えそうなさまざまな要因は、実は、近年いろいろな形で話題にのぼったり、議論されてきたりしている。

たとえば、技術進歩の停滞については、長期停滞仮説が脚光を浴びる以前から、米国経済が直面する6つの逆風（人口動態、教育、経済格差、グローバリゼーション、エネルギーの制約、過剰債務）を挙げて悲観的な見方を示したロバート・ゴードン（ノースウェスタン大学）の議論[*17]や「低い枝の果実は取り尽くされた」というタイラー・コーエン（ジョージ・メイソン大）の議論[*18]などが大きな関心を集めてきた。先ほどの概念図で考えると、技術進歩が停滞して新しい投資の種が枯渇していくと、所与の実質市場金利での投資需要が先細る形でＩＳ曲線を押し下げるから、自然利子率の低下につながる。

また、トマ・ピケティ（パリ経済学校）は膨大なデータを用いて、資本収益率は経済成長率よりも大きいことを示した。結果として、富が資本家に集中することによって社会や経済が不安定となること、所得分配の不平等を是正するために、累進的な富裕税を世界的に導入することを提案し、大きな反響を呼んだ[*19]。

しかし、ピケティの指摘した富の集中による不平等の拡大は、当然、消費性向を押し下げるはずである。なぜなら、富裕な資本家の貯蓄率は、生きていくために所得の大半を消費せざるをえない労働者より高いからである。「消費する人」から「貯蓄する人」への所得分配の変化は、ＩＳ曲線を押し下げ、自然利子率を低下させる方向に働くだろう。

他方、日本のように人口減少が続く国では、将来の国内需要増加はマクロ的には展望できない。食品メーカーなどで合併・経営統合が散見される一因はこうした国内市場の縮小予想への対応がある。企業がマクロ的な需要減退を自社の需要減退と結び付けて捉えれば、予想需要が減る分、投資を控えるだろうから、投資需要が減り、やはりＩＳ曲線は押し下げられ、自然利子率が下がる可能性が高い。なお、米国の人口ピラミッドは、主要先進国のなかではやや例外的な砲弾形（年齢別人口が壮年期までほぼ同じで安定している形）である。このため、ハンセンの講演当時と異なり、この面からの長期停滞リスクはかなり小さい。この点は、急速に人口減少・高齢化が進むドイツやイタリアなどの欧州の一部の国や、日本そして中国、韓国など東アジアの国々との大きな違いである。

中国経済の減速や原油価格と自然利子率の関係

このように考えていくと、中国経済の減速や原油価格動向も、世界的な自然利子率低下問題の埒外にはないかもしれない、ということがわかる。2016年は、年初から株式市場・為替市場が不安定化したが、その際、想定外の原油価格低下や中国経済の先行きへの不安心理による一過性の現象ではないか、というコメントが多くみられた。また、同年後半に中国などの経済指標が好転の兆しをみせ、産油国の減産合意で原油価格が上昇し、トランプノミクスへの期待によるユーフォリアで世界的な株高傾向が生じると、世界経済の展望についての楽観論も散見されるようになった。これらはサマーズの触れた「一時的な逆風による自然利子率の低下」という公的当局の間での正統的な見解にそった反応といえる。

しかし、中国経済は技術進歩の停滞の埒外にはないし、所得不平等は非常に大きい。所得格差をはかる指標としては「ジニ係数」が有名であるので、これをみてみよう。この指標は、社会に所属する全員の所得が等しい完全平等社会では0になり、所得格差が高まるにつれ数値が上がっていく。究極的に1人がすべての所得を独占する完全不平等社会では1になる。OECDの国際比較調査によれば、米国とトルコが0・4（2013年）を超え、メキシコとチリが0・5に近い水準にある。日本は0・34（2009年）であり、OECD諸国平均が0・315となっている。[*20]

国家統計局の公表している中国のジニ係数はデータ始期の2003年が0・479、2008年に0・491とピークに達し、それ以降徐々に低下し、2015年のジニ係数は0・462となっている。しかし、四川省にある西南財経大学研究チームが行った推計によると、2010年のジニ係数は0・61となっており、国家統計局推計（2010年0・481）よりもはるかに高い値になっている。[*21]このことは、中国の所得格差は相当に大きいと同時に正確な把握が困難なものであることを意味するだろう。また、人口動態についてみれば、子供を一人に制限する「ひとりっ子」政策こそ中止されたものの、人口減少・高齢化はこれから本格化する。その意味で中国経済の先行きは、世界的な自然利子率低下要因の多くをはらんでいる。こうしてみると、いずれは自然利子率に強い低下圧力が加わることは避けられないようにもみえる。

また、原油価格の下落や不安定な変動には、技術革新によるシェールオイルの増産や産油国カルテル合意の成否といった供給要因、世界的な投機資金の原油市場への流入・流出といった要因もたしかに大きく影響している。だが、他方で、自然利子率が停滞し世界的な総需要の伸びが限られるなかでは原油需要の伸びも限定されるはずであり、仮に技術革新によるシェールオイルの増産圧力などの供給要因が加速しなくとも、長期停滞のもとでは、原油価格の反発力は限られるはずである。*22

こうした点を考えると、中国問題や原油問題は、世界的な自然利子率低下の大きな流れのなかで再評価する必要のある現象とみることができる。個々の国や市場が、世界経済に大きな影響を与えうるのは事実である。とりわけ、現状、国内の潜在成長率の低い日本は、景況が海外経済情勢に大きく左右されやすく、一喜一憂しがちである。しかし、海外経済についても、短期的な景気循環の背後に、さらに大きな世界経済の流れがありうる。この点を見落とすと、世界経済の中・長期的な展望を見誤る可能性がある。

自然利子率の低迷で政策当局が背負う重荷

このあたりで、レイチェルとスミスの話に戻ろう。

さきほど述べたように、彼らの論文がサマーズに感銘を与えた大きな要素のひとつは、自然利子率の低下要因を検討し、各要因が過去どのように推移し、それらが今後どのようになり、その影響として自然利子率がどのような推移をたどるかについて定量的な目途を与えるというきわめて困難な課題に立ち向かったからであった。

ここでは、レイチェルとスミスの分析の詳細には立ち入らず（興味のある読者のために章末の補論1でもう少し詳しく説明する）、基本的な分析の枠組みだけを説明しておくと、貯蓄（お金を貸す額）と投資（お金を借りる額）のバランスで自然利子率が決まる、というものである。

貯蓄と投資の決定要因

貯蓄の決定要因についていては、人々は実質金利が高ければ、いまは消費を我慢（先延ばし）して貯蓄を増やそうとし、実質金利が低ければ、消費を先延ばしするメリットが小さく、いますぐ消費するほうが有利になると考え、そのように行動するだろう、と考える。したがって、貯蓄関数は実質金利を縦軸、貯蓄を横軸とするグラフを描けば、右上がりの曲線になる。むろん、貯蓄には、いろいろな要因が影響を及ぼすから、貯蓄関数はこれらの要因によって右に動いたり、左に動いたりする。

投資についても同じように議論できる。つまり、投資もいろいろな要因に影響されるが、基本的には、実質金利が高ければ投資を見合わせ、実質金利が低ければ投資しようとする、ということになる。だから、貯蓄関数と同じ軸でグラフを描けば右下がりの曲線になる。そして、貯蓄の場合と同様、いろいろな要因が、この投資関数を右に動かしたり、左に動かしたりする。実質金利は貯蓄関数と投資関数の交点で決まる、というのがここでの分析の枠組

図表3-5　貯蓄・投資による実質金利決定の概念図

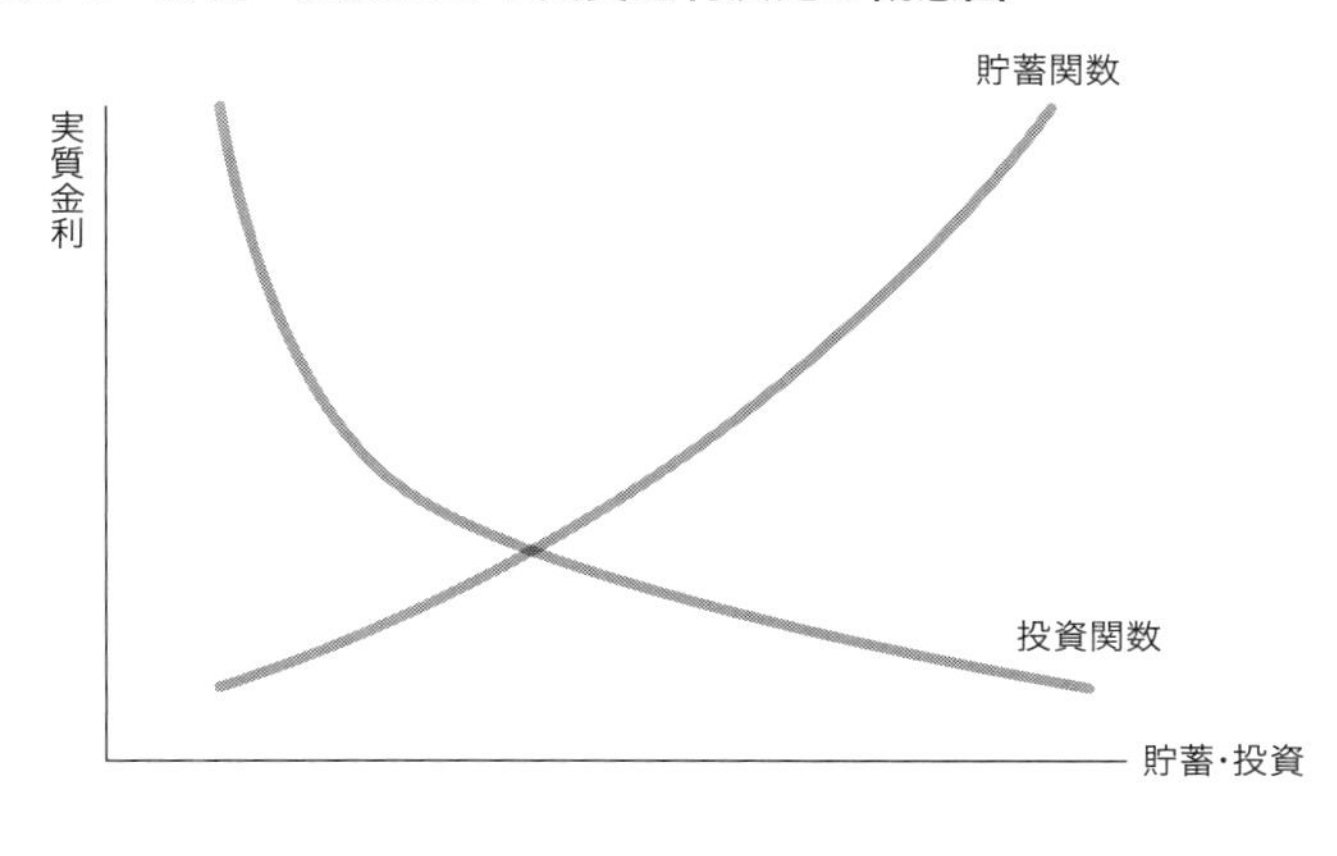

みである（**図表3－5**）。

自然利子率の将来展望

以上の枠組みを前提にして、具体的にいろいろな要因（トレンド成長率、人口、分配の不平等の影響、公共投資、資本財の相対価格、グローバルな貯蓄過剰）が貯蓄関数、投資関数をどれだけ動かすかを検討し、その影響を試算することによって得られたレイチェルとスミスによる自然利子率の将来展望は**図表3－6**の通りである。彼らの予測は、自然利子率が反転上昇することはあまり望めず、2030年ごろまで、現在の低水準にとどまり続ける公算が高い、というものになっている。

図表3－6で「説明外（unexplained）要因」とされているのは、主に景気要因であり、これが自然利子率を少し回復させる方向に作用することが期待されている。それでもグローバルな自然利

図表3-6　予想される自然利子率の変化とその要因

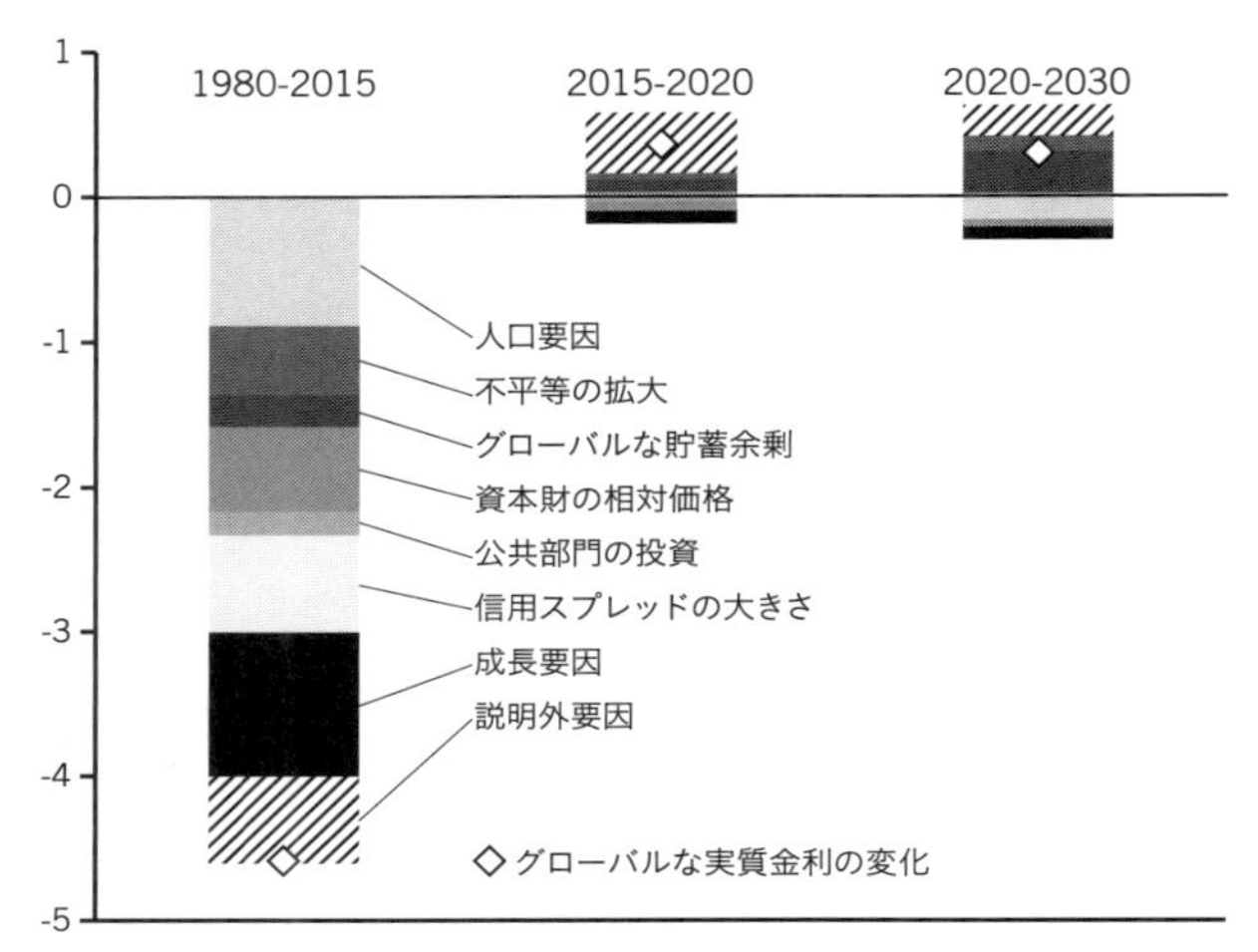

出典：Rachel and Smith (2015)

子率は、1980年から2015年の間に4・5%ポイント以上低下したあと中・長期的にほとんど反転せず、きわめて低い水準が続くだろう、というのである。

ただ、ここで注意しておく必要がありそうなのは、レイチェルとスミスの推計では、公共部門の投資はほとんど増加しないと想定されている点である。レイチェルとスミスは2015年時点で、財政の大きな動きは少なくともグローバルには起きないだろう、と予測していたことになる。米国におけるトランプの登場、そして欧州におけるポピュリストの台頭は、少なくとも短期的には財政支出を大きく押し上げ、「財政の時代」が到来する可能性をはらむ。その場合、問題はその長期的帰結、ということになるだろう。

低い自然利子率が恒久的に続くことの意味

レイチェルとスミスが予想するように、自然利子率が恒久的に低くなることは、経済政策にとってどういう意味をもつのか。この問題は、本書の主題につながるが、彼ら自身が指摘しているのは以下の点である。

まず、経済がネガティブなショックに直面したとき、金融政策はより頻繁にゼロ金利のカベと衝突する可能性が高く、量的緩和のような非伝統的政策を頻繁に使用するようになるだろう、と予測する。しかし、量的緩和の波及メカニズムの不確実性と中央銀行のバランスシート規模拡大への懸念が、将来的にこうした政策の使用を制約するはずだ、と彼らは考える。その論理的帰結は、経済が大きなネガティブショックに遭遇した場合には財政政策が景気循環を安定化させるうえでより大きな重荷を背負う、ということである。

また、低い金利は、企業や金融機関の利回り追求行動を後押しし、金融システムの安定に責任をもつ銀行監督当局と中央銀行にとってあらたな課題を突き付ける。そして低金利の恒常化の可能性は、より一般的に景気循環の安定化についての最善の方策は何か、という点について真剣な議論を呼び起こすだろう、という。

サマーズは先に引用したブログで、政策上の課題についての彼らの見方に関しても強い共感を示している。すなわち、彼らの発見は、金融政策運営にとって非常に頭が痛い問題を提起することになる、という。現在、米国では景気回復が続き、完全雇用に近づいている。その米国についても、サマーズはこう述べている。いずれは不況がやってくる。そうなれば、また金利を300ベーシス・ポイント（3％ポイント）は引き下げる必要が生じる。ゼロ金利のカベに非伝統的金融政策で立ち向かうとしても、大きな効き目があるとは思えないし、金融システムは不安定化するだろう。

また、サマーズは、慢性的に非常に低い実質金利のもとでの経済は、高いボラティリティ、向こう見ずなリスクテイク、過大なレバレッジと、金融上のアクシデントに特徴づけられるようになるだろう、という悲観的な見解を述べ、レイチェルとスミスは、自分と懸念を共有しているはずだ、と論じる。そして、サマーズのこうした見方は、レイチェルとスミス同様、マクロ経済政策における財政政策の復権の必要性を強く主張するものになっていく。

労働者の質が高くても自然利子率は低下する

ところで、この章の最後に、黒田総裁の自然利子率についての見解もみておこう。黒田総裁は、マイナス金利付き量的・質的金融緩和導入後の2016年3月7日、『「マイナス金利付き量的・質的金融緩和」への疑問に答える』と題した読売国際経済懇話会における講演で、自然利子率に触れている。そこで次のように述べた。

「長期的にも実質金利を下げても効かないのは、それ以上に成長期待、理論的には『自然利子率』といいますが、それが低いという極端なケースです。理論的な可能性として否定するものではありませんが、私は日本には当てはまらないと確信しています。その理由は、第1に、現にこの3年間、実質金利の低下が効いていたということです。第2に、日本経済あるいは日本企業をみていて、本当にそこまで期待できないと考えますか、ということです。日本の技術力、労働者の質の高さなど、少し考えただけで、否定できると思います。したがって、日本において金融政策は有効です」

ただし、その翌月のコロンビア大学での講演で、黒田総裁は自然利子率の低下傾向に言及した。さらに日銀は、2016年の9月の「『量的・質的金融緩和』導入以降の経済・物価動向と政策効果についての総括的な検証（背景説明）」で自然利子率が趨勢的に低下していることを強調した。また、いくつかの代替的手法による自然利子率の推計値を示し、「自然利子率の推計値は、その手法によって異なるため、相当の幅を持ってみる必要はあるが、最近では、おおむねゼロ%近傍の低い水準で推移している可能性が高いと考えられる」と結論づけている。

しかし、「総括的な検証」の背景説明に添えられた自然利子率の各種推計結果（**図表3-7**）をみても、マイナスになっている可能性は相当高いようにみえる。この場合、前掲

図表3-7　日銀による自然利子率の推計値

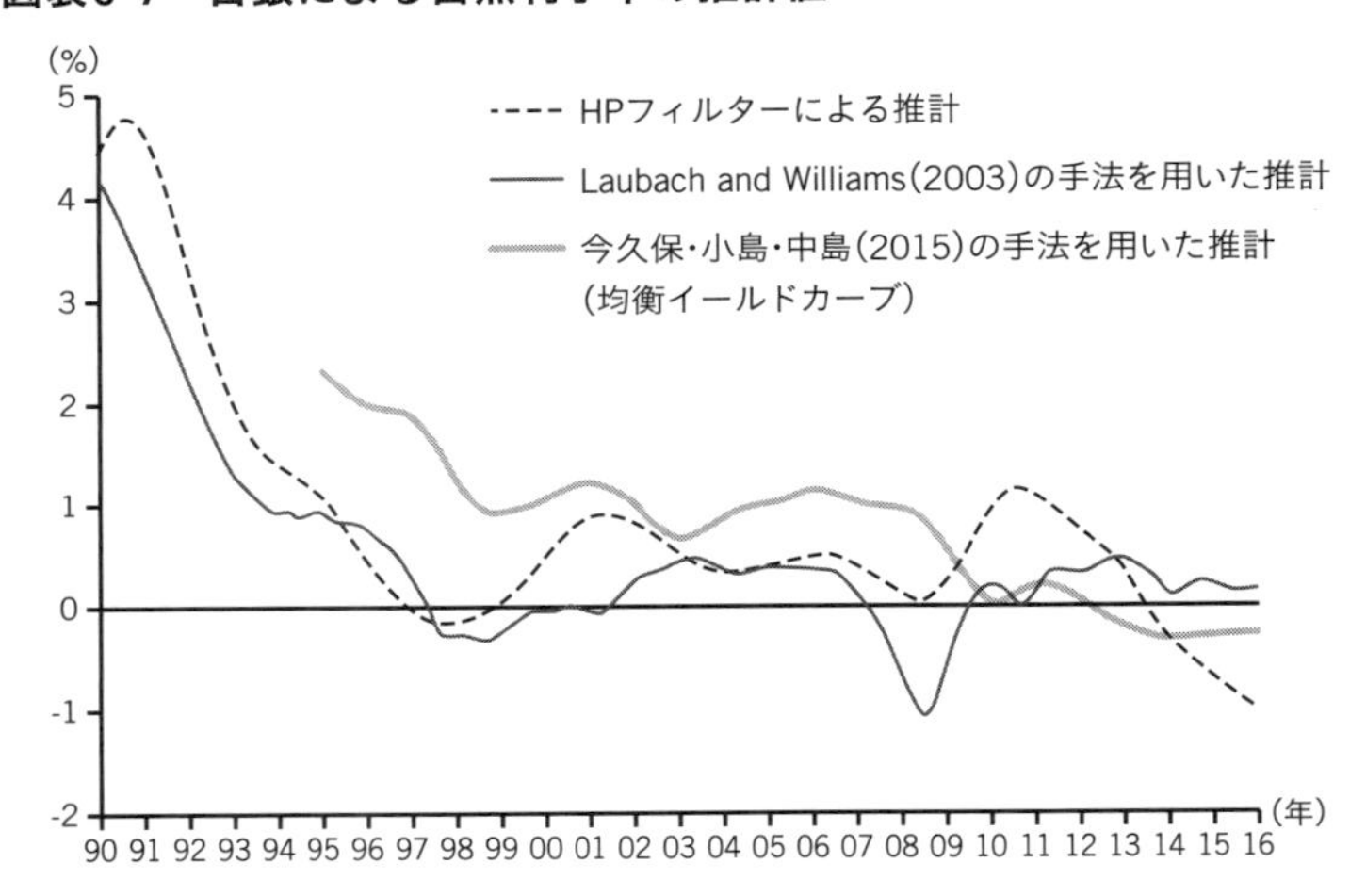

出典：日銀「総括的な検証」(背景説明)

した図３－４の日本経済研究センターの推計と同様、自然利子率は実質金利を下回っている期間も長いことになりそうである。この間、国民生活に直結する実質家計最終消費支出（季節調整済み）は、消費税駆け込みの影響が現れる前のピークが２９２・８兆円（２０１３年第３四半期）、消費税の駆け込みも含めたピークは２９９・６兆円（２０１４年第１四半期）となっているのに対し、約３年後の２０１６年第３四半期は、２８９・４兆円にとどまり、既往ピークをかなり下回っている。

日本の技術力、労働者の質の高さなどが日本における自然利子率の高さを保証する、という黒田総裁の議論は、自国への誇りと愛国心を感じさせる。しかし、レイチェルとスミスなどの自然利子率低下の懸念に対するロジカルな反論になっているとは思えない。レイチェルとスミスの論文でも言及されている日本についての懸念は、労働者の質ではなく、後述のように世界的にみて突出した労働力人口減少傾向だからである。

むろん、労働力人口が減少しても、自然利子率や成長率が必然的に低下するわけではない。たとえば、吉川洋氏は、かねて成長率をけん引するのは人口ではなくイノベーションである、と強調している。近著[*23]でも、経済成長のカギを握るのはイノベーションであり、日本が世界有数の長寿国であることは、チャンスなのだ、と論じている。

筆者も、日本にとって高齢化を「イノベーションを誘発し成長率を高めるチャンス」として生かしていくことが死活的に重要であることを主張してきた。[*24]しかし、高齢化をチャンスにするためには、公的部門も民間部門も、この問題と正面から全力で向き合い、人口減少・高齢化から派生する切実なニーズとイノベーションを結びつけていく必要がある。現時点で、企業部門に人口ペシミズムが強いのは、こうしたイノベーションの展開の糸口を政府も企業もまだ十分つかめていないからだ、といわざるをえないだろう（なお、人口減少と自然利子率の成長理論上の関係はかなり複雑になる。詳細は補論2参照）。

【第3章の補論1】

自然利子率の将来展望——レイチェルとスミスの要因分解の概要

グローバルな自然利子率は、何によって決まるのか。それは主に「グローバルなトレンド成長率の動向」を反映した「貯蓄を促す要因の強さと投資を促す要因の強さのバランス」による、と彼らは考える。

期待成長率の変化の影響

トレンド成長率と自然利子率の間には密接な関係がある。成長理論の枠組みのなかでは、一定の仮定のもとで、トレンド成長率と自然利子率はほぼ等しくなりさえする。[*25] エコノミストの論説をみても、潜在成長率（トレンド成長率）イコール自然利子率と想定した議論も多いようにみえる。だから、レイチェルとスミスがグローバルなトレンド成長率の変化をまず取り上げているのはうなずける。

彼らはグローバルなトレンド成長率については、金融危機前には長期にわたって安定としていた、と指摘している。ところが、金融危機が起きた。そこで成長率の先行きについての見直しが起き、将来の成長率の見通しについて悲観的な見方が高まった。それが、最近における実質金利低下をもたらす重要な要因になっている、というのが、トレンド成長率が自然利子率に与えた影響についての彼らの仮説である。

彼らは、前述の450ベーシスポイントに及ぶ実質金利の低下のうち、100ベーシスポイント程度がこれで説明できる、としている。そして、将来については、人口要因（労働供給の伸び率低下）や技術革新への逆風（進学率の頭打ちなど）がトレンド成長率を減速させ、次の10年間にはグローバルなトレンド成長率を1％ポイント程度まで減速させるかもしれない、という。

貯蓄関数と投資関数のシフトの影響

グローバルなトレンド成長率の寄与が100ベーシスポイントにとどまっていることに照らすと、グローバルな貯蓄関数、投資関数の位置が、その他の要因によって・どのように決まり、それが今後どう動くか、という点が重要になる。この点についてのレイチェルとスミスの分析結果は、**図表3－8**に集約されている。

ごちゃごちゃしていて見づらいが、彼らは、まず、貯蓄関数を右にシフト（図表3－8の①～③）させたものとして、人口動態要因による貯蓄増（図中①、実質金利を90ベーシスポイント下げる）、国内の不平等拡大による貯蓄増（図中②、実質金利を45ベーシスポイント

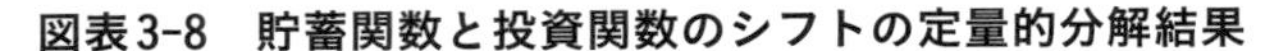

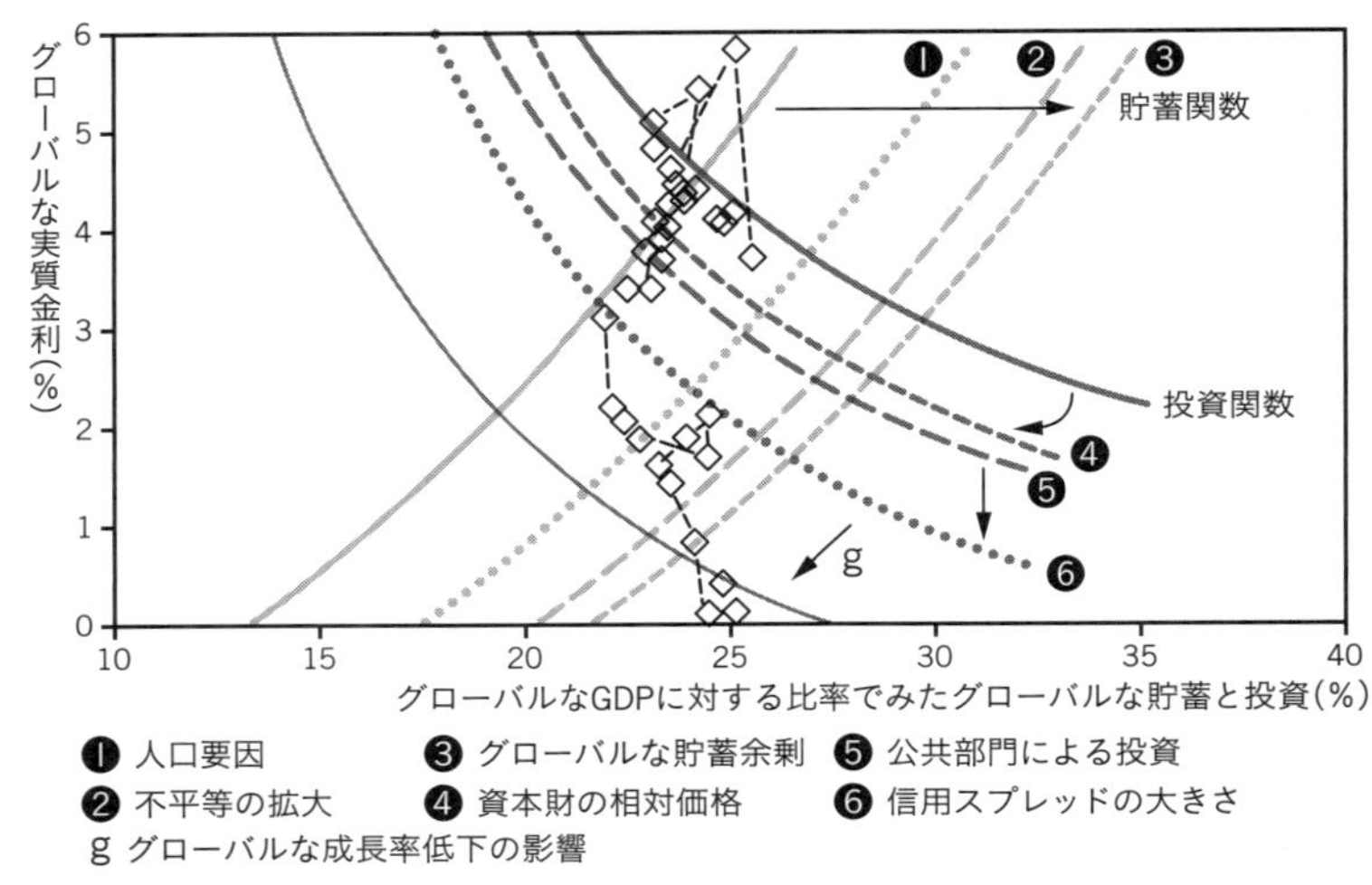

出典：Rachel and Smith (2015)

下げる）、アジア危機以降の新興国政府の外貨準備意欲の高まり（図中③、実質金利を45ベーシスポイント下げる）、などを挙げている。

投資関数の位置が動かず、貯蓄関数だけがこれらの要因で右に動くのであれば、貯蓄と投資の交点はグラフの右側に動き、貯蓄と投資がグローバルに増えてくるはずだ。

しかし、グローバルにみた貯蓄率および投資率（観察された「交点」のx座標）は過去30年間、きわめて安定的である。このことは投資関数のほうは同時期に左にシフト（図中④〜⑥）したことを示唆している。この結果をもたらした要因としては、資本財の相対価格低下による投資減（図中④、実質金利を50ベーシスポイント下げる)、公共投資プロジェクトの実施意欲の低下(図中⑤、実質金利を20ベーシスポイント下げる)などが挙げられている。

このほか、この分析で使われている金利は国債など安全資産の金利であるが、投資の際に要求される資本収益率は、国債などの安全資産の金利ほどは低下しなかったことも考慮に入れる必要がある。この2つの利回りの差である信用スプレッドの拡大は、投資を減少させることで投資関数をさらに左にシフトさせ、安全資産の金利を低下させる(図中⑥、70ベーシスポイント程度)。

これらの効果の推計値は大きな誤差を伴うが、とりあえず全体で300ベーシスポイントに達する。

【第3章の補論2】

人口減少の長期的影響は不確実性が高い

本文の分析では、人口減少が自然利子率を下げる方向に作用する、と論じている。もっとも、自然利子率に対して、将来の技術革新や人口減少がどう影響するのかを予測するのは、きわめて困難な作業である。技術革新はそもそもその展開や影響についての不確実性が高いが、予測精度がきわめて高い人口減少についても、その影響を断言するのは容易ではない。というのは、人口減少と自然利子率の長期的関係を成長理論の観点から眺めると、モデルによってさまざまな答えがありうるからである。*26

最も基本的なソロー・モデルでは、人口減少が自然利子率を下げるが、ラムゼイ・モデルでは人口減少に影響されないことがありうる。

たとえば、ソロー・モデルで人口減少が（資本の限界生産性に等しい）自然利子率を低下させるのは、貯蓄率が一定であるため、人口が減ると資本が少ない労働者と組み合わされ、資本の限界生産性が下がるから自然利子率も下がること（人口増加によるいわゆる資本希釈効果の逆のメカニズム：負の資本希釈効果）による。これに対し、ラムゼイ・モデルを、家計は子孫のことを考えて貯蓄するモデル、と解釈すれば、人口減少で子孫に残す必要が減れ

図表3-9　日本における人口増加率と不動産投資GDP比の推移

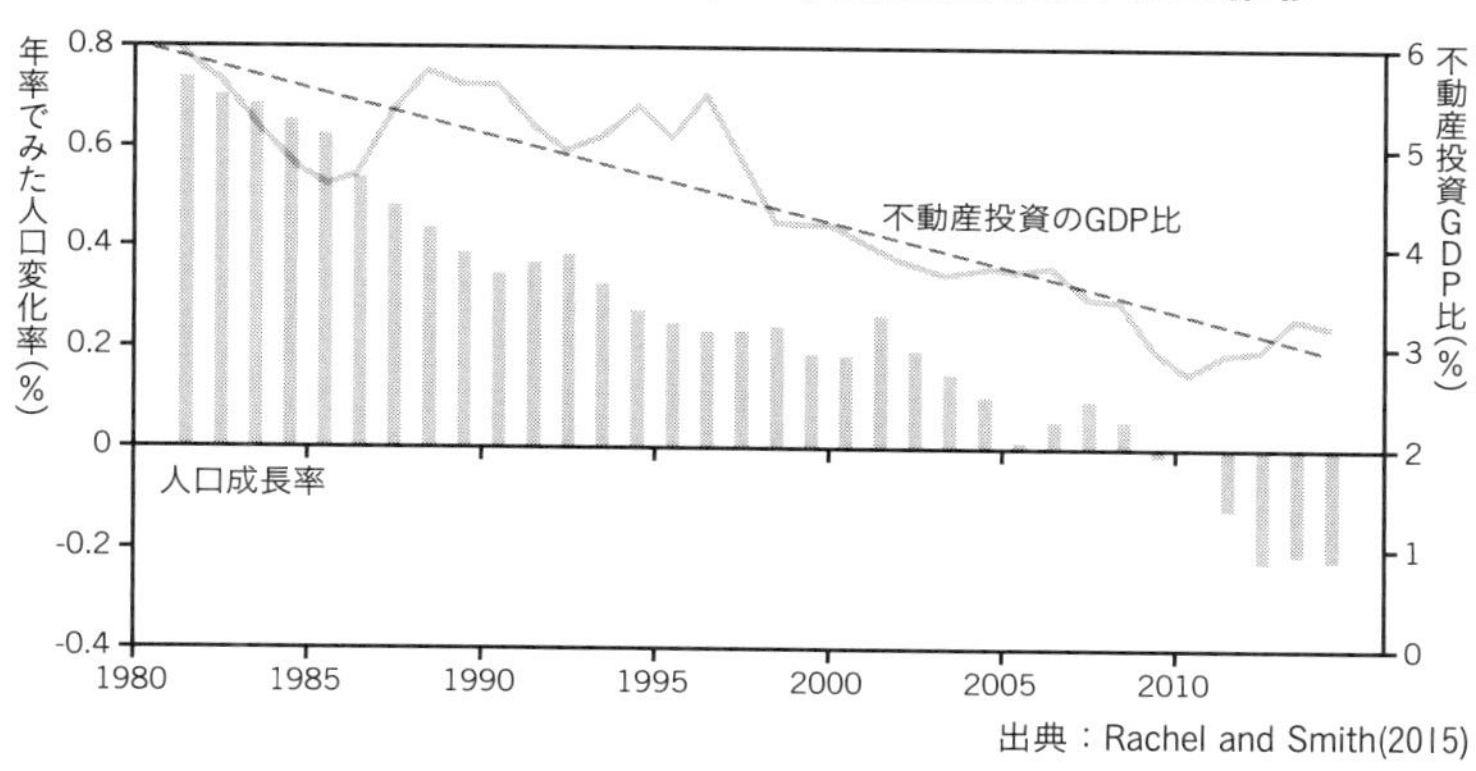

出典：Rachel and Smith(2015)

ば、貯蓄は減り、負の資本希釈効果を相殺するため、人口減少は自然利子率に影響を与えないことになる。

ただし、レイチェルとスミスは、人口成長と自然利子率の関係は不確かであるとしつつ、ラムゼイ・モデルなどで、人口成長率は自然利子率に影響を与えないようになっていることの妥当性には懐疑的である。前述のように、たとえば、標準的なラムゼイ・モデルで人口減少の影響が排除されるのは、分析の便宜のための極端な仮定のせいであり、そもそもハンセンが提唱した1930年代の長期停滞仮説は、人口減少が資本収益率を押し下げる、という影響を強調していたことを指摘する。

なお、レイチェルとスミスは、人口増加率と投資の関係について、日本の事例に言及し、1枚のグラフを示している（**図表3-9**）。その事例とは、人口増加率と日本における不動産投資の関係である。日本における人口増加率の低下は、不動産に対する需のである。

要を減らし、その収益率を引き下げて、不動産投資のGDP比率を低下させている、という

人口減少の影響の議論は、不確実性が高い将来の技術動向を考慮するとさらに複雑になる。成長理論など、経済理論のモデルで想定される「生産関数」は、労働と資本を投入すると生産物が産出される、という仕組みになっている。具体的には、たとえばタクシー会社は、資本である自動車と労働者（運転手）を組み合わせることで運送サービスを生産する。ここで暗黙に想定されているのは、資本は「自動車」を作れても、「労働者」は作れない、ということである。

しかし、この仮定は将来的にはそれほど説得力をもたなくなるかもしれない。たとえば、グーグルなどの完全自動運転車の実用化を想定すると、資本家は、資本で車を購入するだけでなく、ＡＩ（人工知能）を購入して労働者に代替させることにより運送サービスを提供できるかもしれない。

そうした労働と資本の代替可能性のフロンティアが、いつまでに・どこまで広がるか、という点は、人口減少が自然利子率に与える影響を将来的には変化させうる。特に日本の場合、物流や介護といった分野で、資本が労働をどの程度代替できるかは、自然利子率に大きな影響を与えうるだろう。レイチェルとスミスの定量的検討がきわめて重要な貢献であることは

確かだが、それでも長期的な将来展望の定量化は腰だめ的といわざるをえない、と考えられるのはそうした理由による。

なお、ここでは問題を人口増加率にしぼって論じているが、高齢化もきわめて重要である。高齢化には、二面性がある。つまり生産年齢人口の関連では悲観的材料になるが、本論でも述べたように、増大する高齢者は高齢化後も生活の質（QOL）を維持したいという切実なニーズをもつから、イノベーションや需要を誘発することで、持続的な経済成長の手がかりにもなりうるからである。

第4章
自然利子率がマイナスの場合の金融政策

金利誘導の基本的な考え方

次に、これまでの話を前提として、自然利子率と金融政策の関係を整理してみよう。

経済成長率のトレンドを所与として、実際の経済活動水準をそのトレンドに近づける（景気循環を安定化させる）という教科書的な観点では、結論は簡単である。実質市場金利がIS曲線と潜在GDPの交点である自然利子率と等しくなるように、実質市場金利を誘導すればよい。

換言すれば、需要が潜在GDPを超過していれば実質金利を上げて需要を先送りし、需要が潜在GDPを下回っていれば、実質金利を下げて需要を前倒しするように金利誘導水準を調整すればよい。

ただし、問題が2つある。ひとつは、長期停滞仮説が想定するように自然利子率がマイナスになった場合に、どのようにして実質市場金利をマイナスに誘導するか、という問題である。もうひとつは、金融政策が自然利子率に与える影響である。この章では、前者の問題を取り上げる。

自然利子率がマイナスになった場合に即して、第1章で示した概念図を修正すると、**図表4-1**のようになり、潜在GDPとIS曲線が、マイナスの実質金利水準で交わる。

図表4-1　自然利子率がマイナスになる場合の概念図

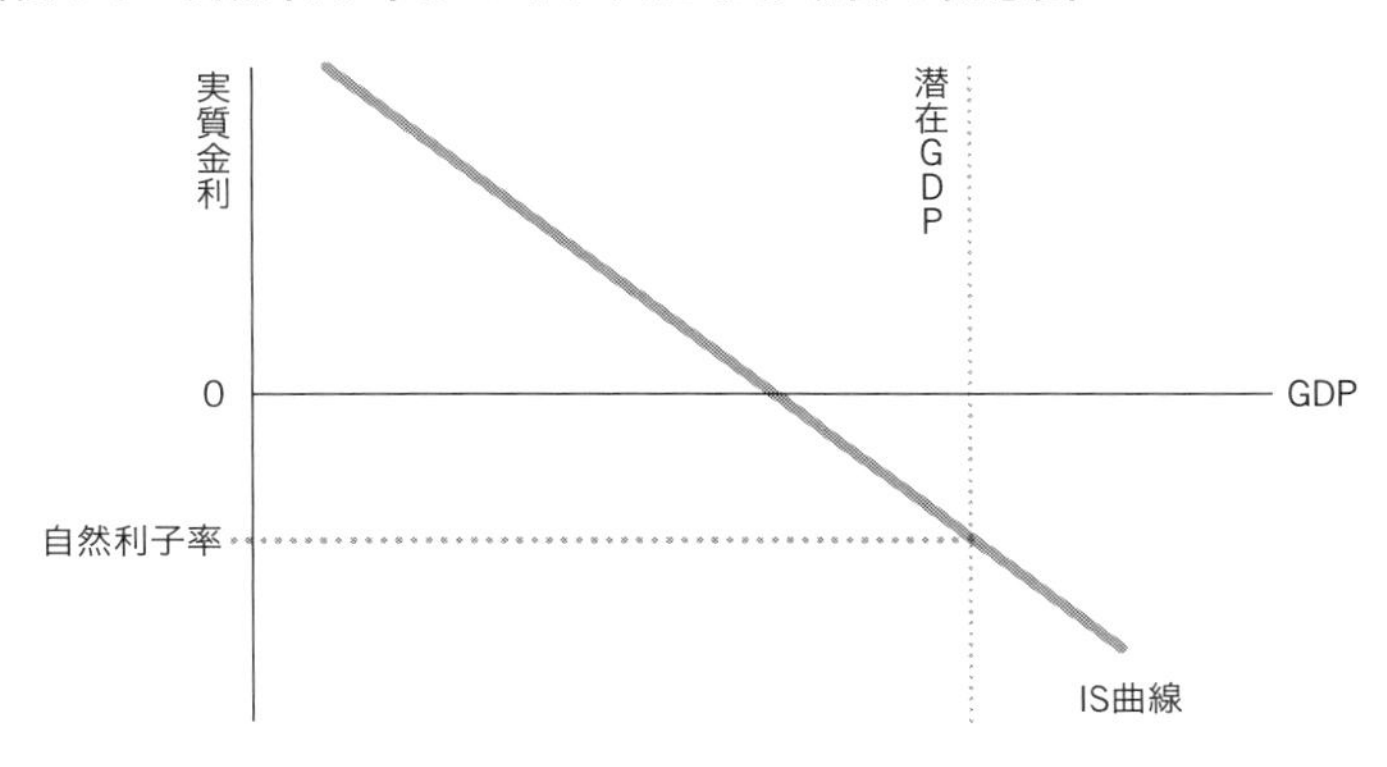

すでに説明したように、実質市場金利は、名目金利から予想インフレ率を引いたものである。したがって、自然利子率がマイナスの領域にまで低下している場合、実質金利をこの水準にまで下げるには、①予想インフレ率を上げるか、②名目金利を引き下げるか、のいずれかによって実質金利をマイナスに誘導するしかない。どちらの可能性を探るべきだろうか。

景気循環を前提にしたクルーグマン提案

この問題にひとつの答えを出したのが、1998年のポール・クルーグマン（当時プリンストン大学）の期待に働きかけて予想インフレ率を上げる、という提案である。[*27]

その後、2010年代に入ってから、まず欧州、そして日本などで、一部の中央銀行が名目金利をマイナスに誘導するいわゆるマイナス金利政策に踏み込み、名目金利は若干はマイナスに誘導できることが知られてきた。しかし、伝統的には名目金利はゼロ以下に下がらない（マイナス金利を払うくらいなら、預金者はタンス預金を選ぶだろう）と考えられてきた。

したがって1990年代後半時点では、実質金利を大きく低下させるための理論的選択肢として予想インフレ率を上げるべき、という方向に進んだのはきわめて当然だった、といえる。なお第5章でみるように、マイナス金利の経験から、金利をマイナスにできる「糊代（のりしろ）」はそれほど大きくなく、副作用も大きいことがわかってきたから、1998年当時のクルーグマンの方向感は、その後のマイナス金利政策の導入にもかかわらず、大きく誤っていたわけではない。

いずれにせよ、1998年当時のクルーグマンは、日本はバブル崩壊後の逆風で自然利子率がマイナスに低下しており、ゼロ金利政策や、のちに導入される量的緩和自体ではこれに対処できず、それゆえ日本はデフレから抜け出せていないに違いない、と考えた。この状況に対する処方箋として彼は、日銀は、通常より高いインフレ目標を設定すべきだ、と提案した。その際に、日銀は「無責任であることを確信させる約束（credibly promise to be irresponsible）」をすべきだ、とした。このトゲのある表現は有名だが、クルーグマンは、その具体的内容として、日銀はたとえば4％のインフレを15年続けることにコミットせよ、と述べたのである。

クルーグマンの議論における「現時点では、どんなに量的緩和やゼロ金利を行ってもデフレからは脱却できない」という状況設定は、現時点の自然利子率がマイナスであるのに対し、名目金利はゼロ以下には下がらず、それゆえデフレが続いている、という想定に対応している。

しかしクルーグマンは、いまは自然利子率がマイナスでデフレでも、将来は自然利子率が回復し、必ず金融政策でインフレが起こせる状況になる、と想定した。インフレになりそうになれば、中央銀行である日銀は、通常は金融を引き締めてインフレが行き過ぎないよう、物価安定に動きだすはずである。しかし、もし、まさにそのときに日銀が「景気が過熱しインフレ率が高騰するまで事態を放置するはず」と人々を確信させることができれば、将来についてのインフレ期待が生じる。それにより、長期的なインフレ期待が高まれば、それは現時点での実質金利を押し下げる。第1章で述べたように、実質金利は名目金利から予想インフレ率を引いたものだからだ。このとき先の概念図でいえば、ＩＳ曲線にそって均衡は右に移っていき、潜在ＧＤＰとの交点に行きつくはずである。

ここで重要になるのは、クルーグマン提案の背景にある日本経済観である。いまはデフレで自然利子率はマイナスだが、将来はインフレが来て自然利子率がプラスになる、というのは循環的変動を重視した考え方といえる。この場合、経済を左右しているダイナミズムは比喩的にいえば、春夏秋冬の寒暖の変化にも似た好不況の循環である（**図表4-2**）。

図表4-2　景気循環のなかで生じるマイナスの自然利子率（概念図）

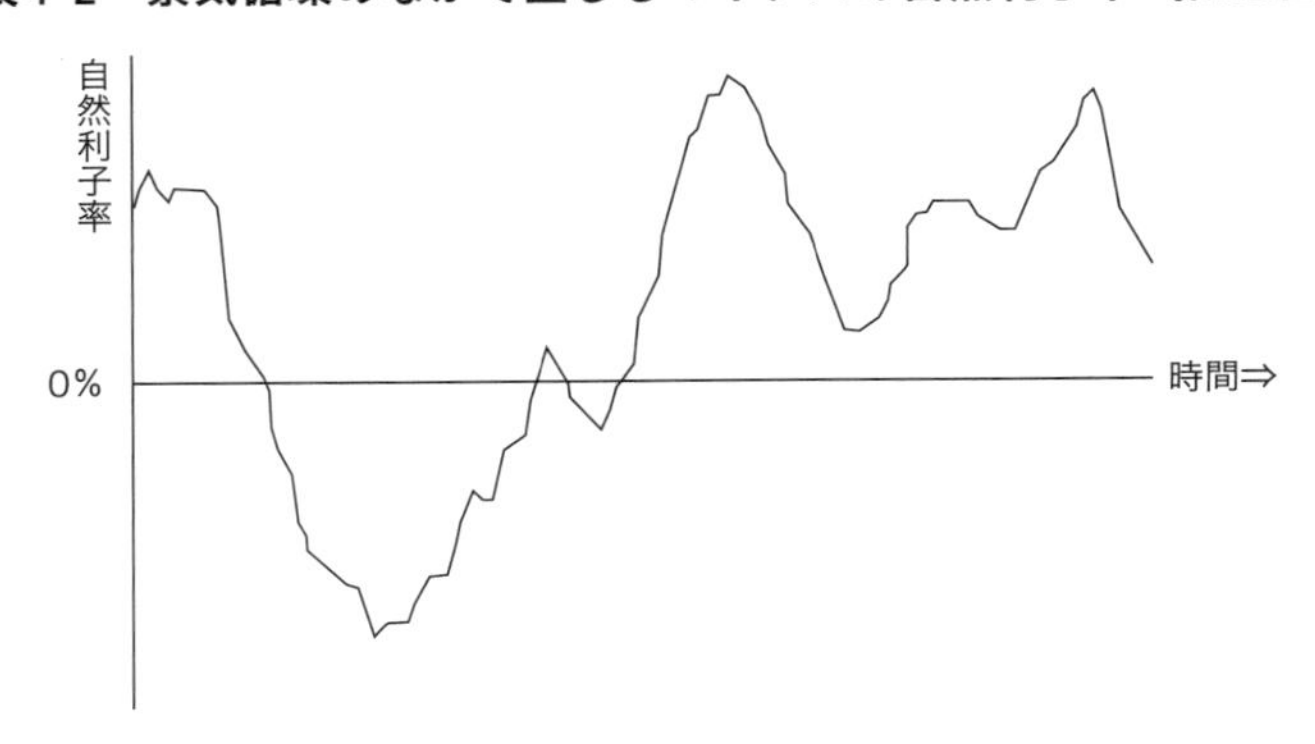

マイナスの自然利子率になった経済は、ことのほか厳しい冬の到来にたとえられるだろう。バブルの崩壊により日本経済には大寒波が到来して、すべてが凍り付いているような厳冬に直面した、といえる。しかし、景気循環の観点からすれば、たとえ大寒波が到来して、いますべてが凍り付いていたとしても、いずれは夏が来るはずだ、ということになる。夏が訪れた日本経済は自然利子率がプラスの世界であり、名目金利を低く保つことで実質金利を低下させれば、その時点では景気を過熱させインフレにすることができる。

「夏」になったら日銀はインフレを起こす、と人々に思い込ませることができれば、人々は「冬」の間（デフレの状態のとき）でも、家に閉じこもるのをやめ、まだ目減りしていないお金を使おうとするはずであり、それにより需要を夏から冬に前倒しすることができる。それがクルーグマン的な期待への働きかけによる景気浮揚策の骨子になる。

国民を敵に回して約束を守れるか

このクルーグマンの議論は、いくつかの仮定を認めることができれば、論理的な筋道が通っている。しかし、当時からこの議論には、大きな弱点がある、と考えられていた。[*28]

そのひとつは、経済がデフレから脱却して、実際に景気が過熱しはじめたとき、物価の番人である日銀が「約束」どおり、インフレの行き過ぎを放置する、という仮定である。

しかし、少し考えてみると、将来にわたって日銀が約束を守ってインフレを長期間放置することは、どうもありえないことがわかる。国民に日銀の「約束」を守らせる誘因がないからである。

仮に、いま日銀政策委員会が「デフレから脱却したあと、4%のインフレを15年続ける」という異例の声明を出し、5年後にデフレ脱却したとしよう。しかし、任期5年の政策委員会メンバーは、再任がなければ5年後には全員入れ替わっている。5年後の政策委員会メンバーには、4%という高いインフレ率に対する国民の強い批判と怒りを無視して、前任者が約束したことだから、とインフレ率を高止まりさせる政策を継承すべき理由はない。5年後の日銀政策委員会メンバーは、必然的に前任者たちのコミットメントを破棄して国民の期待に応え、断固インフレ抑制に向かうことで、国民からの信頼を回復し支持を得ようとするはずである。

これは、いわゆる時間非整合性の問題——時間の経過とともに一番適切な行動が変化してしまう、という問題——である。デフレから脱却するまでは「無責任なインフレ政策」を信じてもらうことがデフレ脱却には有効であり、望ましい。しかし、いったんデフレから脱却してしまえば、中央銀行は世論の強い非難に耐えて「無責任なインフレ政策」を推し進める理由を失ってしまう。そのことがあまりに明らかなので、こうしたコミットメントはどうせ放棄される、と懐疑的にみられるから、人々にインフレ到来の確信を与えることはできない。この問題が乗り越えられないとこの政策は確実に失敗する。実は、提案者のクルーグマン自身、期待に働きかける政策の有効性を主張し続ける一方で、時間非整合性の問題は本当に難しい問題だ、と認めてきた。*29

「臆病の罠」を乗り越えられるか

クルーグマンの提言した4%のインフレは国民に受け入れられなくても、国民や将来の政策委員が受け入れやすい2%のインフレ実現にコミットすればよい、という意見もある。しかし、口当たりのよい2%程度の目標にコミットした場合には、予想インフレ率の低下が不十分で、実質金利が十分に下がらず、インフレ率達成を自己実現できない。それにもかかわらず、2%程度の目標インフレ率にこだわれば失敗を導くはずだ。それがクルーグマンの見

図表4-3　生活意識調査における物価上昇への反応

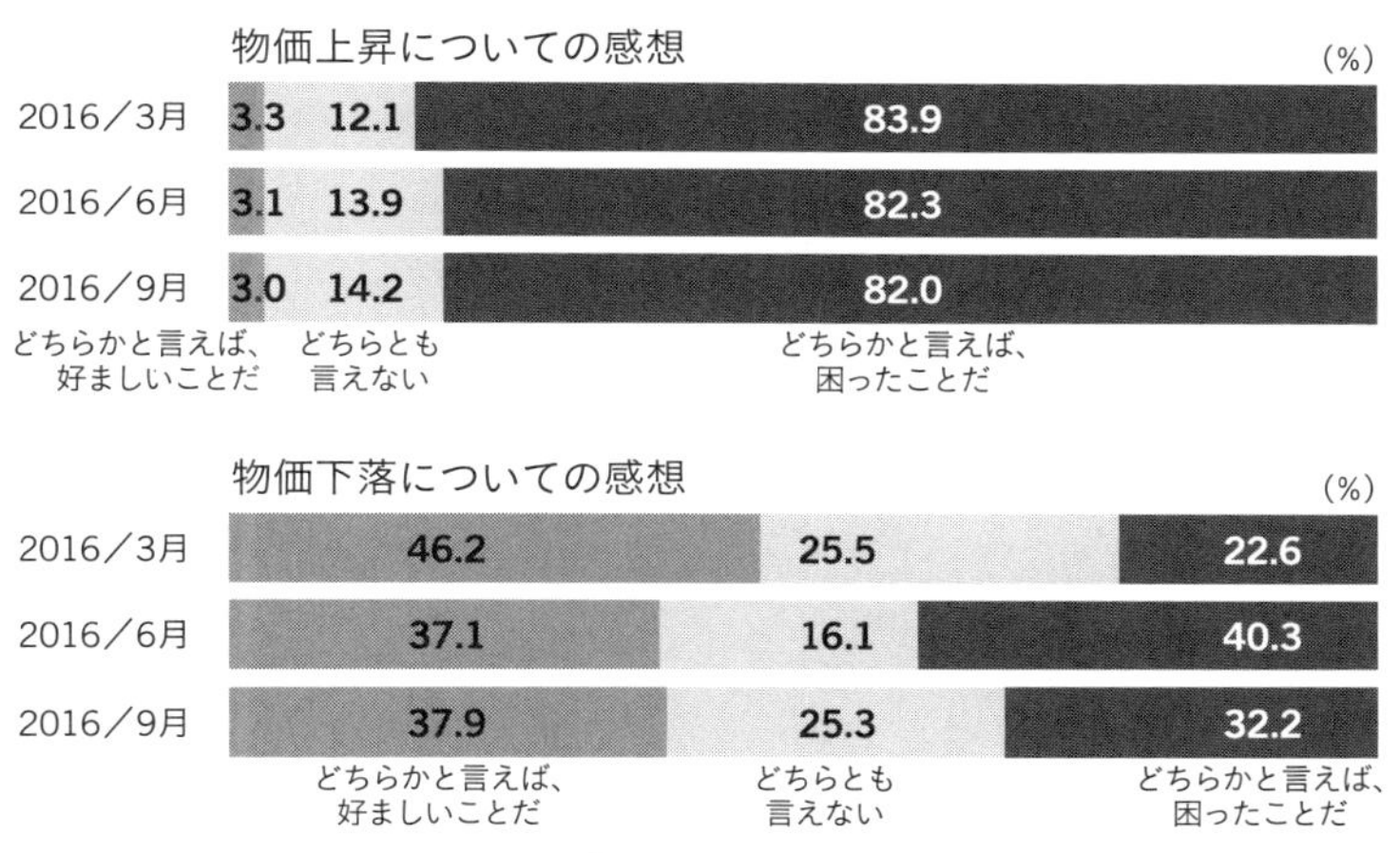

出典：日本銀行「生活意識に関するアンケート調査」（2016年9月調査）

解であり、彼は口当たりのよい2％程度の目標インフレ率にこだわることによる失敗を「臆病の罠（timidity trap）」と呼んだ。[*30]

ただし、リーマンショック後、ゼロ金利制約に制約される期間が予想外に長くなり、金融政策運営が難しくなった経験を踏まえ、最近では、欧米の有力なマクロ経済学者や中央銀行幹部のなかで2％を大きく上回るインフレ率を提唱する人が増えてきている。[*31]

もっとも、それが早急に国民一般に受け入れられるようになるとは考えにくい。日本についてみても、たとえば日銀による2016年9月の「生活意識に関するアンケート調査」をみると、1年前と比べて物価が『上がった』と答えた人に、その感想を聞くと、8割以上の人が『どちらかと言えば、困ったことだ』と回答しており、日銀がデフレ脱却姿勢を強化しているなかでも、国民は、デフレリスクよりインフレリスクのほうにはるかに敏感である（**図表4-3**）。

インフレ期待を高めなかった「見せ金」の積み上げ

2013年4月4日、日銀は、黒田総裁体制下の新執行部による初の金融政策決定会合において「量的・質的金融緩和」の導入を決定した。その中心的な部分は、以下のとおりである。

- 消費者物価の前年比上昇率2％の「物価安定の目標」を、2年程度の期間を念頭に置いてできるだけ早期に実現する
- そのために、マネタリーベースおよび長期国債・ETF（Exchange Traded Fund、指数に連動する上場投資信託）の保有額を2年間で2倍に拡大し、長期国債買入れの平均残存期間を2倍以上に延長する
- 「量的・質的金融緩和」は、2％の「物価安定の目標」の実現を目指し、これを安定的に持続するために必要な時点まで継続する
- その際、経済・物価情勢について上下双方向のリスク要因を点検し、必要な調整を行う

・念のために付記すれば、マネタリーベースというのは、日銀当座預金残高と銀行券発行残高を足した通貨集計量指標である

そのほぼ1週間後の4月12日、読売国際経済懇話会における講演で、黒田総裁は、「量的・質的金融緩和」が、どのようなメカニズムによって2％の目標を達成するのかということをお話しする、として、第1に、長めの金利の低下を促すこと、第2に、ポートフォリオ・リバランス効果を挙げたあと、第3に、「物価安定目標の早期実現を約束し、次元の違う金融緩和を継続することにより、市場や経済主体の期待を抜本的に転換する効果が考えられます」と述べ、さらに「デフレ期待の払拭です。予想物価上昇率が上昇すれば、現実の物価に影響を与えるだけでなく、実質金利の低下などを通じて民間需要を刺激することも期待できます」と説明している。

ここで注目に値するのは、第3の効果である。これは、クルーグマン提言に通じる期待への働きかけであり、その起爆剤として期待されていたのがマネタリーベース倍増という操作目標である。

注意する必要があるのは、黒田総裁の説明で明らかなように、マネタリーベース増加それ自体には明確な金融緩和効果がない点である。マネタリーベースを劇的に拡大させる意味は、そのことで心理的なショックを与えて、将来インフレになるのだ、と家計や企業に思ってほ

しいという、期待への働きかけに尽きる。

量的緩和について、テレビのニュースなどでは、日銀を「水道の蛇口」、日銀当座預金を「水」にたとえ、水道のコックを全開にして、蛇口から水がジャブジャブ流れる様子のイラストを添えて説明されることが多い。しかし、実際は、日銀が金融機関から大量の国債を買っても、日銀にある金融機関当座預金口座の預金が増えるだけで、市中にはあふれ出さない。密閉した貯金箱のなかにお金を大量に流し込むようなマネタリーベースの積み上げには「見せ金」を積み上げる、という意味合いしかない。

「見せ金」は市中にはあふれ出さない、という性質は、後述する2016年1月の「マイナス金利付き量的・質的金融緩和」の導入に際し、日銀が200兆円を超える基礎残高にこれまで通り0・1%付利したことで、一段と明瞭になった。0・1%の金利をつけてくれる日銀当座預金はこの時点までに金融機関にとって重要な収益源のひとつになっていた。日銀は金融機関の収益環境を一気に悪化させることを避けるため、日銀当座預金を今後もそのまま預金しておいてもよいよう0・1%の付利を続けたのである。

市民にはぴんとこない「見せ金」の積み上げ

むろん「見せ金」に意味がないとは限らない。実体がなくとも、人々の心に影響を与えることはありうるからだ。たとえば、銀行取付などのパニックのときには、「見せ金」は人心を鎮めるのに大いに役立ってきた。昭和2年の金融恐慌の際、銀行取付が起き、預金を引き出す窓口に長蛇の列ができたとき、当時の日銀は、取付を受けているある銀行に対する日銀の支援を人々に示すため、銀行券を収納するのに用いる兌換箱に壱円券をぎっしり詰め、大量の兌換箱を用意して、威勢よく銀行の営業場に高々と積み上げ、預金者の支払いに応じさせることで預金者の不安を鎮静させた。[*32]

ただ、同じ「見せ金」とはいっても、銀行取付のときに目が血走った預金者を銀行券の山で安心させるのと、茶の間で食事のついでに蛇口から水がジャブジャブ流れるイラストをテレビで見せるのとでは、その効果は大きく異なることが予想される。「マネタリーベース」を倍にする、というニュースで蛇口から水があふれるイラストをみた人のなかには、ひょっとして物価が上がるのではないか、と思った人もいるだろう。ただ、「マネタリーベース」という専門用語がぴんと来ない大半の一般市民は、何の話だかよくわからないまま聞き流しただろう。それでも、この政策は、このニュースにかなり関心をもつ人が起点となる可能性、「見せ金効果」で予想インフレ率が一気に上がる可能性に期待し、壮大な社会心理実験の成功に賭けた、という要素が強い。

実際、当時IMFの調査局長だったオリビエ・ブランシャールは、この政策の本質を見抜いていた。量的・質的金融緩和導入の2週間後、マネタリーベースを劇的に拡大させる動機の大きな部分は心理的ショックを与えることができるかどうか、にあり、何らかの直接的な

図表4-4　日銀の2年以内2%目標達成の可否についてのエコノミストの見方

	2013年4月	2013年5月
「はい」（＝できると思う人）	**2**	**2**
「いいえ」（＝できないと思う人）	**31**	**32**
「どちらとも言えない」	**7**	**5**

出典：日本経済研究センター　ESPフォーキャスト調査*
備考：エコノミストへの質問は「黒田日銀総裁は、2年で物価上昇率を2%にすることを目指すとしているが、2年以内（2015年3〜4月ごろまで）に目標を達成できるか」を聞いた。

効果があるわけではない、と指摘した。*33

消費者物価の前年比上昇率2%の「物価安定の目標」を2年程度の期間を念頭に置いてできるだけ早期に実現する、という目標は、量的・質的金融緩和採用後も、**図表4-4**のように大半のエコノミストが達成は不可能と考えていた。だから、そうした常識を超えるような意識変化が起きることに賭けるため、長期的には持続できない規模の巨額の国債を購入する短期決戦型の枠組みを選んだのだろう。

このように、「臆病の罠」についての見解の相違ははらんでいたものの、クルーグマン提案と共通する要素を濃厚に含んでいた、といえる。

長期停滞仮説が正しければ失敗するクルーグマン提案

クルーグマン提案には、前述のように時間整合性、すなわち守られるはずがないコミットメントを信じさせなければならない、という大きな弱点があることは、当初から認識されていた。2014年に消費税率の10％への引き上げを延期した際、安倍総理は再び延期することはないと断言し、その後もリーマンショック級や大震災級の事態が発生しない限り予定どおり引き上げる、としてきたが、「新しい判断」として消費税率の引き上げを再延期した。その経緯をみてもわかるように、政策当局の手を本当に「ほどけないように縛る」のは容易でない。しかし、それでも、政策当局がコミットメントを破棄できない厳格な「手の縛り方」を工夫することが原理的に不可能、とまでは断言できないだろう。

なぜクルーグマン提案はうまくいかないのか

しかし、長期停滞仮説は、クルーグマンの処方箋に対するより根本的な疑問を投げかけた。もし、自然利子率の低下がバブル崩壊後の逆風による一時的大寒波ではなく、長期停滞仮説の想定するトレンド的低下だとすると、クルーグマン提言のような「いずれは到来する夏の存在」を前提とした期待への働きかけのロジックは破綻するからだ。この点を鋭く指摘したのはサマーズであった。[*34]

問題は、クルーグマンが「自然利子率がマイナスにまで落ち込んでいる状況はあくまで一時的現象」と仮定している点にある。サマーズは、クルーグマン提案のカギになるこの仮定について、「缶切りの存在の仮定」だと批判する。

ちなみに、この有名なジョークを最初に取り上げたのは、ケネス・ボールディングの「科学としての経済学」[*35]とされる。ボールディング版のジョークはきわめてシンプルだが、[*36]その後、流布する過程でいろいろ脚色されてきている。標準的なストーリーは「物理学者、化学者、経済学者が無人島に漂着した。ほかに漂着したのは缶詰一缶だけ。物理学者は『石をぶつけて開けよう』、化学者は『加熱して開けよう』という。しかし、経済学者は『缶切りがある、と仮定しよう』と提案する」というものだ。

ここでからかわれているのは、問題を本当に解決するには役に立たない仮定を導入することで解決したように錯覚する経済学者の傾向である。余談だが、英語版ウィキペディアは、このジョークが一般に広まったきっかけは、1981年に書かれた「ペーパーマネー」という本[*37]の影響だ、としている。[*38]当時の米国はグレート・インフレーションのさなかであり、著者であるジョージ・グッドマンは、「インフレーションが沈静したと仮定しよう」として議論を進める当時の米国経済学者をこのジョークで批判したのだ、という。その後、30年間で経済学者が必要とする仮定は逆転したのである。

「自然利子率」は自然には上昇しない

さて、サマーズが、クルーグマンの分析を「缶切りの存在を仮定している」と批判する理由は、彼の分析が将来のある時点で、「神（機械仕掛けの神：deus ex machina）」が降臨して、われわれを流動性の罠から救い出してくれることを仮定している、という点にある。「機械仕掛けの神」は、古代ギリシア演劇に使われる常套手段である。日本のテレビドラマなら、話の収拾がつかなくなったときには主人公が揺り起こされてこれは夢だった、という「夢落ち」にしてしまうことが多いが、古代ギリシアの演劇では、絶対的な問題解決力をもつ神が機械仕掛けであらわれて物語を無理やり収めてしまう。

クルーグマンの「神」は、将来インフレをもたらしてくれる神である。この「神」が将来降臨することを認めてしまえば、そのあと日銀が十分にインフレ的な政策を採ることにさえ信認が得られれば、予想インフレ率を高めることができる。それにより、実質金利を十分下げることができ、「神」が実際に降臨する前の時点についても、経済を刺激できる、ということになって、クルーグマンの分析は説得力をもつ。

しかし、サマーズは、これでは中心的な問題は未解決のままだ、という。問題の核心は、その「神」がいったいどこからくるのか、という点にあるからだ。

先ほどの比喩に即していえば、サマーズの言っている長期停滞仮説の冬は、いわば氷河期の入り口の冬であって、この世界ではいつ夏が来るかわからない（**図表4-5**）。

図表4-5　長期停滞におけるマイナスの自然利子率（概念図）

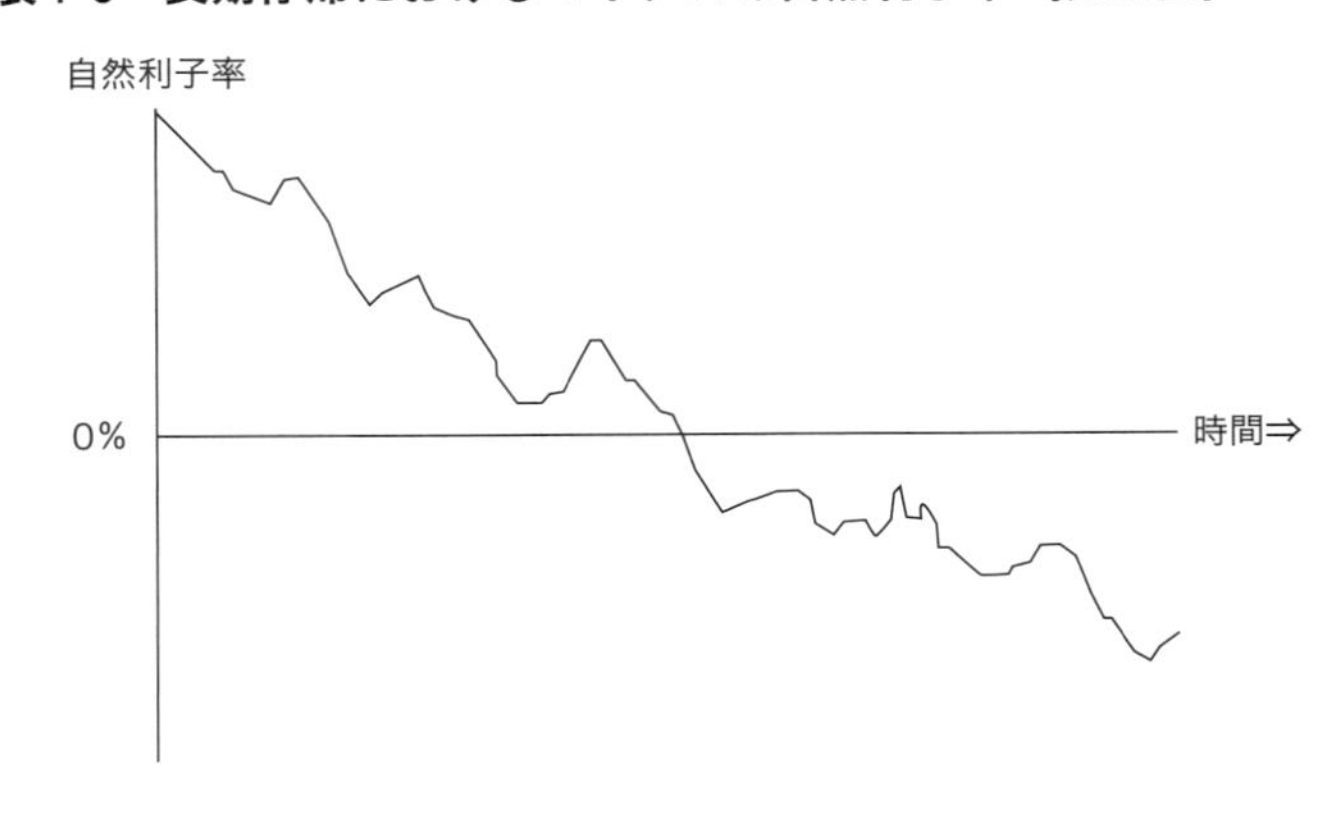

前掲した実質長期金利のグラフやレイチェルとスミスの分析からみてとれるのも、先進国経済が直面している可能性が大きいのは、図表4－5の概念図のような自然利子率の低下リスクである。言い換えれば、日本を含む多くの先進国の政策当局に大きな課題を突き付けているグローバルな自然利子率は、「四季の移ろいのなかの冬」という感じからはほど遠く、むしろ氷河期に突っ込んだあと、抜け出せないような世界である（ただし、「氷河期」は右肩下がりの自然利子率の象徴にすぎない。そこから荒涼とした世界が延々と続くことを思い描くのはやや飛躍しすぎである）。

サマーズにとって、中心的課題は自律的には自然利子率が上昇しない長期停滞から浮揚するにはどうすればよいか、ということであり、いずれ機械仕掛けの神が登場して自然利子率がプラスに浮上する、と仮定した政策論議は的外れだ、ということになる。

日本への処方箋の見直し

2015年10月、IMFで日本について議論する少人数のラウンドテーブル・ディスカッションが行われた。これに参加したクルーグマンは、そのラウンドテーブルの翌日、「日本再考（Rethinking Japan）」という小論をブログで公開した。*39

そこでは、彼の提案を含む1998年の論文で展開した議論をいまならどう見直すか、という観点から再考を展開している。それゆえ、この小論は、長期停滞仮説の勃興を踏まえている点で興味深い内容となっている。クルーグマン自身が説明に用いているグラフも示しながら、その議論をやや詳しくなぞってみよう。

1998年の論文についてクルーグマンは、自分にとって最良のペーパーのひとつであり、今日でも非常に高い有用性をもっている、と記している。しかし、彼にとって日本と世界は、いまや当時とは違う見え方をしており、その相違点を特定することは問題をはっきりさせるのに役立つだろう、とする。

優先課題は財政依存からの脱却

そのうえでクルーグマンは、1998年当時と「日本再考」が書かれた2015年10月時点の間に、2つの重要な違いがある、とする。

第1に、経済が抱えている喫緊の課題は、もやは「不況から経済を立ち直らせる」ということではなく、経済を拡張的な財政政策による介助なしで独り歩きできるようにすることだ、ということである。

第2に、金融政策が直面している問題は、1998年当時に考えていたよりもはるかに困難だ、ということである。はるかに困難である理由は、需要不足が一時的ではなく本質的に恒久的な問題にみえるからだ、という。この認識の変化が、長期停滞仮説の台頭を踏まえていることはいうまでもない。

クルーグマンは1998年を振り返り、当時の日本は「失われた10年」の真っ直中にあり、厳しい景気後退に巻き込まれてはいなかったものの、長期にわたって停滞を続けていることから、潜在生産量をはるかに下回る生産水準であると信じるに足る理由があると思えた、とする。

しかし、いまやその見方は正しくない、という。その理由は、日本で四半世紀にわたって低い成長率が続いているが、その多くが人口要因によるからだ。生産年齢人口1人当たりの産出量は、2000年ごろから米国よりも高い成長率になっており、2015年時点ではこ

図表4-6　生産年齢人口1人当たりのGDP推移

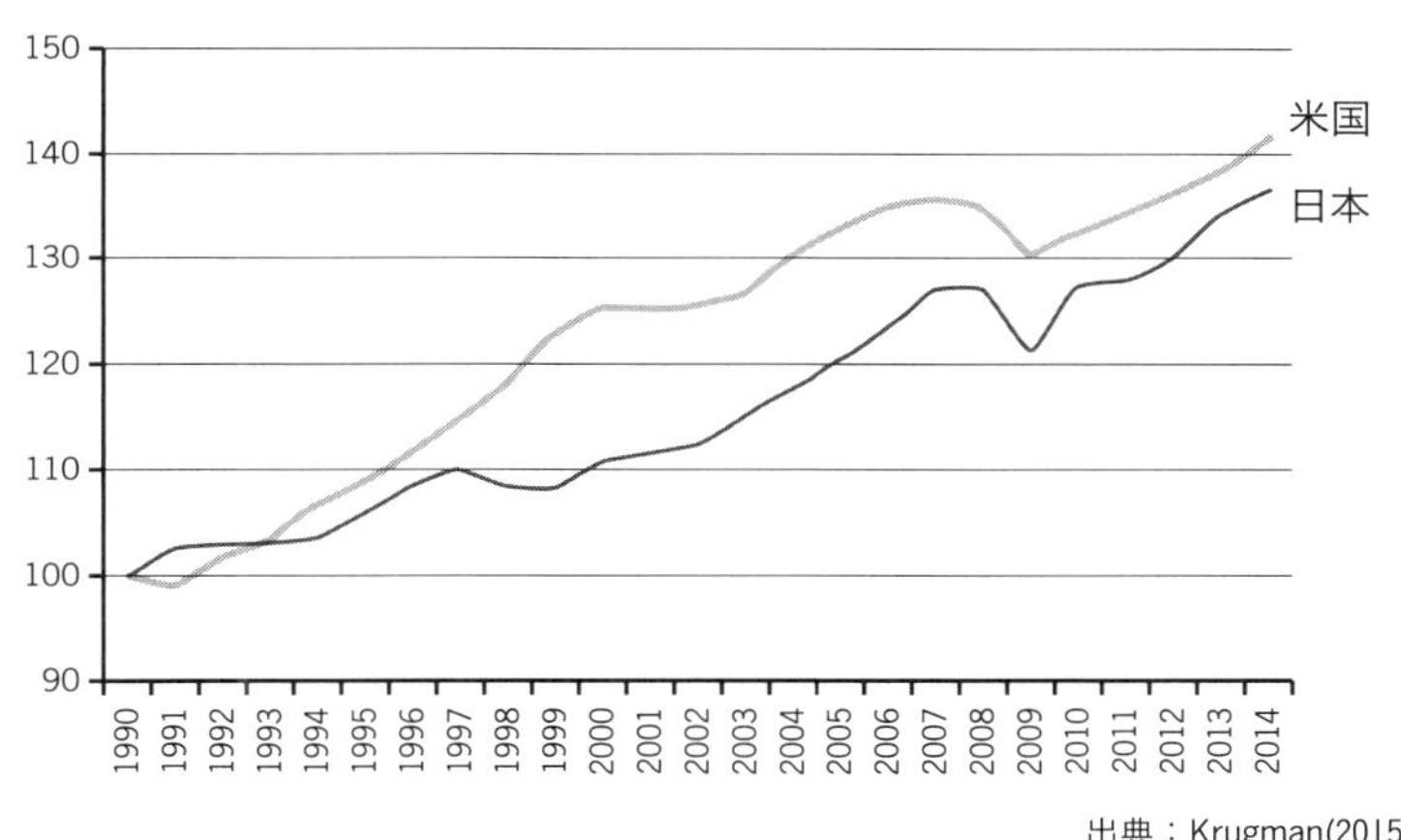

出典：Krugman(2015)

の25年の日米の生産年齢人口1人当たりの成長率はほぼ同じだ。そして、日本のパフォーマンスは欧州より高く、米国よりも潜在産出量に近い産出量水準であると論じることさえ十分可能だ、と論じる（**図表4-6**）。

クルーグマンは、こうした日本経済の現況――相対的に健全な産出量と雇用――は持続的かつ大規模な財政出動にかろうじて支えられている、とみている。そして、景気循環調整後のプライマリーバランスのグラフ（**図表4-7**）を示し、日本は今日にいたるまで大幅な財政赤字をなお出し続けており、低成長経済のもとでそれは政府債務のGDP比が上昇し続ける、という姿になっていることを指摘している。

彼は、これまでのところ、この財政赤字は大きな問題を引き起こしていないと考え、日

図表4-7　日・米・欧の景気循環調整後のプライマリーバランス

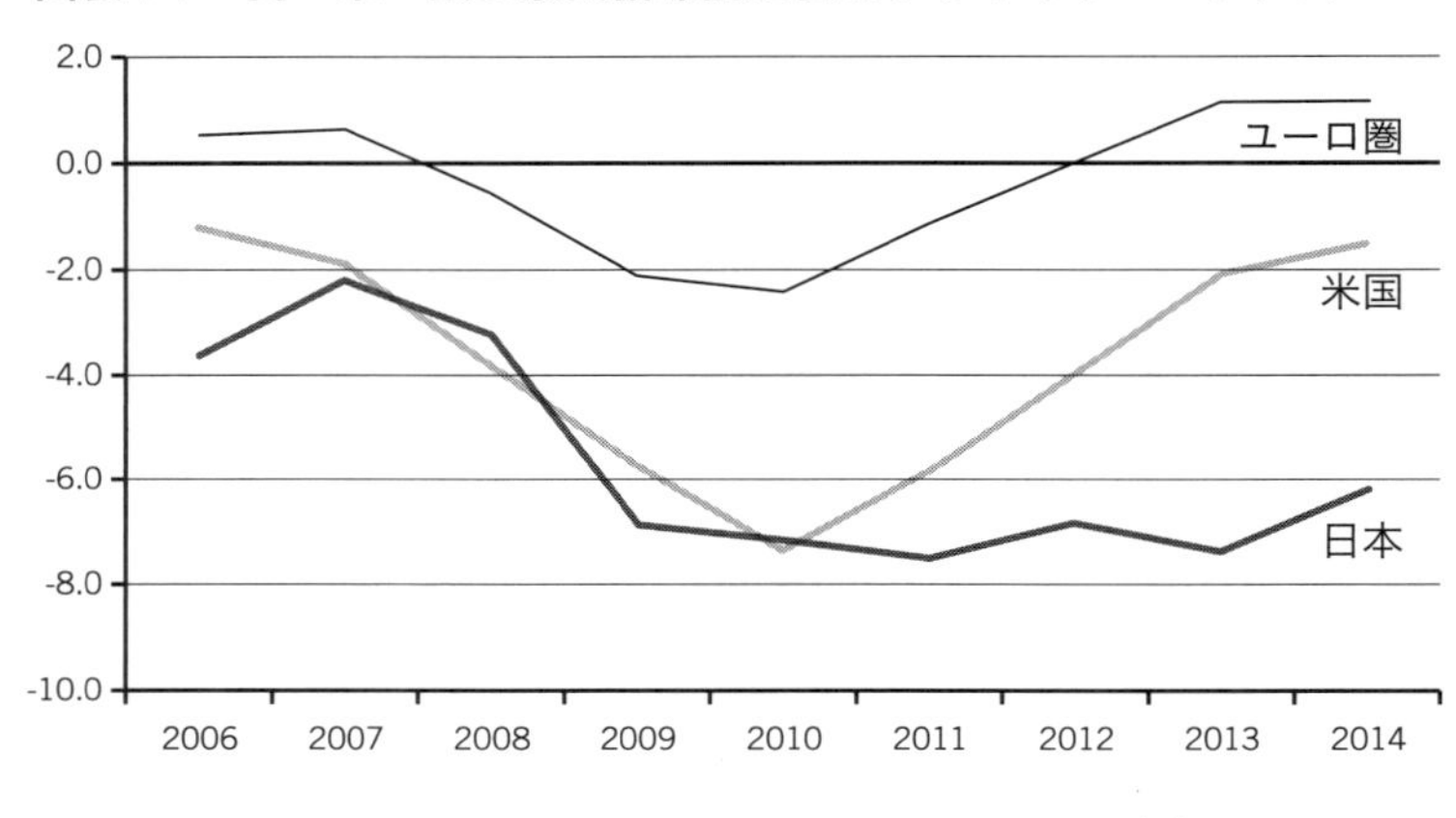

出典：Krugman(2015)

本は均衡予算を志向した場合よりも、明らかにはるかによい経済状態がもたらされている、と主張する。そのうえで、しかし財政赤字がもたらすリスクが広範に誇張され過ぎている、と信じている自分のようなものからみても、日本の政府債務の対ＧＤＰ比はどこかの時点で落ち着かせ、引き下げていくべきだろう、とする。

だが、政策金利がゼロにくぎ付けされている現在の経済状態では、金融政策には緊縮財政の効果を相殺する力が存在しない。したがって、クルーグマンの視点からはインフレ率を高めるべき理由は、それにより低インフレないしデフレの場合に比べて実質金利を引き下げることを可能にし、金融政策に財政政策の代役を務めさせることを可能にするため、ということになる。

さらに、ゼロ金利制約のもとでインフレ率が低いことにより実質金利が高止まりしていることは、同じ赤字額でも政府債務残高の積み上がり方をより悪化させていくことにつながるから、インフレ率を高めることは、財政支出削減を可能にすると同時に、必要な削減額を減らすことも可能にする、というインフレの利点も主張している。

期待への働きかけではインフレにならない

しかし、どうやってインフレ率を高めるのか。ここでクルーグマンは、彼が流動性の罠のロジックを考え抜いた1998年の論文を振り返る。その際、彼は戦略的な単純化を用いた。サマーズが指摘した通り、それは、現在の自然利子率はマイナスだが、将来いつか正常なプラスのレベルに戻る、ということである。この仮定を使うと、マネーサプライの増加が、最終的には比例的な物価上昇をもたらすという直感を、きれいに盛り込むことができる。こうした問題設定によって、流動性の罠を期待形成の問題、とみなすことができることになる。このアプローチによれば、金融政策が有効であるのは中央銀行が適切な信認を得ること、つまり、中央銀行が、無責任であることを信じられるように約束する（credibly promise to be irresponsible）ことができる場合である。その場合には、流動性の罠のさなかでも、中央銀行は牽引力を発揮できるはずだった。

彼は1998年当時の主張をこのように振り返った後で、それでは将来、自然利子率が正

図表4-8　日本の15～64歳人口総数の推移

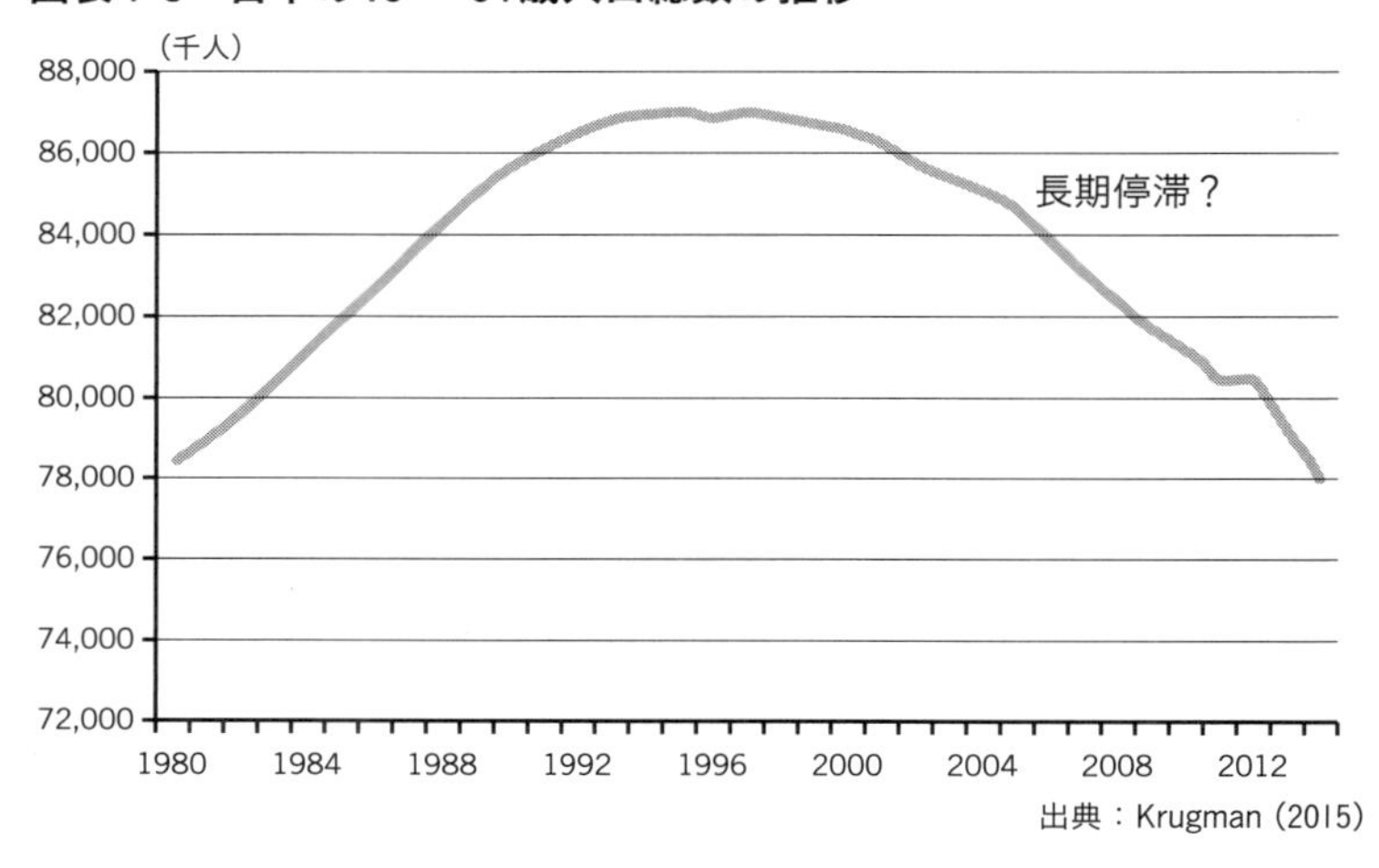

出典：Krugman (2015)

常化するのはいつのことになるのか、という問題の核心に立ち戻る。そして2015年のクルーグマンは、労働力の中核を占める15～64歳人口の日本における推移（図表4-8）を示し、日本の人口動態の将来はきわめて厳しい、と述べる。

そして、この人口動態に照らし、日本が長期停滞の有力候補であることに触れ、日本では利子率が20年間にわたってきわめて低い水準であり、この間、財政赤字は高水準でありながら、経済は過熱する兆候をみせなかったことを心に留めておく必要がある、とする。日本は自然利子率がマイナスである状態が、おおむね恒常的な状態だろう、というのである。そして、もしそれが現実であれば、中央銀行が「無責任であることを信じられるように約束する」ことさえ、意味がないかもしれ

図表4-9　総人口および生産年齢人口の長期推計

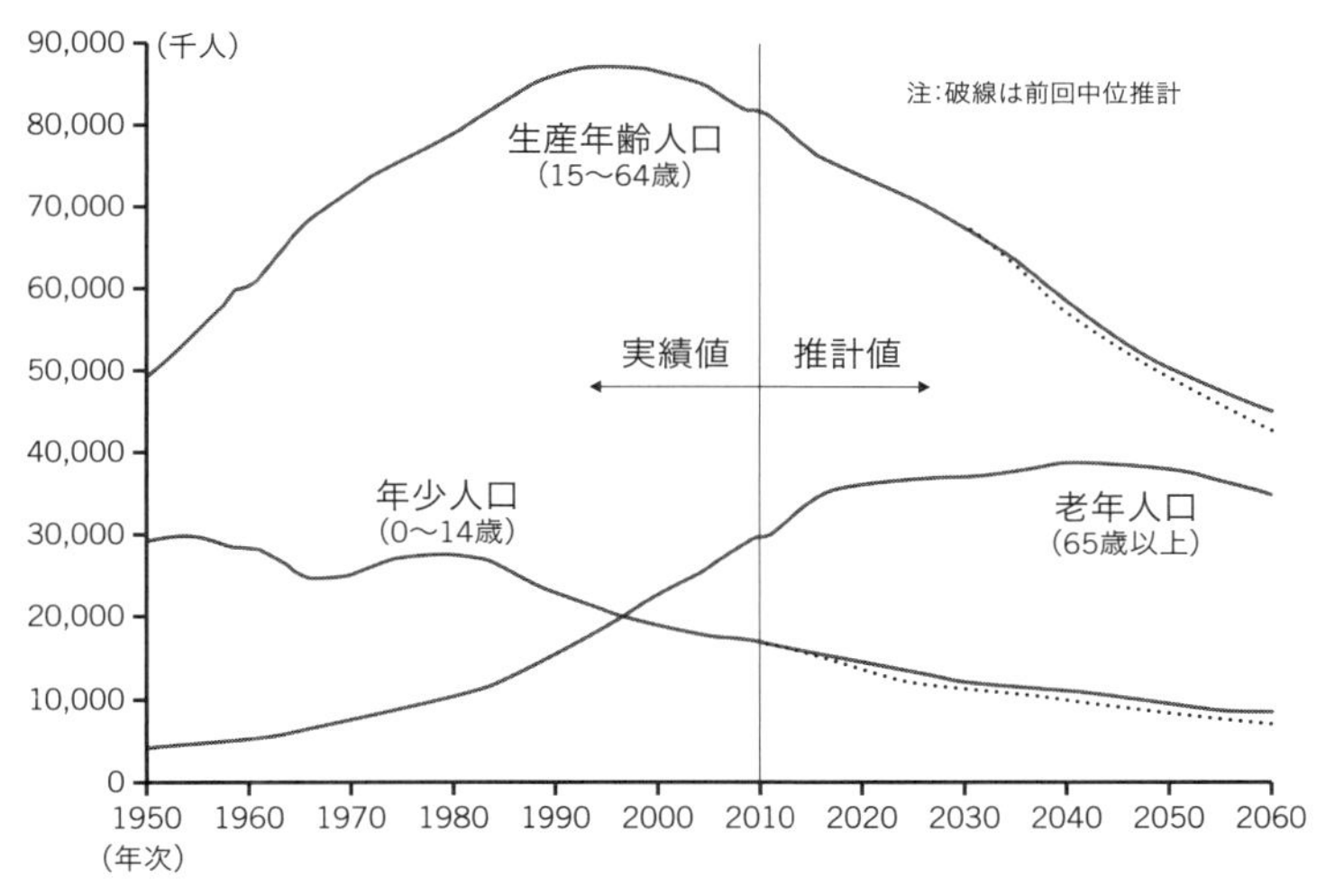

出典：国立社会保障・人口問題研究所「日本の将来推計人口」（平成24年1月推計）

ない、と述べる。誰も将来の金融政策でインフレ率が上昇すると信じなければ、インフレ率は上昇しないからだ。

以上の分析は、クルーグマンを絶望的な気分にさせた、というべきだろう。そこから先の日本に対する政策提言は、彼自身が「論理的だがあまりに直感に反するので、採用される見込みがない」というものだからである（この提案は第8章で説明する）。

クルーグマンの図は実績だけなので、日本の総人口および生産年齢人口の長期推移予想を国立社会保障・人口問題研究所の中位推計でみてみよう（**図表4-9**）。これによると、今後約50年間で老年人口は増加後おおむね横ばいになるが、生産年齢人口はピークの半分程度にまで減少し続けることがわかる。

人口減少は必ずしも常にデフレ方向に作用するわけではないが、自然利子率を低下させる可能性は高い。いずれにせよ、クルーグマンは「日本再考」で長期停滞仮説を前提にすると、金融政策による期待への働きかけではインフレにはならない、として日本への処方箋を見直した。そしてクルーグマンの反応を踏まえて、サマーズは、今後の政策対応の焦点は金融政策でなく財政政策に移るだろう、とあらためてコメントしたのである。[*40]

第5章
マイナス金利政策の登場

欧州はなぜマイナス金利政策に踏み込んだのか

90年代末のクルーグマン提案が「名目金利はゼロ以下には下げられない」という前提の下で期待インフレ率の引き上げによる実質金利低下を目指すものであったのに対し、欧州では、名目金利そのものを下げる、という実験に踏み込んでいった。

2012年7月、デンマークの中央銀行であるデンマーク国民銀行は、同行の預金金利をマイナス0・2%に設定した。その約2年後の2014年6月、欧州中央銀行（ECB）は主要中央銀行としては初めて政策金利（預金金利）をマイナス0・1%にする。

欧州のECB以外の中央銀行――リクスバンク（スウェーデン）、スイス国民銀行、ノルウェー中央銀行――も2015年9月までにマイナス金利を導入している。そして、日銀も2016年1月末にマイナス金利を導入することとなった。その後も、ブルガリア、ハンガリーなどの中央銀行もマイナス金利への動きに追随した（**図表5-1**）。

2016年8月に公表されたIMFのワーキングペーパー[*41]では、欧州を中心にマイナス金利政策の現状をコンパクトに要約している。本節では、このペーパーも参照しながら、最初に欧州におけるマイナス金利導入の経緯を確認しておこう。

図表5-1　主要中央銀行および欧州の中央銀行の政策金利動向

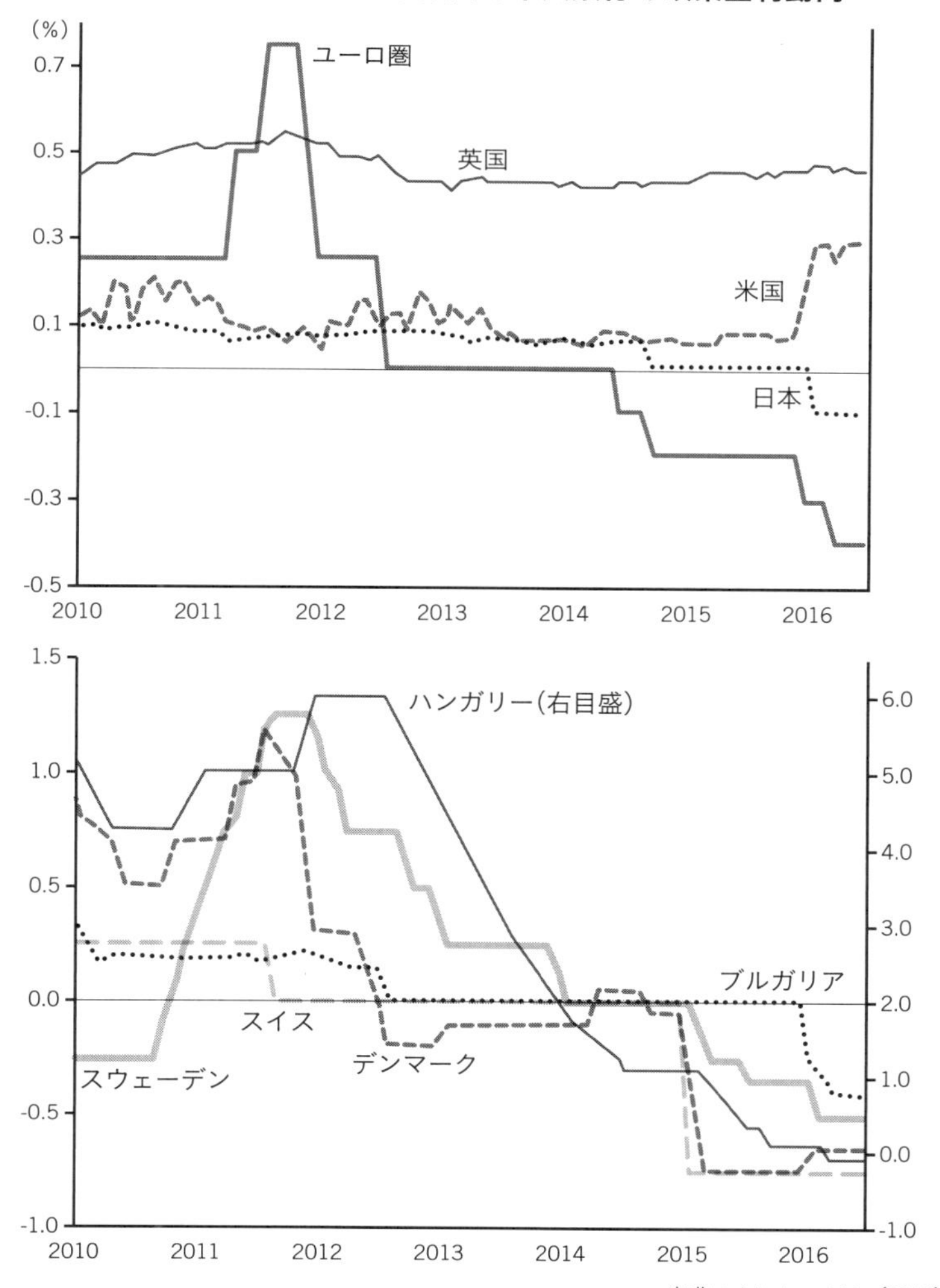

出典：Jobst and Lin (2016)

まず、マイナス金利政策導入の動機については、いくつかの中央銀行（ＥＣＢ、リクスバンク等）は物価目標達成との関連でマイナス金利政策を導入した、と説明しているのに対し、ほかの中央銀行のなかには自国通貨の増価抑止も明示的に政策目的としているところもある（図表5－2）。

自然利子率の低下を意識しているＥＣＢ

このなかで、物価安定を全面に押し出しているのはＥＣＢである。前述のように、ＥＣＢは２０１４年の6月、主要中央銀行としては、はじめて主要な政策金利である中央銀行当座預金金利をマイナス０・１％に引き下げ、その後、２０１６年9月現在までにマイナス０・4％にまで引き下げている。[*42] ＥＣＢはマイナス金利の導入とともに幅広いレンジの投資適格証券を購入する欧州版量的緩和――「資産購入プログラム（asset purchase programme：ＡＰＰ）」も開始した。この政策について、ＥＣＢの専務理事であるブノワ・クーレは、これらの手段は相互に補完的であり、インフレ率をＥＣＢの目指すところに回帰させるのに十分な刺激を経済に与えることを確実にするために必要なもの、としたうえで、以下のような興味深い議論を展開している。[*43]

まず、均衡実質金利の下方トレンドを考慮に入れ損なえば、インフレ率と経済活動水準に下押し圧力を加えることになり、実質金利を上昇させ、経済を完全雇用からさらに乖離させ

図表5-2　主なマイナス金利政策採用国・地域の概観

	政策レジーム	マイナス金利の公表導入目的	政策金利水準(%)		導入時期
			公開市場操作金利	中央銀行預金金利	
デンマーク	ユーロにペッグ	資本流入抑止 為替レート増価抑制	0	-0.65	2012年7月
ユーロエリア	変動相場制 インフレ目標	物価安定 インフレ期待安定	0	-0.4	2014年6月
ハンガリー	変動相場制 インフレ目標	物価安定 為替レート増価抑制	0.9	-0.5	2014年3月
日本	変動相場制 インフレ目標	物価安定 インフレ期待安定	0	-0.1	2016年2月
ノルウェー	変動相場制 インフレ目標	物価安定	0.5	-0.5	2015年9月
スウェーデン	変動相場制 インフレ目標	物価安定 インフレ期待安定	0.5	-1.25	2015年2月
スイス	変動相場制 インフレ目標	為替レート増価軽減 デフレ圧力軽減	不詳	-0.75	2015年1月

出典：Jobst and Lin (2016) の表を簡略化した

てしまう。この低金利がいつまで続くかを知ることは難しいが、かなりの期間、低金利が続くことはありえそうである。長期国債の利回りさえ、いくつかの国でマイナスになっていることからすると、それが金融市場の見方であることは確実だろう、という。

また、低金利ないしマイナス金利と資産購入プログラムは、十分な景気刺激には必要だが、その経済主体の行動に対する影響、金融仲介機関の耐久力、そして最終的には金融システムの安定性について懸念する声が多く聞かれることも事実である、として銀行収益の問題について論じていく。

このようにクーレの講演は、長期停滞仮説的な自然利子率の下方トレンドにそった動きの長期化を強く意識し、短期決戦型でなく、持久戦を意識した政策対応と副作用について論じている。副作用の中核に位置付けられているのは銀行経営、ひいては金融システムへの影響である。ちなみに、最近、欧米で発表された金融政策関連の論文の多くが銀行収益への影響を巡るものであり、[*44]金融機関経営への影響がマイナス金利についての重大な関心事項であることを物語っている。

マイナス金利政策の目的に話を戻そう。前述のように、ECB以外の欧州の中央銀行の多くは、より直接的かつ明示的にマイナス金利が為替レートに与える影響を重視している。物価安定を前面に押し出した説明をしているECBとリクスバンクも、デフレ圧力緩和の観点からユーロ、クローネといった自国（地域）通貨の減価を歓迎しているはずである。

では、中央銀行の当座預金課金が、自国通貨安につながるのはなぜか。

その理由は、銀行が当該国の中央銀行に当座預金を置くのを減らす誘因になるからだ。銀行がマイナス金利採用国の中央銀行当座預金に預けると、マイナス金利が適用され、金利コストが発生してしまう。このため銀行は、顧客をマイナス金利が適用されない通貨の預金へとシフトさせたい、と考えるはずである。それは、マイナス金利採用国の通貨高を抑える方向に作用する。

以下では、マイナス金利を採用した中央銀行のそれぞれの事情についてみてみよう。

パイオニアになったデンマーク国民銀行

前述のようにマイナス金利政策の世界に最初に本格的に飛び込んだのはデンマーク国民銀行だった。同行は2012年7月に、「デンマークがユーロとの固定相場を放棄するのではないか」という推測による投機的な資金流入に対抗する中心的手段として、マイナス金利政策を採用した。さらに2015年の1月から2月にかけて、デンマーク国民銀行はECBの資産購入、（ユーロの大幅な減価を誘発する）スイス国民銀行のユーロに対する無制限介入放棄、という強い逆風のなかで、デンマーククローネとユーロの相場を維持するため、同行の預金金利を4回下げている。

デンマークでは、マイナス金利の預金への転嫁は法人の大口預金に限られている。このため銀行の貸出利鞘は圧縮され、デンマークの銀行は手数料ビジネスや預金業務から資産管理業務へ長期的にシフトすることなどを企図している、とされる。

日銀の手本になったスイス国民銀行

スイスは２０１４年12月18日、一定の閾値を超えた額のスイスフラン預金に対しマイナス金利導入を予告し、２０１５年の1月22日から実施した。これは、のちに日銀が参考にする階層構造を利用したマイナス金利誘導政策である。

スイスの場合、スイスの国内銀行に対して金利ゼロで保有できる預金残高は、２０１４年11月中旬時点で各銀行の「所要準備（スイス国民銀行の預金口座に準備預金としておく必要のある預金）」のほぼ20倍とされた。*45 これを超えた分に対して、マイナス金利が課せられる。閾値を超える預金をスイス国民銀行にもっている銀行は、その分に対して課せられるマイナス金利による損を小さくするため、それより少しでもマイナス幅が小さければ、短期金融市場にマイナス金利で放出して自行がもつスイス国民銀行預金を減らそうとする。閾値まで余裕がある銀行は、マイナス金利で市場から資金を借り、それを金利ゼロでスイス国民銀行においておけば利益が出る。

スイス国民銀行は、この階層性の仕組みを利用して短期金融市場（スイスの場合、インターバンク・レポ・マーケット）金利のマイナス金利への誘導を図った。この階層性を利用した金利誘導メカニズムは、上述のように日銀のマイナス金利政策の枠組みに大きな影響を与えたとみられる。

なお、前述のように、スイス国民銀行は2015年1月22日のマイナス金利導入に先立ち、同年1月15日時点で、それまで大きな効果を上げていた外国為替市場への無制限介入の放棄を宣言している。この無制限介入は欧州金融危機後、スイスフランが円同様に安全通貨として急騰した時点で採用されたものであった。スイス国民銀行は、まず2011年8月に大規模な量的緩和を試み、同月中に数次にわたってその目標を引き上げ、スイスの名目GDPの実に40％弱（日本の量的緩和に引き直すと、単月で200兆円規模の量的緩和に相当する）を行ったが、スイスフラン高の大きな流れのなかでは効果に乏しかった。このため次の手段として、同年9月6日に1ユーロ＝1・2スイスフランという上限を設け、これを維持するためにスイスフラン売り・ユーロ買いの無制限介入を行う、と宣言した。

この政策は瞬時に劇的な効果を上げ、スイスフランはその後、欧州金融危機の後退によりスイスフラン安に振れた局面を挟んで、3年以上にわたりこの1ユーロ＝1・2スイスフランを維持してきた。しかし、スイス国民銀行はユーロ圏の中央銀行であるECBの量的緩和に対抗し、スイスフラン高を阻止するための無制限介入を維持することは無理と判断、突然、無制限介入からの撤退を宣言した。この寝耳に水の無制限介入中止により、ユーロ売り・スイスフラン買いが殺到し、それまで安定していたスイスフランは急騰した。

スイス国民銀行は、2015年1月15日の無制限介入からの撤退発表と同時に、前年から導入を予告していたマイナス金利の金利水準を、当初予定のマイナス0・25%からマイナス0・75%に急遽変更した。こうした状況に照らすと、スイス国民銀行の場合には、スイスフラン高の緩和は、マイナス金利導入のきわめて切実な目的であった、といえよう。

マイナス金利政策への道を切り拓いたリクスバンク

マイナス金利政策に実際に踏み込んだ最初の国はデンマークであるが、マイナス金利に先鞭をつけたのは、スウェーデンの中央銀行であるリクスバンクであった。2009年7月8日、リクスバンクは政策金利を0・25%下げた際に、市場金利の下限となるはずの中央銀行当座預金金利をマイナス0・25%に設定したことで、当時、中央銀行サークルにきわめて大きな衝撃を与えたからである。

ただし、リクスバンクのマイナス金利は誘導目標金利ではなく、目標金利からの下限としてリクスバンクが容認できると考える下限金利にすぎなかった。市場金利もほとんどマイナス金利とはならなかったため、リクスバンクがこの時点で本格的なマイナス金利政策に踏み込んだとはみなされていない。

そのリクスバンクは、2015年2月にマイナス金利に踏み込み、2016年2月にはこれをさらに引き下げた。これは、2013年から2014年にかけてインフレ率が非常に低くなり、期待インフレ率が2014年末から急低下する、という状況のもとで、2015年1月にECBが量的緩和に踏み込んだことによる。こうした経緯に照らすと、リクスバンクはマイナス金利導入の理由を物価安定に求めているものの、スウェーデンクローネの増価圧力による一層のデフレ圧力を懸念していたといえる。その意味で、最終的には物価安定が目的ではあるものの、ECBと同様、為替レートの増価阻止が、本音ではきわめて重要な要素になっていることは間違いない。

マイナス金利の「物理的下限」は国ごとに異なる

このように、欧州でマイナス金利政策が登場したことは多くの人にとって驚きだったが、経済学者にとってのショックはとりわけ大きかった。

上述のようにマイナス金利に先鞭をつけたリクスバンクが2009年7月に開催した金融政策決定会合の議事録には、高名なマクロ経済学者であるラース・スベンソン副総裁（当時）が、「どこまで金利を下げられるか、という議論についていうと、ゼロ金利制約は誇張されており、金融市場では、必要があれば、マイナス金利も実現可能である」と述べており、当時、この発言も注目された。*46

その際、スベンソン副総裁は、「ゼロ金利制約がこれだけ関心を集めるのは、銀行券が存在するからだ。しかし、銀行券の保蔵には、セキュリティ面や保管面の費用などのハンドリング・コストがかかる。実際の金利下限は、これらのコストに規定されるだろう」と述べた。そのころから、こうした銀行券保蔵コストによって画される金利の下限は、強い関心を集めはじめた。

ただ、銀行券保蔵コストは一律ではなく、国・地域によって大きく異なる。犯罪率、リテイル決済における社会慣習や国民意識に依存するからである。社会慣習には、リテイル決済における銀行券の重要性、決済に使われる銀行券の額面（高額券の一般受容性）が含まれる。とりわけ銀行券の最高額面金額は、預金へのマイナス金利を避けるための銀行券の保蔵コストに大きな影響を与える。この点は、日銀券の最高額面が1万円でなく100円や10円であった場合に買い物の利便性およびタンス預金の容易さがどの程度低下するかを考えれば、容易に想像がつく。

キャッシュレス化が進んでいる北欧諸国

北欧では、マイナス金利幅が1%を超えている。このことから、日銀のマイナス金利の深掘り余地はなお大きい、という論拠に使われることがある。しかし、マイナス金利の深掘りを進めている北欧のリテイル決済事情は、日本とは大きく異なる。

リテイル決済慣行の違いについて、北欧の事情をみてみよう。英国The Economist（『エコノミスト』）2016年8月13日号は、最近の欧州の現金決済事情についての短い記事[*47]を掲載した。冒頭、スウェーデンのコーヒーショップのバリスタの「ここでは観光客しか、現金は使わない。彼らは僕たちがもう現金を使わない、ということがわかっていないんだ」という言葉が紹介される。そして、北欧の事情はどこでも似たり寄ったりで、店のショーウィンドウには、「現金お断り」の表示が急速に増えていることを伝えている。日本人留学生の北欧での生活・旅行のための情報提供サイト[*48]をみても、デンマークやスウェーデンをはじめとする北欧諸国は世界でも有数のカード社会であり、カードをポケットに入れるだけで財布を持ち歩かない人が非常に増えていること、こちらに住んでいる人が現金で支払いをしているのはほとんどみたことがないことのほか、デンマーク政府は「現金清算の義務」を一部で廃止することを認める法案を発表し、国策として、脱銀行券のリテイル決済を目指していることを紹介している。

こうした北欧の動きに対して、たとえば、加藤出氏は、急速なキャッシュレス化についていけない地方のお年寄りの困惑や、電子決済に伴う新たな詐欺の急増、すべての支払いが記録に残ることによるプライバシーの侵害などへの懸念があると論じている[*49]。しかし、北欧諸国は、おそらくそうした副作用を考慮しても、キャッシュレス化を推進することが経済の活性化につながると考え、そちらに舵を切っているのだろう。このように、キャッシュレス化を断固推進する前提でマイナス金利を深掘りしている北欧諸国と日本のような現金社会の国では、深掘りの下限はまったく異なるはずである。

高額銀行券の流通を止められるか

さらに、銀行券がリテイル決済に比較的使われている国の間でも、高額銀行券の使用状況は異なる。たとえば、日本では1万円券が最高額面であると同時に、ふつうにリテイル決済に使用されている。これに対し、米国の100ドル紙幣は、1ドル100円程度と想定すれば、1万円札とほぼ同じ程度の価値だが、通常のリテイル決済にはまず用いられない。ユーロ圏の最高額面は、500ユーロ（6万円弱）で1万円券よりはるかに高額だが、こちらもリテイル決済にはほとんど用いられていない。もっとも、ECBは2016年5月に理事会で、500ユーロ紙幣の発行を2018年末で停止することを決めた（ただし、すでに流通している500ユーロを失効させることはしない）。[*50] この措置は、500ユーロ紙幣は、一般に流通せず、主にマネーロンダリング（資金洗浄）に悪用されている懸念があるため、テロや犯罪の資金源を絶つ狙い、とされている。

ちなみに、2016年11月8日20時、インドのナレンドラ・モディ首相はテレビ演説で、同国の高額銀行券である1000ルピー紙幣と500ルピー紙幣を演説の4時間後の9日0時に失効させるとし、この紙幣を持つ人は、11月10日から12月31日の間に金融機関で新紙幣と交換するか、預金することを強いられる事態になった。不正撲滅が狙いだが、インドでは現金決済比率が高いだけに突然の決定で大混乱になった。日経BPは、「10日以降、国内の銀行には紙幣の交換や預金をしようとする人々の長蛇の列ができた。新紙幣は十分に用意されておらず、1日に交換できる金額の上限が4000ルピー（18日に2000ルピーに変更）に限られ、預金の引き出し量も制限されていた。南部テランガナ州では、土地を売って得た現金が紙くずになると思った女性が自殺する事件まで起こった」としている。[*51]

日本でも銀行券の保蔵コストを上げることが目的であれば、1万円券、5000円券などの高額銀行券の新規発行を停止することは可能かもしれない。しかし、ECBの場合と同様、失効させることは困難、と判断するだろう。失効を見送れば、高額銀行券はタンス預金用のお金になるだろう。

マイナス金利の効果と副作用の比較

なお、銀行券が金利ゼロの安全資産であることがマイナス金利の下限を画し、それが金融政策を制約するなら、何らかの方向で銀行券自体にマイナス金利をつける、といった形でこの制約を突破しよう、という試みは、古くから検討されてきた。シルビオ・ゲゼルが1910年代に考えた銀行券に定期的に（マイナス金利に相当する）一定金額のスタンプ（印紙）を貼ることを流通の条件とするという有名な提案や、グレゴリー・マンキューがブログで紹介した銀行券に付されている記番号を年末の抽選で失効させる（たとえば、平均１００枚に１枚失効させれば銀行券保有の期待マイナス金利は１％）、という提案もある。[*52]

しかし、北欧のように利便性の高い代替的な決済手段の浸透で銀行券が自然に使われなくなるならともかく、上記のような諸手段で社会に深く根付いた決済インフラの利便性を低下させることが社会に与える不安感や怒りのデメリットはきわめて大きいはずである。この点は、特に日本のような銀行券決済社会では、他国以上に深刻になる、と考えられる。重要な社会的インフラである銀行券をマイナス金利実現のために人為的に劣化させる、という判断が国民に支持されるとは思えない。マイナス金利を可能にするには、発想を逆転させて、マイナス金利が付く可能性があっても持ちたくなるように銀行券の魅力を高める工夫が必要になるだろう。[*53]

もっとも、欧州中央銀行のマイナス金利政策の下限についての関心は、銀行券との競合による預金流出、というスベンソン的な下限よりも、金融政策として引き下げる意味があるのはどこまでか、という政策効果の下限にあるようにみえる。つまり、マイナス金利によるプラスの効果からその副作用によるマイナスの効果を差し引いてみたときに、どこまでなら経済を刺激する効果がプラスなのか、ということである。

ＥＣＢは、この問題をどのように捉えているのだろうか。この点をＥＣＢのクーレの２０１６年７月の講演の続きから読み取ってみよう。

図表5-3　金融政策にとって重要な臨界名目金利水準

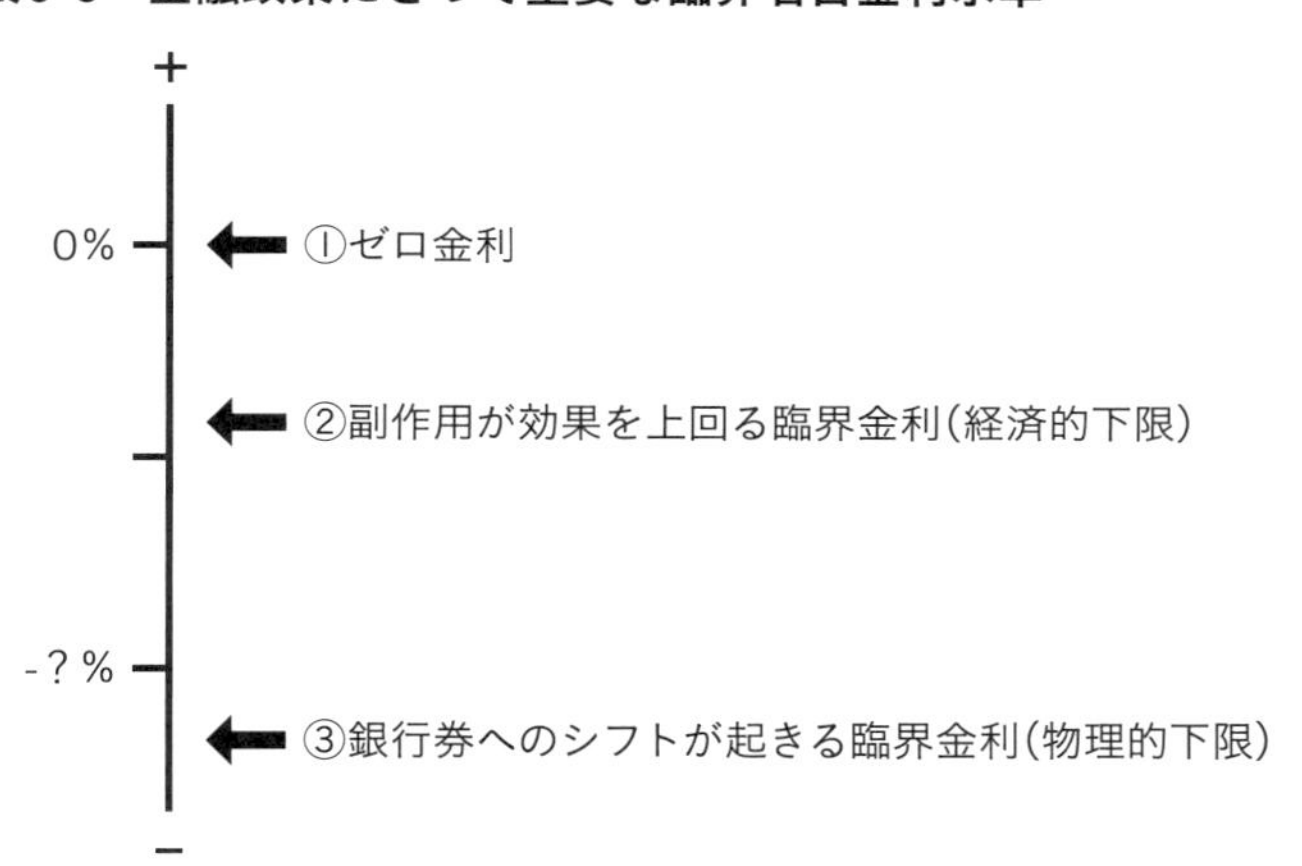

クーレは、この議論を展開するうえで、ゼロ金利を含む3つの下限に注目する。概念図（**図表5-3**）はクーレが講演時に使ったスライドをごく簡単にしたものであり、金利が高い順から、①ゼロ金利、②低金利がプラスの効果をもつ下限（経済的下限）、③預金から銀行券への大規模シフトを起こさずに済む下限（物理的下限）、という順に描かれている。

クーレは、マイナス金利に関連して中央銀行にとってカギになる問いは、マイナス金利をどこまで深掘りできるのか、低金利ないしマイナス金利の長期化は金融システムの安定性に悪影響を与えないか、の2つであるとしている。

そして、前者の問いについて、この経済政策上の下限は、ゼロ金利や、銀行券の存在によって画される下限の手前に存在してもおかしくない、としている。クーレは、銀行券への資金シフトが顕在化する金利水準を「物理的下限」と呼び、このチャートのもとになった講演スライドには、わざわざ「経済政策上の下限は、状況に応じてゼロより上になることも、物理的下限を下回ることもありうる」という断り書きを入れている。

マイナス金利が金融に与える悪影響

なぜ、マイナス金利を深掘りし過ぎると、悪影響のほうが大きくなるのか。いうまでもなく、それは、副作用のためであり、とりわけ懸念されるのは、金融機関ひいては金融システムへの悪影響である。クーレは、ある水準を超えると銀行部門への悪影響が金利引き下げのメリットを上回るような水準がありうる、と論じる。その金利水準では、銀行の収益が低下し、内部留保の蓄積が減少することで、銀行の資本蓄積を阻害する。これにより、銀行の資本基盤が脆弱になる。そのことで、銀行貸出が中央銀行の政策意図に反して抑制されてしまう可能性がある。銀行の資本基盤が毀損されれば、信用供与が減少するだけでなく、金融システムをより不安定にする。なぜなら、より少ない資本はより高いレバレッジを意味するはずだからだ、というのである。いうまでもなく、高いレバレッジはリスクを「濃縮」させ、自己資本が毀損されるリスクを高める作用をもつ。

時間が経つと変わるマイナス金利の影響

また、クーレは、マイナス金利が銀行収益に与える影響は複雑であり、時間の経過によって変化することに注意を促している。マイナス金利は、銀行の収益と資本に対し、短期的ないしワンショットの影響と、より永続的な影響、という2種類の影響を与えるからだ。

短期的な影響のひとつは、銀行が自行のポートフォリオにもっている固定金利の債券などから生まれる。金利が低下したとき、銀行のバランスシートにある固定金利の債券の価格が上昇してキャピタル・ゲインが生じる。そのことにより銀行の利益が1回は高まる。

また、金利低下は、短期的には利鞘の拡大を先行させる可能性がある。これは、銀行は、短期資金を調達し、長期資金を貸し出す、という満期変換機能を果たしていることによっている。短期金利である調達金利は中央銀行のマイナス金利政策を反映してすぐ低下するが、既存の貸出金利の変更には時間がかかる。それで、当初は利鞘が大きくなることがありうる。

しかし、市場金利が低くなれば、貸出金利は徐々に下がりはじめる。これにより、時間の経過とともに利鞘は減少する。もし、マイナス金利が長期金利を引き下げ、利回り曲線（イールドカーブ）の勾配をより緩やかにさせれば（フラット化）、預貸金利鞘はさらに圧縮され、銀行の収益は一段と減少してしまう。

こうしたイールドカーブのフラット化は、①低い短期金利が長期にわたって続く、との予想や、②中央銀行が長期の債券を大規模に買う「量的緩和（資産購入プログラム）」により

（予想短期金利の平均への上乗せ分である）タームプレミアムが圧縮される、といった要素が混ざり合った結果として起きる。

なお、クーレは、マイナス金利の導入がイールドカーブの傾きを変えない場合でさえ、低金利はリテイルの預金に依存している銀行の利鞘を圧縮しうる、とする。その理由は、リテイルの預金金利は低くかつ粘着的な傾向があり、銀行はリテイルの預金金利をマイナスにすることには消極的だからだ。このため、市場金利が低下するにつれ銀行の資産からのリターンは減少するのに、調達コストは変わらず、結果として利鞘が押し下げられる。現在および将来の利鞘の縮小は、将来の利益予想から算出される銀行資本を減らし、銀行のリスク負担能力を低下させ、信用供与を減少させる。

こうした議論を踏まえ、クーレは、マイナス金利の経済的な下限は、銀行とマーケットによりまちまちであり、マクロのレベルでは議論の余地なく決まるもの（uniquely determined）ではない、と説明する。

具体的には、変動利付貸出のシェアが大きいほどマイナス金利の利鞘への悪影響はより早く表面化する。他方、固定金利の債券を大量にもっている銀行は債券の値上がりによるキャピタル・ゲインで利鞘の圧縮のより多くの部分を相殺できる。また、資金調達をリテイルの預金にあまり頼らず、市場からの調達に依存している銀行ほど「経済的な下限」は低くなる。市場金利のほうが預金金利よりもゼロ金利制約を突破しやすく、それゆえ利鞘を維持しやすいからである。同様に、市場支配力の強い銀行ほど、金利低下の貸出金利への波及を阻止できるから、利鞘を維持しやすいだろう。クーレは、こうしたいくつかのポイントを踏まえて、ユーロエリアの場合、これらの点が各国ごとに異なり、こうした銀行構造の違いが銀行経営への影響の違いとして表れている、としている。

金融システムへの悪影響

クーレが指摘する中央銀行にとっての第2の重要な問いは、マイナス金利の長期化が、金融システムの安定性を損なわないか、という点である。

金融システムの安定性への懸念は、銀行が収益を高めるために、質の劣る取引相手との取引を増やすことで生じうる。これは、安全資産へのリターンが低いときに、よりリスクの高い資産へポートフォリオを振り向けること（ポートフォリオ・リバランシング）や、利回りは高いが貸し倒れになるリスク（デフォルト・リスク）もより高い中小企業へ貸出を集中させることなどを反映する。また、金融システムを不安定化させるリスクは、過度に釣り上げられた金融資産価格や、マイナス金利によって資産価格の変動率（ボラティリティ）が高められることを通じて、銀行部門の外でも生じうる。

以上のような点に触れた後、クーレは、ECBの2014年の10月（マイナス金利導入のすぐあと）から2016年3月にかけてのサーベイ調査（Survey on the Access to Finance of Enterprises in the Euro Area：SAFE）の結果に言及し、中小企業の資金調達は一段と容易になっており、銀行が、より小さく・典型的にはよりリスクの高い企業への貸出を通じて、より高いリスクを取っていることを示している、とする。

ただ、このクーレの議論には首をかしげる読者も多いのではないだろうか。銀行の中小企業への貸出態度を積極化させることは金融政策の大きな狙いではないのか。このありうべき疑問に対し、クーレは、もちろん、よりリスクの高い借り手に対するものも含め、貸出を伸ばすことは、金融緩和の目的のひとつである、としている。そのうえで、しかし、主要な問いは、マイナス金利が銀行を過大なリスクテイクへと導かないか、という点にある、として以下のような線引きをしてみせる。

もし、金融緩和が意図通りに働けば、リスクの高いものも含め、より多くの投資プロジェクトがプラスの現在価値をもたらす。これは「よい」リスク・テイキングである。しかし、銀行は、マイナスの現在価値しかもたらさない投資プロジェクトをファイナンスするところまで貸し進んでしまうかもしれない。これは「悪い」リスク・テイキングである。理論的には、金利が低く、銀行のレバレッジが高く、資本構成の変更が容易なほど、そうした可能性が高まることが知られている、というのである。

図表5-4　ユーロエリアの銀行の営業利益の内訳

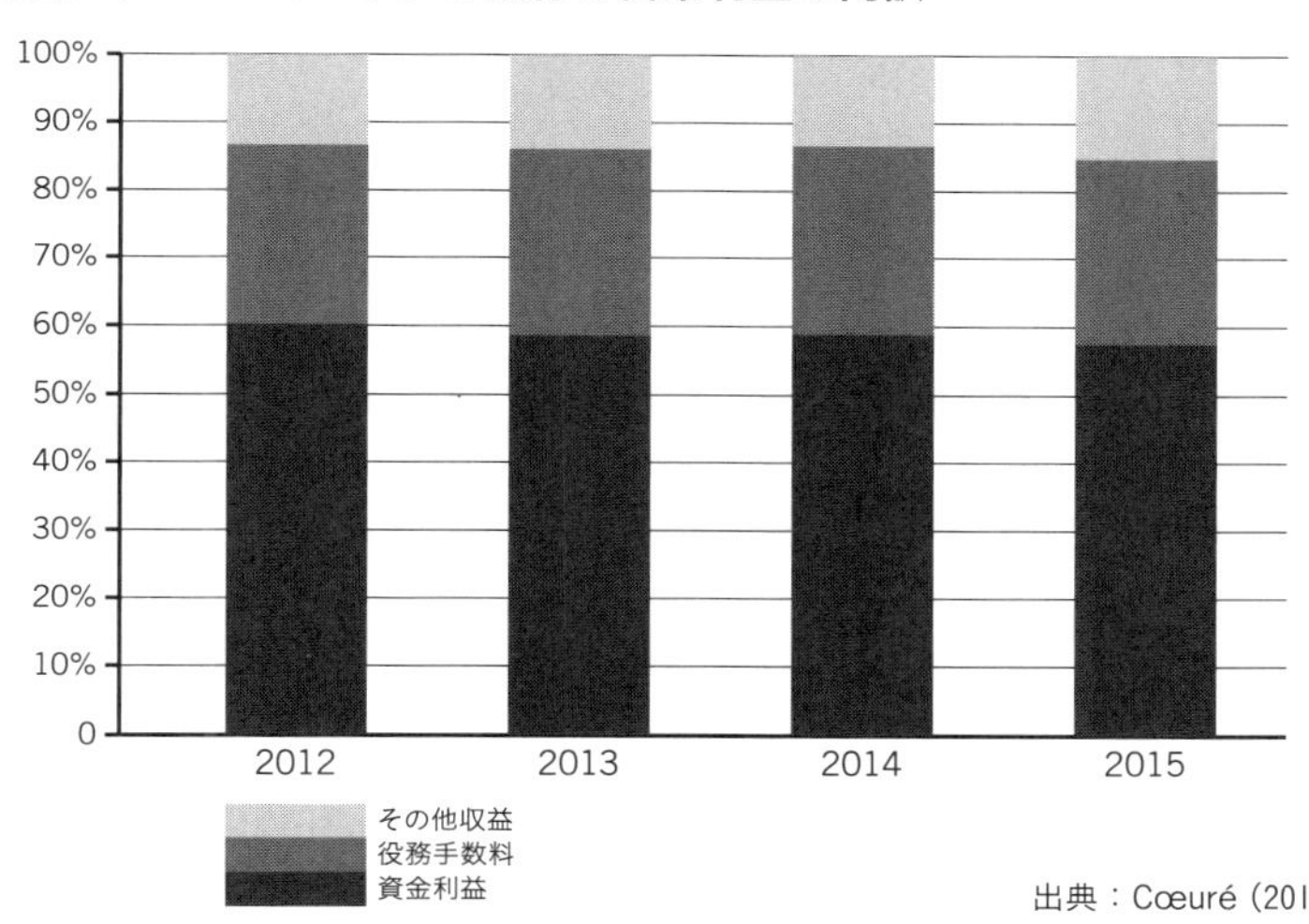

出典：Cœuré (2016)

見通しが暗いユーロエリアの銀行収益

クーレは、いくつかのデータを上げて、上記の主に定性的な議論を補強している。それらのうち、いくつかをみてみよう。

まず、ユーロエリアの銀行の営業利益(operating income)の主要な源泉は、60%程度が資金利益（貸付利子や有価証券利子など資金運用で得た利子収益から預金利子など資金調達の利子費用を引いたもの）、25%程度が役務手数料（fees and commissions）、15%程度がその他の収益、という比率で安定的に推移している（**図表5-4**）。

資金利益は、営業利益に占める比率の圧倒的な高さに照らしても、銀行収益にとっ

図表5-5　ユーロエリアの銀行の預金金利と貸出金利の推移

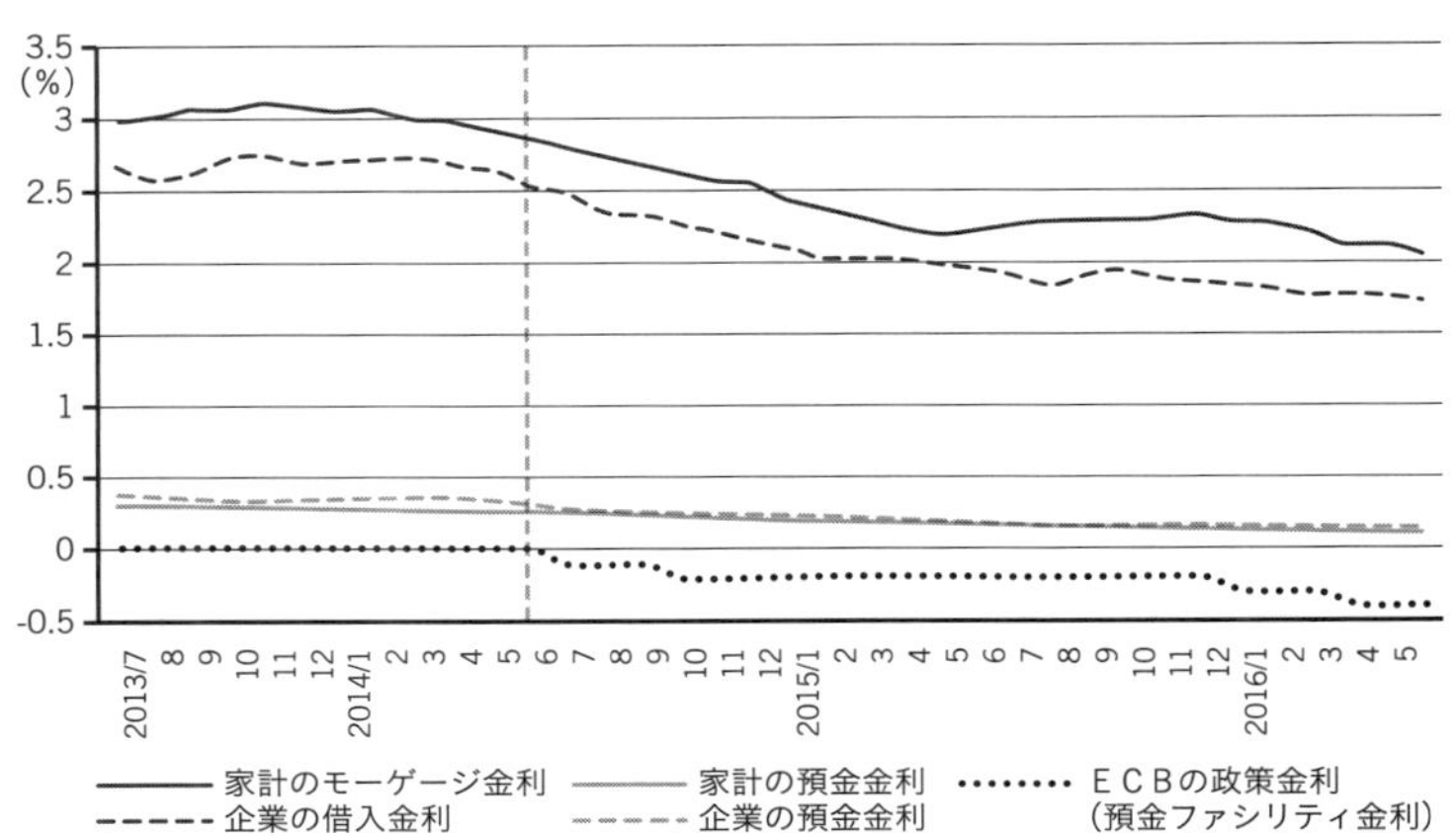

出典：Cœuré (2016)

てきわめて重要である。そして金利が低下するほど、利鞘は小さくなる。マイナス金利になると、リテイルの預金利率はゼロ以下には下がりにくいことから、その傾向はいっそう顕著になる。

クーレは、そこで、ユーロエリアにおける家計向けと金融業以外の企業向けの平均貸出金利と預金金利に目を向ける（**図表5－5**の２０１４年６月（垂直破線）は、ＥＣＢが初めて中央銀行預金金利をマイナスにした時点を示している）。

図表５－５をみると、政策金利を下げた効果は貸出金利により強くあらわれており、２０１４年６月から２０１６年５月の間で０・８％ポイント下がっている。他方、預金金利はゼロ金利のカベを反映して、同じ期間に

図表5-6　ユーロエリアの大手銀行の利鞘推移

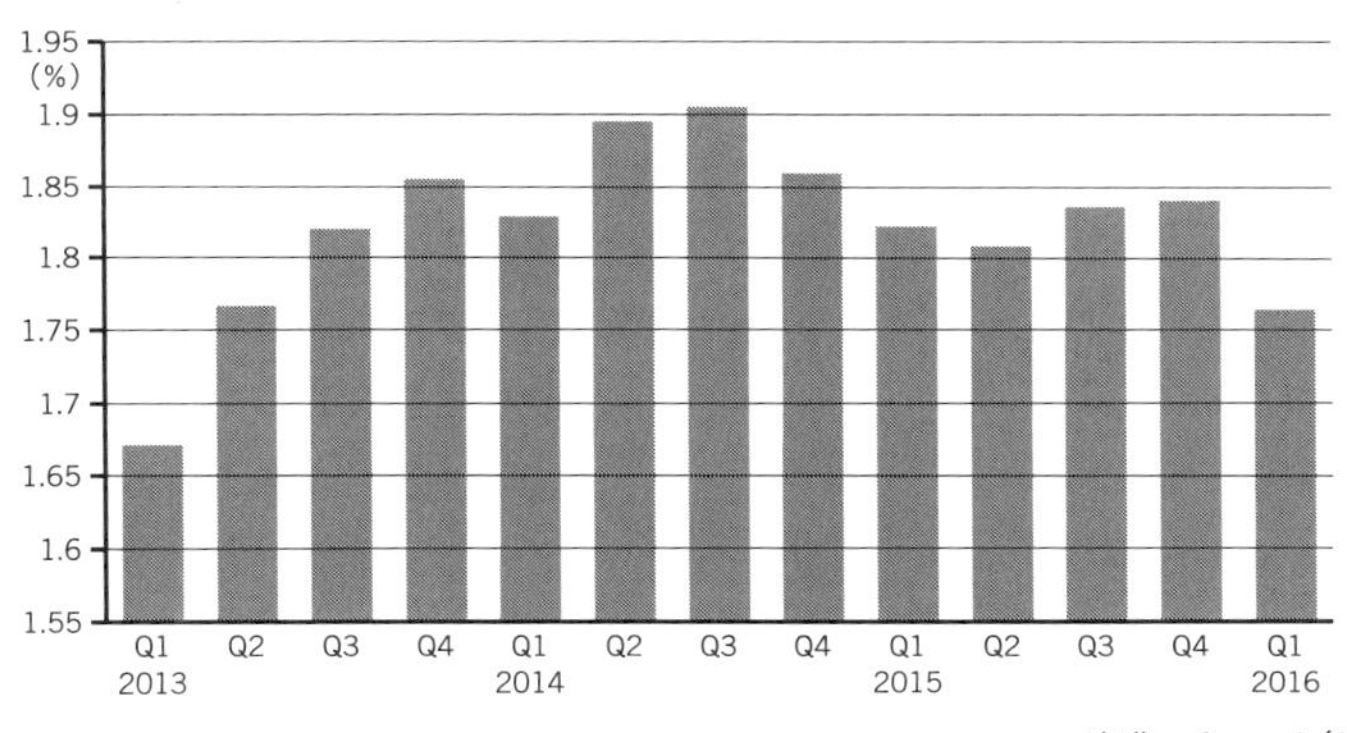

出典：Cœuré (2016)

０・２％ポイントしか下がっていない。この結果、貸出金利と預金金利の差である利鞘は、圧縮されている。欧州の大銀行の利鞘を直接検証しても、その傾向は変わらない（**図表５－６**）。

しかしクーレは、マイナス金利のトータルの影響として、これまでのところは銀行収益を下支えしてきた、と主張している。その理由のひとつとして、金融政策がマクロ経済環境を好転させ、借り手のデフォルト・リスクを下げたことを挙げる。これは、実際にマイナス金利を導入したＥＣＢ首脳の立場からは、まあ、こういわざるをえないところだろう。そして、もうひとつは金利低下が債券価格を押し上げ、ワンショットのキャピタル・ゲインをもたらしたことによる。実際、ユーロエリアにおける重要な銀行グループの利益は、むしろ好転した。

興味深いのは、クーレが以上の議論を踏まえて、問題はマイナス金利政策を継続した場合の長期的展望にある、としている点である。足元の銀行収益好転をもたらしたキャピタル・ゲインは1回限りだが、小さくなった利鞘は、今後も低位にとどまり、この先さらに圧縮されそうだ。欧州における銀行株の下落は、マーケットの銀行収益に対する懸念を示しているだろう。クーレはそう解釈している。

クーレのこうした認識――これまでのところマイナス金利政策は欧州経済にプラスの影響を与えるとともに銀行収益を悪化はさせなかったが、その長期化は銀行収益を悪化させ、金融システムの不安定化をもたらすリスクがある――は、この章の冒頭で紹介したＩＭＦのワーキングペーパーの認識をはじめ、多くの関連論文の見方でもある。ＩＭＦのワーキングペーパーでは、欧州のマイナス金利政策はこれまでのところ経済にプラスの影響を与えており、銀行収益に対するネガティブな影響に対する懸念は、顕現化していない、としている。しかしながら、そのうえで、一層の政策金利の引き下げから得られるものは、より小さくなっていくだろう（will likely entail diminishing returns）とする。その理由としては、やはり貸出チャネルは、銀行の収益力に大きく影響される、という点を挙げる。

銀行の収益力の展望はこのところ悪化しており、ユーロエリアでも預金で資金調達し変動金利貸出を行っている国の銀行の収益悪化が著しく、これらの国では信用供与の伸び率の低さが懸念に拍車をかけている。追加的な金利引き下げが貸出金利を低下させなかったり、銀行預金の引き出しにつながったりすれば、金融政策の波及を妨げうる。銀行収益の低下は、信用拡張を抑制し、金融緩和の目的達成を阻む重要な壁なのである。

第6章
「マイナス金利」追加の功罪

疑った瞬間に永遠に飛べなくなる

２０１６年1月29日、日銀は金融政策決定会合で「マイナス金利付き量的・質的金融緩和」導入を決めた。

この決定会合の時点の予想物価上昇率はいろいろな指標で明確に下がり続けていた。この点は、２０１６年10月の日銀の展望レポートからも明瞭にみてとれる。同レポートでは、８種類の予想インフレ指標が示されており、どの指標でみても予想インフレ率が下がってきていることがみてとれるが、**図表6-1**では、そのなかから、家計と企業の予想インフレ率に関連する4指標を抜き出している。

黒田総裁の基本的スタンスは、金融政策による「期待への働きかけ」を重視している。クルーグマンからみれば低すぎる2％のインフレ目標を前提としているものの、この点では、クルーグマンの20年前に行った提案と共通している。

この黒田総裁の姿勢を端的に示しているのが、２０１５年6月4日の講演における次の一節だろう。

「皆様が、子供のころから親しんできたピーターパンの物語に、『飛べるかどうかを疑った瞬間に永遠に飛べなくなってしまう（The moment you doubt whether you can fly, you

図表6-1　予想物価上昇率の推移

[1] 家計の予想物価上昇率

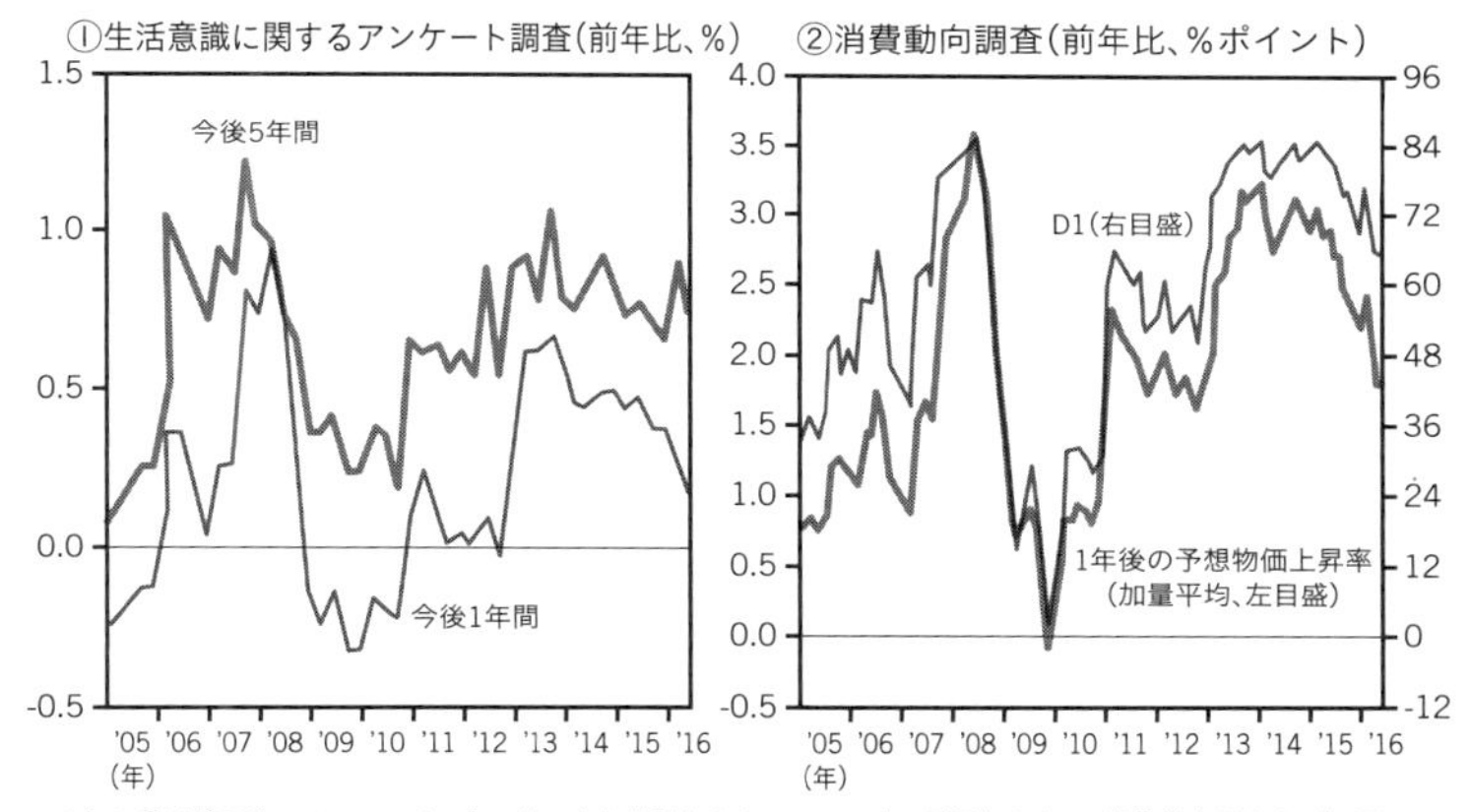

注）1. ①は修正カールソン・パーキン法により推計したもの。2013年6月調査からは、消費税率引き上げの影響を除くベースで回答するよう、質問項目に明記。

2. ②は総世帯ベース。加重平均は、「−5%以上低下」は−5%、「−5%〜−2%低下」は−3.5%、「−2%未満低下」は−1%、「2%未満上昇」は+1%、「2%〜5%上昇」は+3.5%、「5%以上上昇」は+5%、のインフレ率をそれぞれ予想していると仮定して計算したもの。DIは「上昇する」−「低下する」。

[2] 企業の予想物価上昇率（短観）

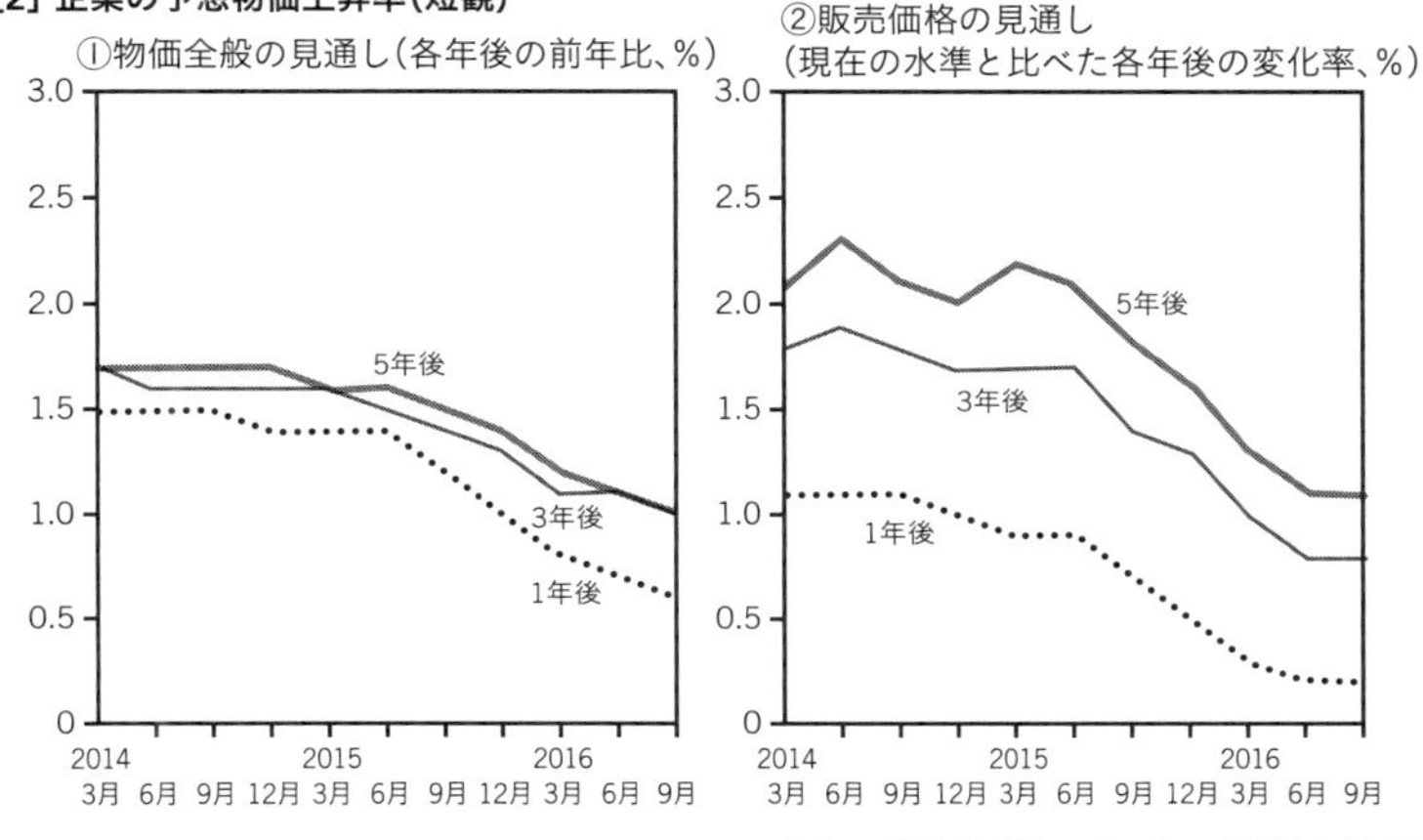

出典：日銀「展望レポート」（2016年10月）

cease forever to be able to do it)』という言葉があります。大切なことは、前向きな姿勢と確信です」

大切なことは、前向きな姿勢と確信。おそらくはこの信念が、常に強気な黒田総裁の発言につながってきたのだろう。しかし、2016年1月に直面していたのは、つるべ落としの予想インフレ率低下と円高・株安の急速な進行であった。黒田総裁のロジックからすれば、2016年1月時点の日銀は、前向きの姿勢を示すために、追加緩和は不可避という状況に追い込まれていた。そして、「マイナス金利付き量的・質的金融緩和」の導入を決めたのである。

マイナス金利の意義

欧州が先行してマイナス金利に踏み込んでいた、という現実に照らすと、日銀がなにかやらなければならない、というときにマイナス金利政策に踏み込むこと自体は十分に理解できる選択だった。前章で引用したクーレの講演でも、ユーロエリアにおける自然利子率の動向からマイナス金利を論じていたように、景気平準化のための金融政策、という観点からは、自然利子率がマイナスなら実質市場金利をマイナスに誘導する必要がある、ということになるからだ。

そして、予想インフレ率が下がり続けていれば、名目金利を押し下げるしかない。欧州では、すでにマイナス金利を導入しており、その実績をみると、名目金利の下限は1990年代に想定されていたように文字通りのゼロ、ということではなく、国によって許容度は異なるとはいえ、若干のマイナスにまでは誘導できそう、ということがわかってきた。

これらの点を踏まえると、実質金利を下げるために日本でも名目金利をゼロ以下に下げる、という方向に政策が展開されたのは、ある意味できわめて自然といえる。

限界がみえていた「短期決戦」の枠組み

他方で、日本独特の事情として、日銀の量的・質的金融緩和（QQE）による大量の国債購入に限界がみえてきたことも挙げられる。

前述のように、量的・質的金融緩和は2年間で2%のインフレ目標を達成する、という「短期決戦」を前提とする枠組みであり、短期決戦を標榜することで期待に働きかけることを狙ってきた。しかし、2年間で2%のインフレ目標は達成できず、3年経ってもインフレ率は前年比マイナスにとどまり、インフレ目標の達成時期がどんどん延びてきた。これにより、およそ持久戦に向かない量的・質的金融緩和の枠組みの行き詰まりは必至になっていた。

政府の発行量を超える大量の国債を長期間買い続けるのは不可能であり、2015年の段階で、IMFの推計[*54]では2017年から2018年、日本経済研究センターの推計[*55]では201

7年中には、現在のような国債の大量購入は継続できなくなる、との予測が発表されていた。量的緩和の物理的限界が迫りつつある一方で、インフレ目標達成の目途が立たない状況下では、量的・質的金融緩和の枠組みから金利政策の枠組みに回帰することは非常に大きな利点がいくつかある。第1に、金利政策の枠組みに回帰することにより持続性が担保できることであり、第2は、小幅であれば追加緩和の余地も生じる、ということである。

ただし、日銀の採用した政策には大きな問題が3つある。

第1の問題は、日本で実際に採用されたのは、量的・質的金融緩和から金利政策への回帰ではなく、マイナス金利政策を量的・質的金融緩和に付け加えたものであったことである。この枠組みは日本特有の矛盾と問題をもたらした。

第2の問題は、前章で説明した物理的下限、および経済的下限の存在に伴う原理的な問題である。金利ゼロの安全資産である銀行券の存在は、名目金利のゼロ制約の理論的根拠であり、下限が文字通りのゼロではないにせよ、本質的に下限の存在の問題が解消したわけではない。また、これに関連する預金金利の下方硬直性は、銀行収益の悪化を通じて大きな悪影響を及ぼす可能性がある。

そして第3の問題は、次章で説明するように自然利子率の動向に実質市場金利をキャッチアップさせようとするこの政策が、長期的には自然利子率をさらに押し下げ、より困難な状況を作り出していく、ということである。

マイナス金利を「付け加えた」ことによる歪み

まず、日銀が採用したのはピュアなマイナス金利政策ではなく、マイナス金利を量的・質的金融緩和に付け加えたものであることに伴う問題について考える。ＥＣＢなどもある種の量的緩和とマイナス金利を同時に採用しているが、日本の政策の特色は、大規模な量的緩和のあとでマイナス金利政策を導入した点にある。

日銀の発表にそってこの政策の概要をみておこう（**図表6－2**）。

この枠組みをみると、基本的にそれまでの量的・質的金融緩和の枠組みをすべて維持したまま、これに（1）のマイナス金利政策、すなわち2月積み期間以降の日銀当座預金の増加分に対しマイナス0・1％の金利相当の課金を行うことを付加した、という内容になっている。

日銀はこれにより、金利全般に下げ圧力が働くことを期待している、とした。また、「今後、必要な場合、さらに金利を引き下げる」とわざわざ言及して、今後のマイナス金利の「深掘り」をあえて予告したのが特徴的である。

しかし、量的・質的金融緩和は金融機関の日銀当座預金を増やすことでマネタリーベースを増やす政策であるのに対し、マイナス金利政策は日銀当座預金保有にマイナス0・1％の

図表6-2　マイナス金利付き量的・質的金融緩和の概要

(1)「金利」：マイナス金利の導入

金融機関が保有する日本銀行当座預金に▲0.1％のマイナス金利を適用する。今後、必要な場合、さらに金利を引き下げる。具体的には、日本銀行当座預金を３段階の階層構造に分割し、それぞれの階層に応じてプラス金利、ゼロ金利、マイナス金利を適用する（別紙（本章の後掲図表6-3））

(2)「量」：金融市場調節方針

次回金融政策決定会合までの金融市場調節方針は、以下のとおりとする。

マネタリーベースが、年間約80兆円に相当するペースで増加するよう金融市場調節を行う。

(3)「質」：資産買入れ方針

資産の買入れについては、以下のとおりとする。

① 長期国債について、保有残高が年間約80兆円に相当するペースで増加するよう買入れを行う。ただし、イールドカーブ全体の金利低下を促す観点から、金融市場の状況に応じて柔軟に運営する。買入れの平均残存期間は7年～12年程度とする。

② ETFおよびJ-REITについて、保有残高が、それぞれ年間約3兆円、年間約900億円に相当するペースで増加するよう買入れを行う。

③ CP等、社債等について、それぞれ約2.2兆円、約3.2兆円の残高を維持する。

(4)「マイナス金利付き量的・質的金融緩和」の継続

日本銀行は、２％の「物価安定の目標」の実現を目指し、これを安定的に持続するために必要な時点まで、「マイナス金利付き量的・質的金融緩和」を継続する。

＊ETFの買入額については、2016年7月の追加緩和で「ETFについて、保有残高が年間約６兆円に相当するペースで増加するよう買入れを行う（現行の3.3兆円からほぼ倍増）」と変更された。

出典：日銀ホームページ

図表6-3　日銀が公表した階層構造の概念図

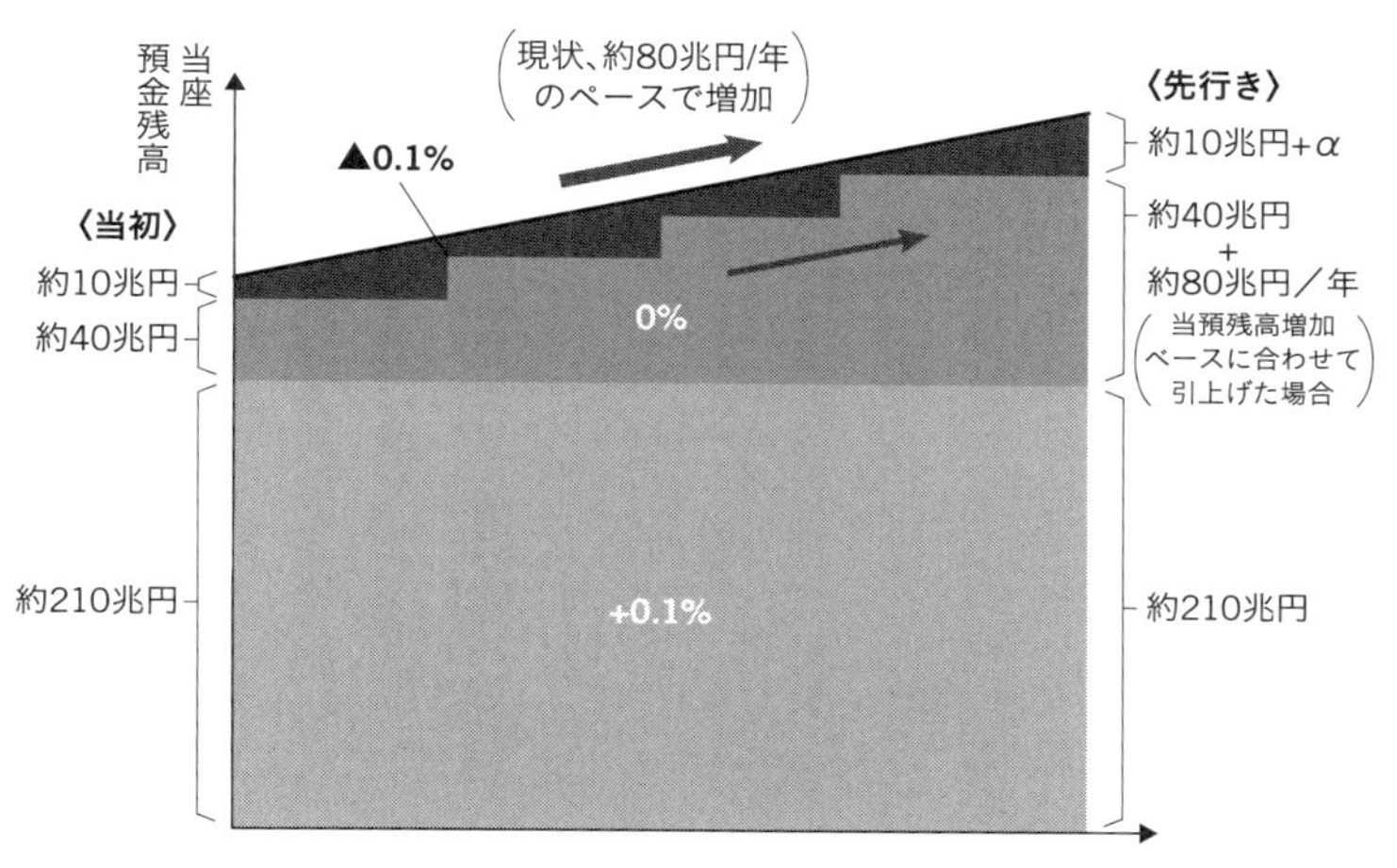

出典：日銀ホームページ

金利を適用して当座預金保有にペナルティを課す政策だから、この2つは本来〝水と油〟のごとく本質的に相性が悪い組み合わせになっている。

このため日銀は、まず課金にスイス型より多い3層の「階層構造」を設けることで金融機関の経営への配慮とマイナス金利への誘導の両立を図っている（**図表6-3**）。

概念図でみられるように、当初は約260兆円ある当座預金のうち、マイナス0・1%が課される「政策金利残高」は約10兆円にとどめ、金利0%の「マクロ加算残高」を約40兆円、0・1%のプラス金利が付される「基礎残高」を約210兆円とした。

図表6-4　日・欧のマイナス金利構造比較（2016年2月時点）

（%）

	基礎残高相当	マクロ加算残高相当	政策残高相当
日銀	0.1	0	▲0.1
ECB		▲0.3	▲0.4
スイス		0	▲0.75
スウェーデン		▲0.5ないし▲0.6	▲1.25
デンマーク		0	▲0.65

出典：日銀作成資料

なお、各行の「基礎残高」は、2015年の1月積み期間から12月積み期間までの当座預金の平均残高（基準平均残高）で固定されている。

さらに、マクロ加算残高は今後増やしていく、とされた。マクロ加算残高は、基準平均残高に、すべての取引先に一律の掛目（基準比率）を掛けて計算する（基準比率は金融政策決定会合で決定し公表する。掛け目を上げていくことで、マクロ加算残高を増やしていく）。

これらの点、特に基礎残高への付利は、マイナス金利幅の相対的な小ささと相まって、日銀の政策が欧州よりもマイナス金利の直接的なペナルティ性を抑えた枠組みになっていることを意味する（**図表6-4**）。なお個別行については、「政策残高」を抱える銀行と「政策残高」を抱えない銀行が存在することになる。このことが金利誘導のカギになる点では、スイスの方式と同じである。

日銀が量的緩和により銀行に大量に保有してもらっている日銀当座預金の大半を「基礎残高」として、これに0・1%の付利を続けることにしたのは、金融機関経営への悪影響を避ける激変緩和措置としては必要な妥協にみえる。日銀が短期決戦型の大規模な量的緩和を展開してきた結果、銀行は巨額の日銀当座預金を保有している。マイナス金利はそれでなくとも銀行経営を悪化させる方向に作用するのに、当座預金全体にマイナス金利を適用していれば、金融機関収益への懸念による市場の混乱はさらに大きくなったはずである。

ただし、この妥協は深刻なゆがみを内包している。

第1に、基礎残高の金融政策上の位置づけはきわめてあいまいである。

もともと当座預金への付利は、金利誘導の手段として採用されてきた。これは、コール市場への資金の「出し手」も、コール市場からの資金の「取り手」も、日銀当座預金で資金を運用した場合の金利と、コールレート（日銀の金利誘導目標であるコール市場の金利）を比較することによる。量的緩和で短期資金がだぶついていても、日銀が0・1%の金利で預かってくれる限り、市場の短期金利はそれ以上、下がらない。低い金利で貸さなくとも、日銀に預けておけばよいからだ。有利な利回りのほうで資金を運用ないし調達する、という金利裁定を通じて、結局、日銀当座預金金利にサヤ寄せされる形でコールレートが形成される、ということになり、このメカニズムで金利の下限を形成できる。

しかし、今回のマイナス金利政策によって、基礎残高部分については、高い金利を引き続き日銀が払う代わりに、銀行がこの階層に新たに預け入れることはできない、という形で短期金融市場とは切り離された。これにより基礎残高210兆円がまったく緩和効果をもたないことがより鮮明になった。これまで、日銀は付利を利用して巨額の当座預金を積み上げ、「見せ金」効果による予想インフレ率の上昇に期待してきたが、金利への影響という観点からは、超過準備に0・1％付利して金融機関にもってもらうのと、日銀が同じ利回りの売出手形でマーケットから資金を吸収するのは、ほぼ同じ金利低下防止型（資金吸収型）の金融調節である。このことが、よりわかりやすい形で表面化してきた、といえる。

さらに、市場金利と切り離したことで、0・1％という付利水準には必然性がなくなった。基礎残高への付利水準が5％の場合はもちろん、0・05％でも金融機関は基礎残高を温存するだろうし、付利水準の違いは金融機関経営とその株価以外にはほとんど影響しないはずだ。

梯子を外された金融機関

言い換えると、基礎残高への付利は補助金的なもの、といわざるをえなくなる。図表6－4でも明らかなように、スイスなど階層構造を採用している欧州の中央銀行のなかにも、プラスの付利の階層を設けている中央銀行は存在しない。この状態が恒常化するなかで貸出の伸びが鈍い状態が続けば「金融機関が貸出に回すべき資金を日銀当座預金に滞留させて補助金を得ている」という批判につながりかねない。

クーレも認めていたように「収益が悪化すれば、背に腹は代えられず、より大きなリスクをとって貸出を増やす」のだろう、と考えて金期機関の収益悪化をマイナス金利の緩和効果ととらえる見方はどの国にもある。それだけに金融界の外からは「緩和効果を強めるために階層方式を廃止して金融機関への圧力を強めるべきだ」といった議論が出てくる可能性がある。

銀行の側からみれば、これまで日銀の量的・質的金融緩和による「見せ金作り」に協力して日銀当座預金を積み上げてきた挙げ句、マイナス金利導入で利鞘の圧縮による経営悪化に直面した。そのうえに、日銀当座預金への付利の性格も一変し、中央銀行の政策に協力して得た正当な運用利益だったものが、突然補助金による不労所得と位置づけられる、という構図で突然、梯子を外された形になった。こうしてみると、金融界が日銀の唐突なマイナス金利導入に強く反発したのは、自然な成り行きであったようにみえる。

長期金利の急落は危険な副作用だった

他方、マイナス金利をつけた政策残高の導入は、市場金利を低下させることを目的にする。このうち短期市場金利をマイナスに低下させるメカニズムは、前章で説明したスイス国民銀

図表6-5　日本国債のイールドカーブ

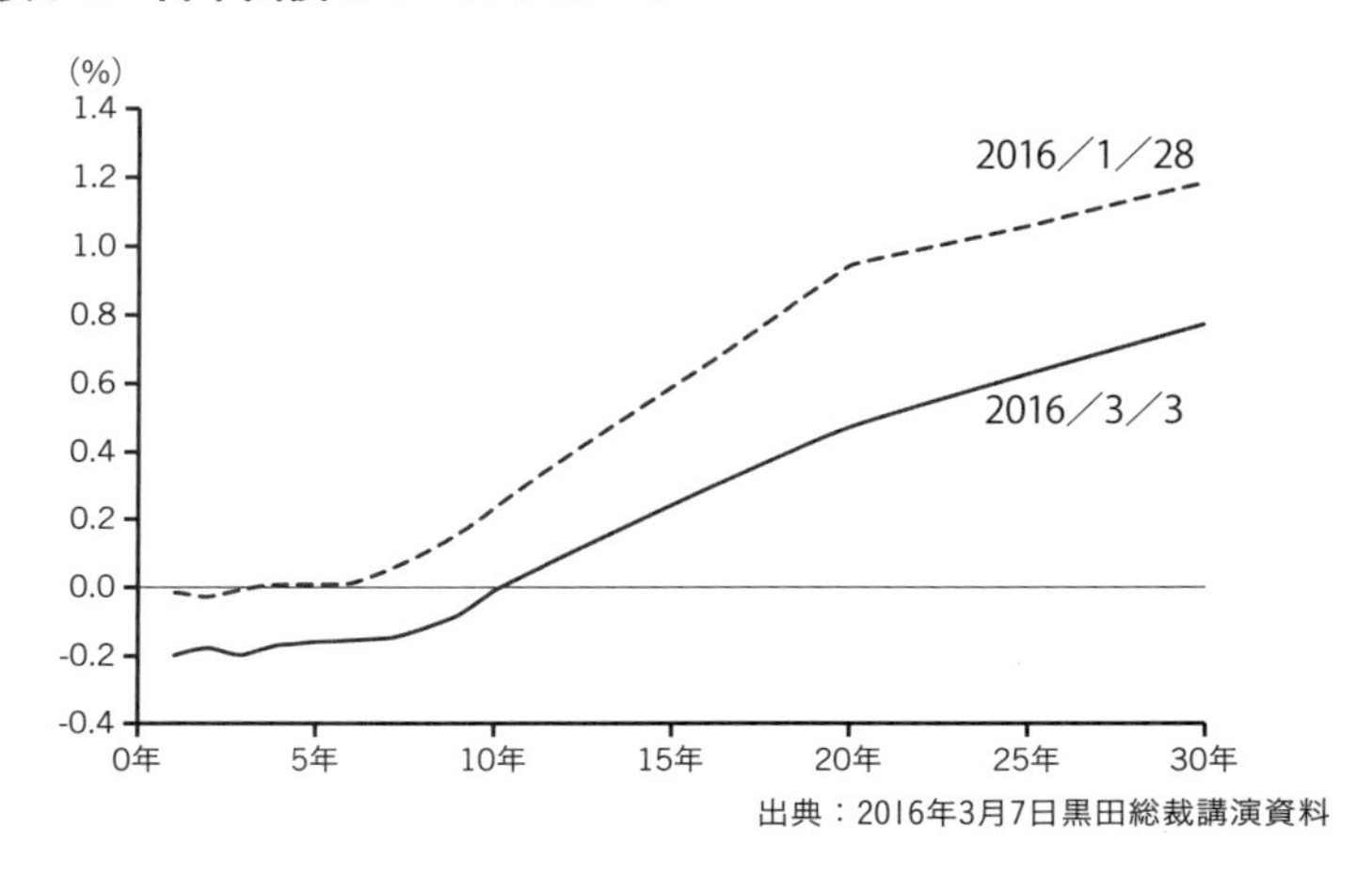

出典：2016年3月7日黒田総裁講演資料

行の方式とほぼ同じとみられる。基準時点からの預金の伸びには銀行ごとにばらつきがあるから、政策残高を抱えマイナス金利を適用される銀行と、マクロ残高どまりの銀行があればよい。前者の銀行は、その分に対して課せられるマイナス金利による損を小さくするために、マイナス0・1％より少しでもマイナス金利幅が小さければ、短期金融市場にマイナス金利で放出して自行がもっている政策残高を減らそうとする。政策残高以下の銀行は、マイナス金利で市場から資金を借り、それを金利ゼロでマクロ加算残高においておけば利益が出る。日銀はスイス国民銀行と同様、この仕組みを利用することで、政策残高への課金を通じて短期金融市場をマイナス金利に誘導することができるはずである。

マイナス金利政策の導入により、長期金利

も急速にマイナスとなった。

ここで注目されるのは、長期国債金利が日銀の思惑以上に急速に下がり、長めの金利まであっさりマイナスに下がった点である。（図表6-5）は、マイナス金利付き量的・質的金融緩和導入後のわずか1か月間に日本国債のイールドカーブが大きく下方シフトしたことを示している。

当初、日銀はこの点をとらえてマイナス金利政策の効果を強調し、金利感応度の高い住宅投資等が刺激されることへの期待を表明した。しかし、こうした急激な形で長期金利が下落しマイナス化したことには、いくつかの大きな問題がある。

日銀トレードは国債市場にバブルを発生させる

ひとつは、国債市場のマイナス金利化がはらむ「政策的バブル」の要素である。欧州諸国の長期国債もマイナス金利になっており、通常、超低金利の長期化予想、安全資産への超過需要といった要因で説明されている。*56 しかし日本では、マイナス金利の導入と同時に、日銀の想定を大きく超えた長期金利低下が生じ、長期金利もマイナスになってしまった。この点について、岩田副総裁は2016年12月7日の記者会見で「マイナス金利というのは効果もあるし、海外の経験からしても効果があるとして、私も賛成しました。ところが、予想外に効きが非常に強かったということです。それは事前の予想を覆すくらい、特に中長期、あるいは長期から超長期まで非常に大きく下げてしまったということで、（イールドカーブの）フラット化が進み過ぎたということです」と述べている。

なぜ「効きすぎた」のか。その背景には、いわゆる「日銀トレード」の存在がある。

日銀トレードは公式用語ではないので、野村證券ホームページの証券用語解説集を参照すると「証券会社などが財務省から落札した新発国債を数日で日銀に売却して利ざやを稼ぐ取引。日銀が量的金融緩和策で国債を大量に買い入れるため、転売までに金利が急上昇（価格が急落）しなければ、証券会社は確実に利益を得ることができる」とされている。[*57]

日銀はマイナス金利導入にあたり、マイナス金利と量的緩和を並走させることはできる、とし、量的緩和継続のために、損を覚悟で断固、国債を大量に買い続ける姿勢を示した。2016年1月29日のマイナス金利つき量的・質的金融緩和導入当日に公表した「本日の決定のポイント」という資料のなかには、次のような一文が挿入されている。

Q2．長期国債の買入れが困難になることはないのか？

A．マイナス金利分だけ買入れ価格が上昇（金利が低下）することで釣り合うので、買入れは可能と考えられる。欧州中央銀行ではマイナス金利と長期国債の買入れを両立している。マイナス金利導入が国債市場に与える影響を注意深くみながら、長期国債買入れを推進していく。

これは、たとえば償還時点で100円にしかならない国債を金融機関が101円で買っても、日銀がそれを102円で買ってくれれば、銀行は利鞘を稼ぐことができる。だから、日銀は損失をため込む覚悟をすれば、国債の大量購入を続けることができる、ということだ。

この場合、国債価格の動向は、このゲームはいつまで続けられるのか、という点についての市場の読み、言い換えれば、「日銀がいつまで・どれだけの損失を覚悟して国債を買い続けるのか」という非常に不確実性の高い予想に左右されることを意味する。

このような国債市場の不安定性は、日銀トレードが、長期国債市場にバブルを作り出していることで生じている、ということができる。「値上がり期待だけで当該資産が本来持っている価値以上の値段がつく現象」というのがバブルの定義だからだ。

マイナス金利付き量的・質的金融緩和は、中央銀行が損を被る（マイナス金利だから償還までもっていれば確実に損をする）買い手になり、金融機関に中央銀行への転売益を見込ませることで償還価格以下の国債を買わせる、という、政策的に国債バブルを作るメカニズムをはらむ。一般にバブルが発生した市場で、その崩壊のタイミングを予想するのは大変に難しい。とりわけ国債市場のバブルは、日銀が今後、どの程度まで損失を覚悟して国債を高値で買うか、という市場にとって非常に困難で不安定な予想に基づいている。そのうえ、異次元緩和以降の日銀はとりわけサプライズを好んでいるから、政策変更予想に対して非常に脆弱な、きわめて不安定な構造を内包した。

もうひとつの重要な論点は、財政への影響である。日銀トレードに乗って国債を買った投資家は、損失覚悟で買っているわけではなく、日銀に転売する利鞘を見込んでいるにすぎない。損失を覚悟しているのは日銀で、それは日銀の国庫納付金を減らす。しかし、「危機的財政状況といわれていた日本政府は投資家の信頼により、国債発行で金利収入すら得られる」という錯覚が広がり、マイナス金利を利用した財政出動論も盛んになっている。こうした状況は、財政運営に大きな悪影響を与える。

バブルはなぜ厄介なのか

このように「マイナス金利付き量的・質的金融緩和」のもとでの国債市場のバブル性は、自明に思える。しかし、バブルをリアルタイムで「バブルである」と認識させることは、思いのほか難しい。

バブルとは個人的に長い付き合いがあり、その厄介さをさんざん思い知らされてきた。筆者の研究者としてのキャリアライフは「バブル」との出会いから始まったからだ。以下は多少、余談になるが、バブルがいかに厄介なものか、という話になる。

筆者の「バブル」との出会いは、1982年の夏にさかのぼる。日銀に在籍し、シカゴ大学に派遣留学中だった筆者は、ある論文にオマケのように書かれていた短い記述に引き込まれた。株や土地などの資産価格は、「自己実現的な期待」によりシャボン玉が大きく膨らんで破裂するような不思議な動きをすることがある。これをバブルと呼ぶ、という。そのころ、筆者も含め普通の日本人は経済学部出身者でさえ、「バブル」という言葉をまったく知らず、新鮮で印象的な響きがあった。博士号を取る、と日銀に申し出て留学延長を許可されたものの、その実、卒論のテーマに困っていた筆者はこれに魅了されて飛びついた。為替市場に関連づけて卒論をまとめ、日本に帰ったあと、続きの論文をいくつか書き、オランダのチューリップ投機や英国の南海泡沫事件、米国の大恐慌など歴史的に有名な事例の紹介等を加えて本にしたのが[*58]、1985年の夏である。

しかし、この年はドル高是正の国際合意（プラザ合意）があった年である。日本経済は円高不況で急速に冷え込み、熱気に満ちたバブルの対極にあった。書いた本は幸い賞をもらい、バブルという言葉は学界で少しずつ広がっていったが、学界、日銀内双方から異なった理由で異端視され、筆者はバブルの研究からは離れていった。

学界で異端とされた理由は、バブルは、発生メカニズムを経済理論で合理的に説明するのが難しいうえ、その存在を認めると経済の均衡点が無数に存在することになる、という理論家にとってきわめて不都合な存在であることによる。現在でも、たとえばノーベル賞を受賞し、効率的市場仮説の提唱者として名高いユージン・ファーマ（シカゴ大学）の２０１０年の『ニューヨーカー』電子版に掲載されたインタビュー[*59]を読むと、米国で住宅バブルがはじけ、サブプライム・ローン問題を契機に、リーマンショックにまで至ったにもかかわらず、バブルという言葉、概念への嫌悪感がきわめてあらわで興味深い。バブルは、合理性を重視する正統的な経済学の枠内にうまく収まらないのである。

多くのバブルは、発生メカニズムを説明できないだけではない。さらに悪いことに、バブルで資産価格を説明してしまうと、その時点で経済理論的な合理的なその他の説明の多くを排除する可能性が高い。バブルをもち出せば「ファンダメンタルズから乖離した値上がり期待」だけで資産価格の上昇を説明してしまうからだ。その意味でも、経済学者にとっては理論的な思考を停止させる不愉快な存在、ということになる。バブルを作り出す理由も、その影響も、明快に説明できる日銀トレードのバブルは、むしろ例外的現象だといえる。

バブルへの正しい対応策はわかっていない

むろん、現実には、資産価格がそうした投資家の期待でファンダメンタルズから大きく乖離することはありうる。しかし、１９８０年代半ばの時点では、心理学と経済学の境界領域にあたる行動経済学的アプローチへの認知度は低く[*60]、「合理的な経済主体の最適化行動」を信奉する正統的経済学者には現在以上に不愉快きわまりないものだった、といえるだろう。

他方、当時の日銀内でバブルの研究が異端視された理由は「政策を考えるうえで、まったく役立たない」というものである。いまでは、この批判はやや的外れに聞こえるかもしれないが、実はそうとも言い切れない。バブルが引き起こす問題の認知度は上がったが、バブルが発生したとして、それに金融政策でどう立ち向かえばよいのかは、依然としてよくわかっていないからである。

中央銀行の政策担当者は通常、金融政策がファンダメンタルズに与える影響を分析する。しかし、ファンダメンタルズからの乖離であるバブルに金融政策が与える影響はやってみないとよくわからない。グリーンスパンも、金融危機前、連邦準備制度理事会議長に在任していたときには「バブルにはさわらず、崩壊してから後始末すべきだ」とし、リアルタイムでは政策的に無視することを提唱していた。バブルが懸念されたとしても、無視して放置すべきなのか、収縮させるべく働きかけるべきなのか、どう対処するのが正解なのかは世界的に大きな金融危機を経た今日でも議論が分かれている。[*61]

筆者は本を書き上げ、バブルの研究から離れる。皮肉なことに、そのころから地価や株価は急速に上がり始めた。本は売れなかったが賞をいただいたこと以外に大きな慰めになったのは、後年、ひとりの不動産会社の社長さんに非常に感謝されたことである。この人は筆者の本を読み、財テクを清算し破産を免れた、という。

朝日新聞に掲載された「検証・昭和報道」の記事によると、そのころ『朝日新聞』の記者はたまたま筆者の本を読み「こういうのを『バブル』っていうらしいぜ」と同僚と話したという。87年2月21日、日銀が内需刺激のため金利を引き下げた際、その『朝日新聞』は「異常に膨らんだ〝アブク銭相場〟の上に成り立つ見せかけの活況は揺りもどしも大きい。目先の利益を追い続けることが、将来の危機を日々増殖させている、ともいえる」とバブルを懸念した論評を掲載する。しかし、この時点では、バブルはまだ専門用語だった。やむなく『朝日新聞』は一般読者に耳慣れない「バブル」を使うのは避け、「アブク銭」と言い直したという。やがて日本経済はバブルの壮絶な崩壊へと突入し、「バブル」は不幸にも日本人の誰もが知っている言葉として定着する。

振り返ってみて、当時バブルのリスクについて、歴史的経験などに照らしてもう少し辛抱強く語り続けるべきだったのだろう。あえて言い訳すれば、それでも世の中はまったく変わらなかったはずだ。当時のバブルは、人々の期待と熱気がどんどん詰め込まれ、膨張が加速する巨大な熱気球だった。この熱気球は、いったん膨張する方向に働くと、制御不能にさらに膨張を続ける強いモメンタムが働く。夢に酔っている人たちは、「バブルかもしれない」という暗い話にはまず耳を傾けない。

実際、バブルのさなかには、これに水を差す話をするとかならず激しい反発にぶつかった。人々が聞きたくない話に耳を傾けてもらうのは本当に難しい。東京が世界に冠たる国際金融センターになる、という1980年代後半の多くの人の思い込みが真実であれば、どんなによかっただろう。このストーリーにはバブルの話にはない、人を酔わせ、すがりつかせる希望がある。しかし、思い込みが誤りで陶酔が醒めた時点では、津波のような大きなしっぺ返しが来てしまう。このときの反省は、大きなリスクを感じたら、世の中の空気に流されず少しでも社会に情報発信する努力を続けるべきだ、という点にある。

「気合いの金融政策」とバブルの共通性

ちなみに、黒田総裁が講演で語った「飛べるかどうかを疑った瞬間に永遠に飛べなくなってしまう」というピーターパンの比喩をあえて肯定的に捉えようとすると、必要なのは「複数均衡」の世界観だろう。実際、中曽副総裁は2014年4月の講演で、日本経済に複数均衡が存在し、日本がデフレ均衡の下にある可能性に言及している。

この場合、ひとつの均衡はデフレ的経済、もうひとつの均衡はインフレ的な経済である。どちらの経済も実現可能だが、期待の影響がきわめて大きいとすれば、パラレルワールドを行き来するように、みんながインフレ的経済を信じることでインフレ的経済に一気にジャンプし、そのジャンプに失敗すれば、デフレ的経済に戻る、というイメージになる。先に紹介したブランシャールの解釈もこうした自己実現的な複数均衡を想定したものだった。これは、

図表6-6　クルーグマンが引き合いに出したワイリー・コヨーテ

サマーズによって否定された98年バージョンのクルーグマン提案につながる。(予言を信じたことにより予言が現実になるという)「自己実現的予言」に近い考え方だからである。

しかし、日銀は2016年9月の「総括的な検証」で、日本のインフレ期待は過去の実績に引きずられる、いわゆる「適合的な期待」の要素が強いことを強調した。日本はひとつの均衡から別の均衡にジャンプするのには向かない、過去を強く引きずる世界だからジャンプに失敗した、と主張したのである。

ところで、ピーターパンの比

喩は、典型的なバブルの崩壊局面の描写とも重なっている。かつてクルーグマンは、バブルが崩壊する瞬間を「ワイリー・コヨーテの瞬間」と呼んだ。このコヨーテは、ワーナー・ブラザースの人気漫画シリーズの主人公のひとりであり、漫画のなかでたびたび獲物の鳥（ロード・ランナー）を追って高い崖を飛び出し、そのまま空中を走り続ける。そして突然、足元を眺め（**図表6-6**）、地面がないことに気がついて墜落し、地面に激突する。

コヨーテが墜落する前に、足はとっくに地面を離れているが、コヨーテがそれに気がついていない間は墜落しない。黒田総裁のピーターパンの比喩は、前向きの確信をもって飛べる、と信じている間は飛び続けられるが、ファンダメンタルズを直視して、本来は飛べないのだ、と気が付いた途端に墜落してしまう、と読むときわめてバブル的な比喩にもみえる。

かつて中里透氏は、上川龍之進氏の著書[*62]の書評[*63]で「速水総裁は信念、福井総裁はアート、白川総裁はサイエンス、黒田総裁は気合い。新日銀法施行後に誕生した4人の総裁の特徴を一言で表すと、このような感じになるだろうか」と総括した。これが初出かどうかはわからない。しかし「気合いの金融政策」というキャッチフレーズは、しばしば使われるようになった。実際、ファンダメンタルズからみて飛べなくても、前向きの確信がある間は飛べる、という理解は「気合いの金融政策」のイメージともよく合致しているといえるだろう。

欧州銀より大きい邦銀のダメージ

しかし、急激に長期金利が下落しマイナス化したことに伴う大きな問題は、政策的バブルの醸成に伴う問題だけではない。

次に、マイナス金利による銀行収益の圧迫について考えてみる。

銀行券の生活への浸透度合いが大きい日本では、マイナス金利政策の導入直後に、銀行券を保管するための金庫が一部で飛ぶように売れている、という報道もみられるなど、当初から銀行券と預金の競合関係を強く意識させる展開になった。

こうした銀行券との強い競合状況がある限り、日本で預金金利をマイナスにするのはきわめて難しい。しかし、金融機関にとっては調達金利である預金金利がゼロ以下に低下しにくいなかで貸出金利や債券利回りなど運用利回りだけが低下すれば、銀行経営は困難になる。この連想は、マイナス金利政策発表当日の銀行株の大幅な下落に如実に表れた。

その後、2016年8月13日の日本経済新聞朝刊には、「マイナス金利で減益3000億円、日銀に懸念伝達、金融庁、3メガ銀調査」と収益悪化を計数化した具体的記事が掲載された。この記事は、金融庁がマイナス金利政策の影響について3メガ銀行グループへの聞き取り調査を行い、その結果として、日銀のマイナス金利政策が、2017年3月期決算で少なくとも3000億円程度の減益要因になるとの調査結果をまとめた、という報道であった。マイナス金利導入は、利鞘を縮小させることなどを通じ、三菱東京UFJでは1550億円、三井住友は750億〜760億円、みずほは610億円の減益要因、との回答を得、これまで金融界にマイナス金利政策への協力を求めていた金融庁は、副作用は予想以上に広がるとみて、政策の拡大(深掘り)への慎重姿勢に転じた、と報じている。

約1か月後の2016年9月15日に公表された、金融庁の「平成27事務年度金融レポート[*64]」には、むろん、こうした個別行に踏み込んだ生々しい記述はない。しかし、レポートは、まず貸出業務の収益性が低下していることをグラフで示し、「特に、我が国においては、人口減少・高齢化社会の下で期待成長率が低下するとともに、金利水準も趨勢的に低下している。こうしたなか、国内銀行の貸出は増加しているものの、貸出利鞘は縮小している」と指摘し、マイナス金利深掘りへの慎重姿勢をにじませた。

邦銀はマイナス金利のダメージを受けやすい

日銀も、マイナス金利を導入した後、副作用の大きさに気が付いたようにみえる。

前章でECBのクーレが、欧州諸国の銀行へのマイナス金利の影響は、各国の銀行の収益構造の違いによって異なる、と指摘したことを紹介した。そして収益構造を国際比較すると、欧州の金融機関に比べ日本の金融機関のほうが、マイナス金利のダメージは格段に大きくなりそうであることを、日銀も認識したようにみえるからである。

この点については、2016年10月に公表された日銀の「金融システムレポート」のなかの「マイナス金利政策実施国における銀行の収益構造」というコラム（BOX）が興味深い。このコラムは、マイナス金利政策を先行導入した欧州諸国（ユーロエリア、スイス、スウェーデン）の銀行[*65]と邦銀の収益構造を比較し、マイナス金利政策の影響を検討している。

まず、欧州系銀行の資金利鞘（「資産運用利回り－負債調達利回り」を使っている）をみると、マイナス金利政策の導入後に資産運用利回りは低下しているが、負債調達利回りも連動して低下し、資金利鞘は横ばい圏内の動きとなっている（図表6－7。日本の導入は2016年2月なので、図表6－7では利鞘への影響は顕現化していない）。

欧州系の銀行の利鞘が横ばいで推移した点について、「金融システムレポート」は、①マイナス金利導入時点における欧州諸国の預金金利水準が高く、預金金利に下げ余地があった、②欧州系銀行は、スイスを除き、ゼロ金利制約の少ない市場調達の割合が大きい（預金の負債に占める割合が小さい）、という点を指摘し（図表6－8）、最近では口座維持手数料等によって実質的に預金金利を引き下げる動きもみられる、としている。

これに対し日本は、これまでの低金利・ゼロ金利の継続期間が欧州に比べ長く、マイナス金利導入時点で銀行の預金金利はすでにきわめて低く（図表6－7）、銀行の預金調達比率も高い（図表6－8）。このため、マイナス金利が利鞘に及ぼす影響は、欧州系銀行よりも邦銀

図表6-7 マイナス金利導入国における銀行の資金利鞘

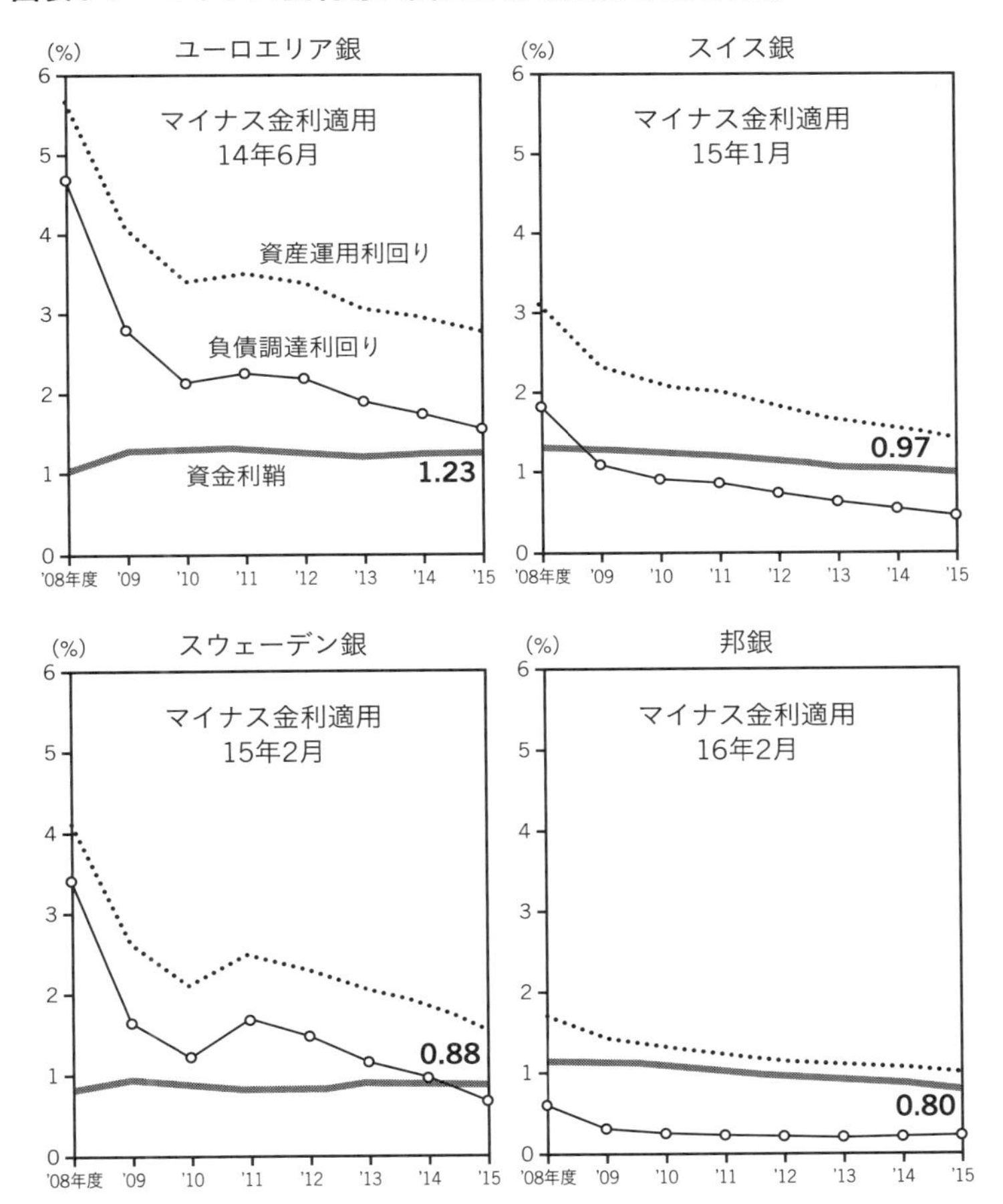

(注)1.ストック・ベース。資金利鞘は、資産運用利回りと負債調達利回りの差。
2.図中の数字は15年度時点の資金利鞘。

資料：S&P Global Market Intelligence
出典：日銀「金融システムレポート」

図表6-8　銀行の調達構造

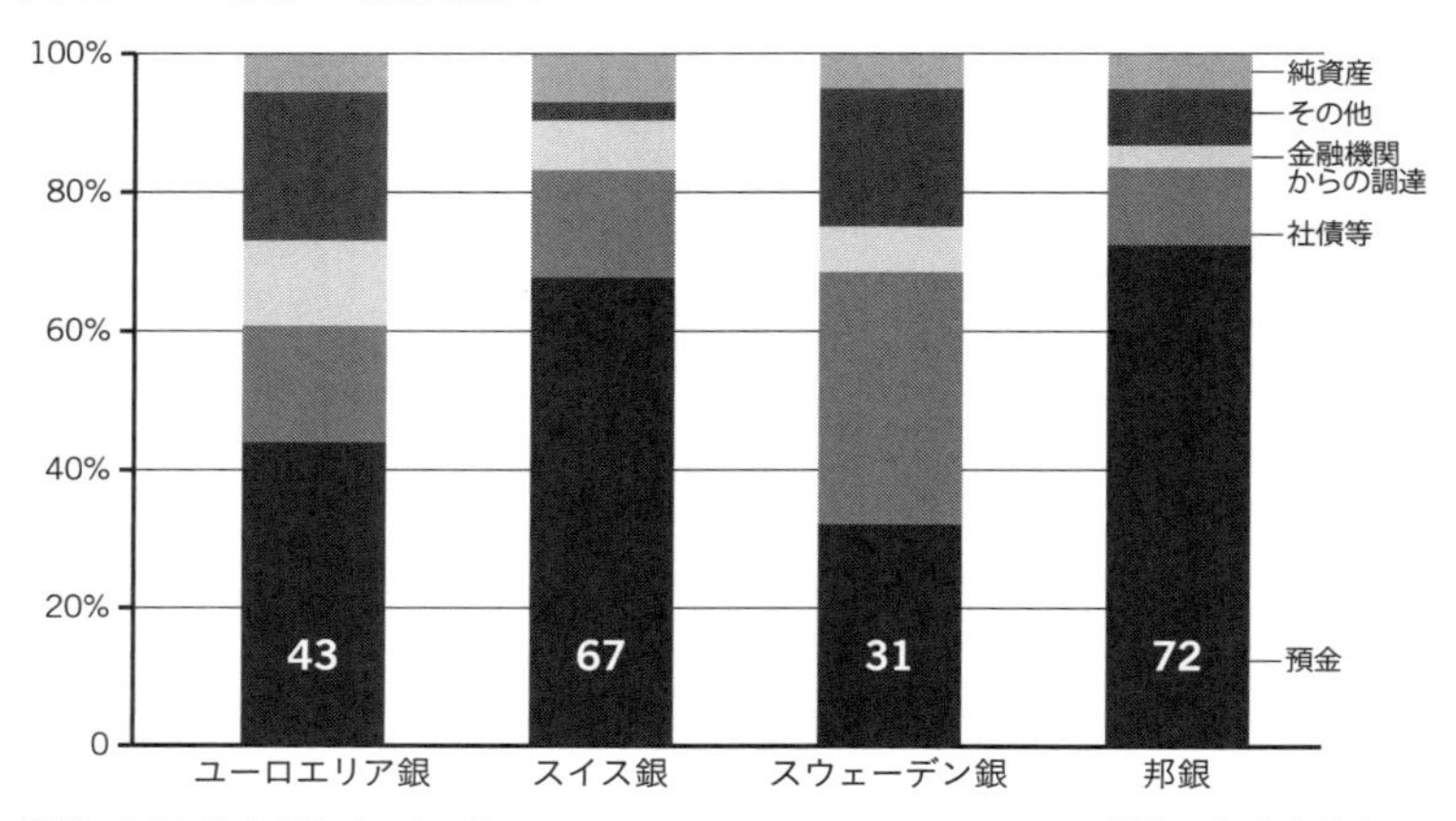

資料：S&P Global Market Intelligence　（注）15年度末時点。
出典：日銀「金融システムレポート」

において、相対的に大きく表れやすい、と指摘している。

したがって、マイナス金利の継続期間が長期化すれば利鞘の圧縮圧力が強まってい く、という前章でみた欧州の懸念は、日本では、欧州に比べごく短期間で顕現化してしまいそうだ、ということになる。

なお、「金融システムレポート」では、欧州の銀行と邦銀との相違点として、スイスやスウェーデンの銀行では、マイナス金利政策導入後に相対的に利回りの高い住宅ローンの貸出総額に占める割合が上昇し、利鞘低下の回避に寄与したが、邦銀は住宅ローンの金利優遇を拡大しており、信用コストを加味した住宅ローンの採算性は徐々に低下していること、金融機関の競争環境の違いも利鞘に大きな影響を与えている可能性があることを、指摘している。後者の点については、たとえば銀行部門の寡占度が高いスウェーデンでは、貸出金利の低下による利鞘の縮小は回避されているが、寡占度が相対的に低い日本では、金融機関間の競争を通じた貸出金利の低下が進みやすい、としている。これらの点は、いずれもマイナス金利が欧州系の銀行に比べ、より邦銀に不利に働く要素となっている。

こうして、マイナス金利政策とその深掘り予告をセットにした2016年1月の日銀の金融緩和レジームのモデルチェンジは、不評のなか短期間で幕を閉じることになった。

第7章
「イールドカーブ・コントロール」の行方

「長短金利操作付き量的・質的金融緩和」移行の背景

「マイナス金利付き量的・質的金融緩和」を導入からわずか8か月後の2016年9月21日、日銀は、この日の政策決定会合でそれまでの政策についての「総括的な検証」を公表し、これを踏まえ、あらたな金融政策の枠組み（「長短金利操作付き量的・質的金融緩和」。**図表7-1**）を導入することを決定した。

2016年1月に「マイナス金利付き量的・質的金融緩和」を導入した後、長期金利は想定以上に低下してしまったのに、肝心の為替レートや実体経済への影響は空振りに終わった。異次元緩和導入からほぼ3年半経過してもインフレ率はマイナスで、予想インフレ率とともに低下を続け、目標達成時期は見通せない。こうした状態が続くなか、同年7月末の金融政策決定会合後、日銀は次のように発表した。

「海外経済・国際金融市場を巡る不透明感などを背景に、物価見通しに関する不確実性が高まっていることを踏まえ、『物価安定の目標』をできるだけ早期に実現する観点から、次回の金融政策決定会合において、『量的・質的金融緩和』・『マイナス金利付き量的・質的金融緩和』のもとでの経済・物価動向や政策効果について総括的な検証を行うことととしました」

このため、日銀がどのような「総括的な検証」を行い、持久戦へ向けて態勢を立て直すのかは非常に大きな関心を集めた。

自然利子率の趨勢的低下を前提にした「総括的検証」

日銀は9月21日に公表された「総括的な検証」で、これまでの量的・質的金融緩和は実質金利を低下させてきたが、自然利子率は趨勢的に低下しているから、期待へより強く働きかけ、予想インフレ率を上げて実質金利をさらに下げることが必要、という主張を展開した。同時に、「イールドカーブの過度な低下、フラット化は、広い意味での金融機能の持続性に対する不安感をもたらし、マインド面などを通じて経済活動に悪影響を及ぼす可能性がある」として、イールドカーブのフラット化がもたらす悪影響にも言及した。

そして、「総括的な検証」を踏まえて決定された「長短金利操作付き量的・質的金融緩和」は消費者物価上昇率の実績値が安定的に2%の「物価安定の目標」を超えるまでマネタリーベースの拡大方針を継続する「オーバーシュート型コミットメント」のもとで、短期金利をマイナス0・1%、10年物長期金利を0%近辺に誘導する「イールドカーブ・コントロール」を行う、というものとなった。イールドカーブに若干の傾斜をもたせたことで金融機

図表7-1 「長短金利操作付き量的・質的金融緩和」の概要

(1) 長短金利操作（イールドカーブ・コントロール）

① 金融市場調節方針

短期金利：日本銀行当座預金のうち政策金利残高に▲0.1％のマイナス金利を適用する。

長期金利：10年物国債金利が概ね現状程度（ゼロ％程度）で推移するよう、長期国債の買入れを行う。買入れ額については、概ね現状程度の買入れペース（保有残高の増加額年間約80兆円）をめどとしつつ、金利操作方針を実現するよう運営する。買入対象については、引き続き幅広い銘柄とし、平均残存期間の定めは廃止する。

② 長短金利操作のための新型オペレーションの導入

長短金利操作を円滑に行うため、以下の新しいオペレーション手段を導入する。

i 日本銀行が指定する利回りによる国債買入れ（指値オペ）

ii 固定金利の資金供給オペレーションを行うことができる期間を従来の1年から10年に延長

(2) 資産買入れ方針

長期国債以外の資産の買入れについては、以下のとおりとする。

① ETFおよびJ-REITについて、保有残高が、それぞれ年間約6兆円、年間約900億円に相当するペースで増加するよう買入れを行う。

② CP等、社債等について、それぞれ約2.2兆円、約3.2兆円の残高を維持する。

(3) オーバーシュート型コミットメント

日本銀行は、2％の「物価安定の目標」の実現を目指し、これを安定的に持続するために必要な時点まで、「長短金利操作付き量的・質的金融緩和」を継続する。マネタリーベースの残高は、上記イールドカーブ・コントロールのもとで短期的には変動しうるが、消費者物価指数（除く生鮮食品）の前年比上昇率の実績値が安定的に2％を超えるまで、拡大方針を継続する。この方針により、あと1年強で、マネタリーベースの対名目GDP比率は100％（約500兆円）を超える見込みである（現在、日本は約80％、米国・ユーロエリアは約20％）。今後とも、経済・物価・金融情勢を踏まえ、2％の「物価安定の目標」に向けたモメンタムを維持するため、必要な政策の調整を行う。

関経営にも配慮していることを示そうとした、といえる。

わずか8か月での金融政策の枠組み変更には、ちょうどマイクロソフトが期待して投入したWindows 8のエンドユーザーの評判があまりに悪いので、急いでWindows 8.1を投入したのと類似の印象がある。日銀はあまりに評判の悪い「マイナス金利付き量的・質的金融緩和」の改修版として「長短金利操作付き量的・質的金融緩和」を急いで投入したようにみえる（「総括的な検証」のより詳しい内容については章末参照）。

矛盾をはらむ枠組み

ただし、この枠組みは全体としてみると、必ずしも整合的ではない。その理由は、金利と量の両方に同時にコミットしたことによる。

イールドカーブ・コントロールのため、長期金利を0%に誘導しようとすれば、長期国債の購入量は金利誘導に必要な水準に内生的に決まってしまう。たとえば、市場が「0%が自然な金利水準」と考えれば、日銀がオペで金利を誘導する必要はなく、無理に売りオペをしようとすれば金利が下がってしまうので大量の買いオペは困難になる。他方、市場が0%ではいくらなんでも低すぎる、と強く考える局面になれば、無制限に国債市場に介入して国債の売りをすべて買い取る必要がある。オペの量がどうなるかは、その時々の市場参加者から

図表7-2　マネタリーベース対名目GDP比

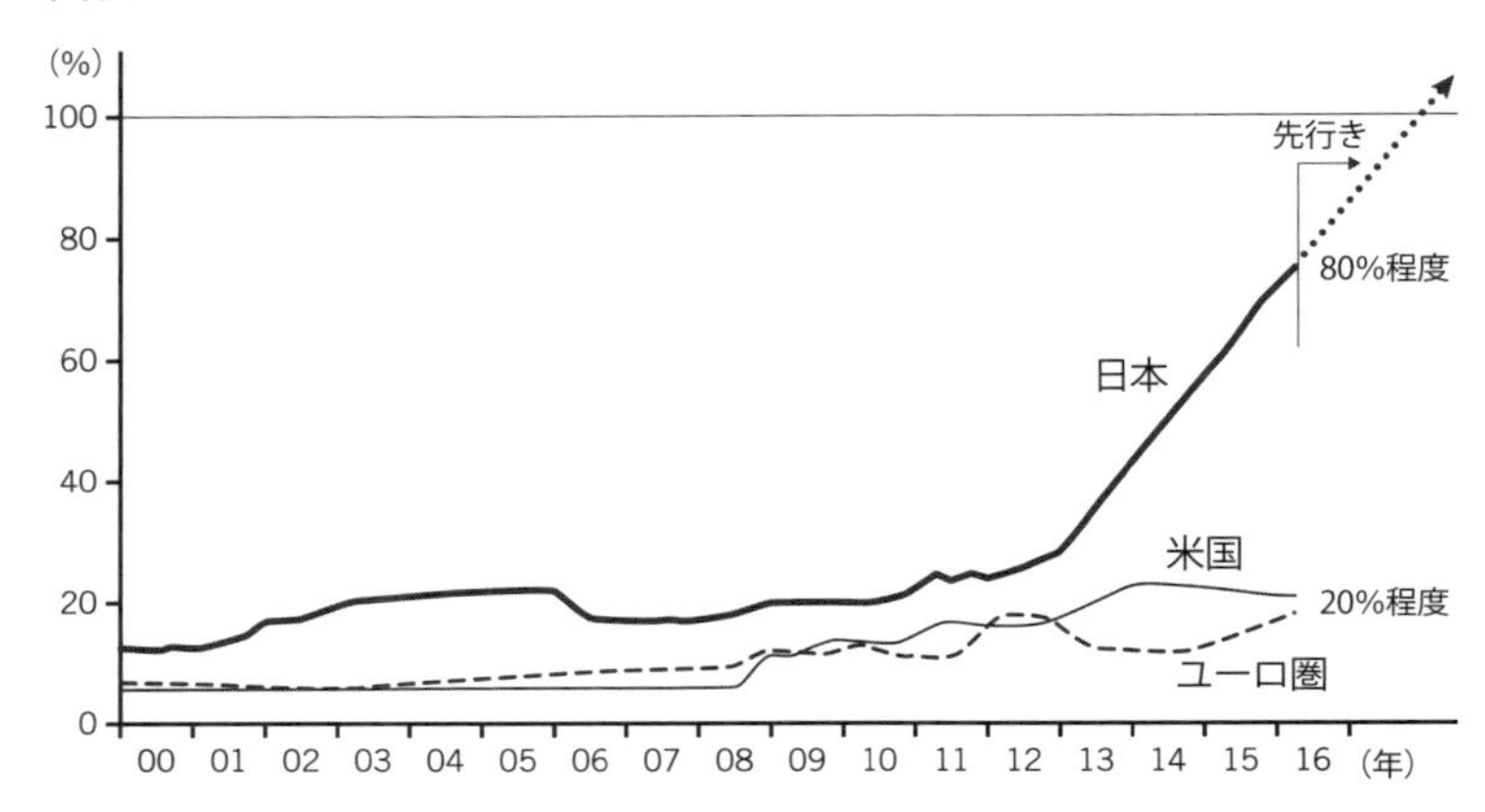

出典：日銀ホームページ「目で見る 金融緩和の『総括的な検証』と『長短金利操作付き量的・質的金融緩和』」

みた0%という長期金利水準の妥当性による。

　しかし、日銀は、80兆円という巨額の国債買入れ額のメドを維持した。その理由について、日銀は「2%の物価安定の実現のためには、弱含んでしまった『予想物価上昇率』を引き上げなければなりません。（…中略…）そこで①（2%の目標に向かう『フォワードルッキングな期待形成』）の要素を強める方策を採ります。具体的には、物価上昇率の実績値が安定的に2%を超えるまで、通貨供給量（マネタリーベース）を増やし続けると約束することにしました。これによって、『2%が実現する』ということに対する人々の信認を強めることを狙っています。日本の通貨供給量は、経済規模対比で80%と欧米の4倍です。これがあと1年少し経つと100%を超えていきます。その位大規模な金融緩和を、実際に『2%超』の物価上昇を目にするまで続けるということです」と図表（**図表7－2**）付きの説明を付け加えた。*66

こうしたマネタリーベースの外生的な拡大方針へのコミットメントと、長期金利コントロールは原理的に両立しない。第6章で触れたように、日銀自身、外生的にマネタリーベースを増やそうとすると、長期国債の買い入れが困難になることを認め、「マイナス金利分だけ買入れ価格が上昇（金利が低下）することで釣り合うので、買入れは可能と考えられる」と立論していたことを思い出すと、図表7－2のように量を増やし続けようとすれば、日銀トレードのもとでの金利低下を容認せざるをえなくなり、0%程度という長期金利の目標水準比の下振れが避けられなくなる。

この基本的な矛盾に対し、報道の多くはマネタリーベース拡大継続を「これまでの方針に義理立てした建前」と割り切って受け止め、本音としては限界が迫る量的拡大から持久戦可能な金利政策へ座標軸を転換した、と解釈した。

量的緩和の限界に照らすと、この解釈は自然である。ところが、2016年12月7日の講演のなかで、岩田副総裁は、「新たな政策の枠組みについて政策の軸足を『量』から『金利』にシフトするものである、との理解は適切ではない」と述べ、引き続き量を重視している姿勢を強調した。これに対し、同日の記者会見で記者側は、われわれは日銀の複数の幹部から、今回の新たな政策の枠組みで金利にシフトしたという話を受けて報じてきている部分もある、とコメントしており、この枠組みについての日銀執行部の対外説明も統一されてはいない。

この間、長期金利は「長短金利操作付き量的・質的金融緩和」導入後も、11月初旬までは日銀の誘導目標である0％をかなり下回り続けた。このことは、マネタリーベース拡大が当面は続くのではないか、との債券市場の予想を反映していたようにみえる。

ところが、米国の大統領選挙でトランプが予想外の勝利をおさめ、米国の長期金利が急上昇すると、今度は国内長期金利にも上昇圧力がかかり、0％を上回る水準で上昇を続けた。このため、日銀は11月17日に固定利回りで国債を無制限に買い入れる「指し値」オペの実施を通知した。量の内生化への動きは、予想外のきっかけで日銀の想定よりも早く顕現化する可能性が出てきたことになる。

この間、内外金利差で急激な円安・ドル高も進んだ。今後、たとえば国内のインフレ率が低迷を続ける一方、米国金利がさらに上昇し、円安・ドル高による家計の強い痛みが産業界の安堵を上回る局面が到来すれば、イールドカーブ・コントロールは大きな試練に直面することになる。

0%程度の長期金利にコミットするメリット

それでも、0%程度の長期金利にコミットした「長短金利操作付き量的・質的金融緩和」には、期待される大きなメリットがとりあえずひとつある。金利に軸足を移したことで、「マイナス金利付き量的・質的金融緩和」で懸念された国債バブルの膨張と破裂というリスクを小さくできる可能性がある、ということである。

ただ主要中央銀行は、長期金利をコントロールできない、という建前を採ってきた。日銀も、例外ではない。リーマンショックの5年後に当たる2013年8月、消費増税の集中点検会合で黒田総裁は、増税先送りで金利が急騰するリスクを強調し、「万が一そういうことが起こった場合の対応は限られる」と日銀の長期金利コントロール力を否定し、「どえらいリスク発言」として大きく報道されたからである。

しかし、黒田総裁は2016年9月の記者会見では、「リーマンショックの経験に照らして、イールドカーブ・コントロールは十分にできる」と宗旨替えして、長期金利の誘導に強い自信を示した。この発言の変化に合わせて、それまで長期金利のコントロール可能性に否定的な記述だった日銀ホームページが、急遽書き換えられたのは11月に入ってからである。

長期金利に対する日銀のコミットメントの背後には、リーマンショックの経験以外に黒田総裁の判断を大きく変化させた理由があったはずだが、それは明らかにされていない。

予想インフレ率形成に偏った「総括的な検証」

「総括的な検証」は、予想インフレ率の形成を中心に、新しい枠組みの正当化に向けて限定的な検証範囲を掘り下げた内容となっている。具体的には、まず日本では物価上昇率の形成が過去の実績に引きずられる「適合的な期待形成」の要素が強いため、日銀の期待への働きかけが十分に機能しなかったのだ、とする。だから、フォワードルッキングな期待形成への働きかけを強化する必要がある、という。この方向感は98年のクルーグマン論文の「期待への働きかけ」と親和性が高い(「総括的な検証」のエグゼクティブ・サマリーにあたる日銀の「基本的見解」は章末参照)。

しかし、それだけに、仮に長期停滞仮説が日本に当てはまってしまえば、先行きはかなり苦しくなる。特にマネタリーベースの「見せ金」効果がすでに剥落してしまった以上、金融政策による期待への働きかけ強化の部分にはあまり期待できそうにないからである。この間、日銀の掛け声にもかかわらず消費などが停滞し、予想物価上昇率が上がらないのは、日本経済への将来不安が強いからではないか、という疑問も改めて提起されている。

たとえば、小林慶一郎氏は、2016年10月17日付『日本経済新聞』「経済教室」で「増税、歳出カット、高インフレ、のいずれかは避けられないのだが、どれがいつどのような形でやってくるかわからない。しかも、債務が年々増えているので、それらが実現したときに予想される生活の『痛み』は年々大きくなる。これでは、いくら日銀が旗を振って『さあいま消費を増やせ』と言っても、国民はこわくて消費できない」などと指摘している。これは、サマーズによる「クルーグマンの98年提案批判」とも整合性をもっている。

「総括的な検証」で、日銀は自然利子率の趨勢的低下を認めている。日銀法は「物価の安定を図ることを通じて国民経済の健全な発展に資すること」を理念としている。この理念に照らせば、より大きな社会・経済の将来展望を踏まえ、金融政策と自然利子率の関係、それを踏まえた金融政策による期待への働きかけのあり方、財政との関係、出口等について検証し、国民経済の健全な発展に資する物価安定の追求の仕方を検証する必要があっただろう。以下では、「総括的な検証」で取り上げられなかった、いくつかの基本的な問題を追加的に挙げておきたい。

長期停滞下で需要を前倒しすると、将来の需要は減る

上述の「総括的な検証」では、自然利子率は趨勢的に低下していることを認め、予想インフレ率の押し上げにより、実質金利を一層低下させることが必要という立場に立っている。たしかに、金利低下には現在の需要を刺激する需要前倒し効果が存在する。そして第4章

で述べたように、自然利子率の低下に対し実質金利を低下させて誘導しようとすることは、需要を前倒ししたり、先送りしたりすることで景気変動の振幅を小さくし安定化させる、という観点からは正当化できる。

しかし、この方針は、長期停滞のように自然利子率が傾向的に低下する局面では、大きな問題をはらむ。金融政策効果の基本は需要の「底上げ」ではなく、「前倒し」にあるからである（これ以外の有力なルートとして為替レートの自国通貨安誘導によって他国の需要を自国にシフトさせる——外国から需要を借りる——というルートも重要である。ただし、これは、グローバルにみれば、ゼロサム・ゲームであり、海外から近隣窮乏化政策と指弾されかねない。このため、これで恒常的に需要を高める、ということを想定するのは困難である）。

金融緩和による成長率底上げ論が、ないわけではない。量的・質的金融緩和を始動したころには、ヨシュア・ハウスマンとヨハネス・ウィーランドが、2014年に発表した論文[*67]で、総需要拡大が成長率を高める可能性を指摘していた例等がある。クルーグマンが「日本再考」で指摘したように、日本のGDPギャップの推計値をみると当時から生産余力はきわめて小さかったが、彼らは、現実の生産能力と需要を対比するのでなく、実現可能な生産力と需要を対比すればGDPギャップはきわめて大きいはずだ、と主張した。つまり、もし需要が伸びていれば生産能力も高かったはずであり、だから需要を伸ばせば生産能力も伸びるはずだ、と想定し、それが、彼らがアベノミクスのファースト・ステージにおける需要刺激を

図表7-3　マイナス金利政策による自然利子率低下効果

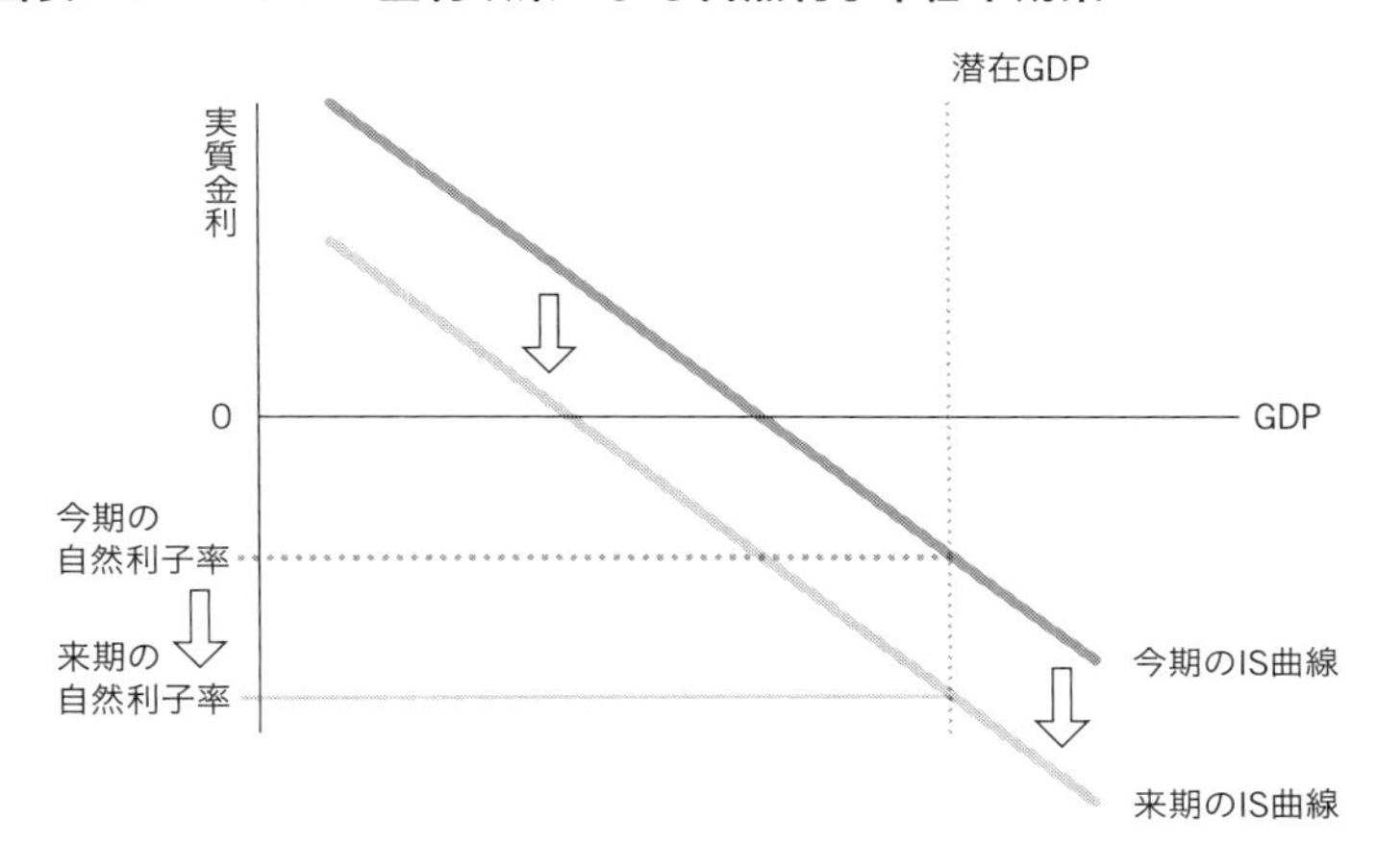

支持する理由につながっていた。アベノミクス初期の円安局面で、一部で期待されていた輸出産業が能力増強投資に踏み切り、それが好循環を呼ぶ、というシナリオはこれに近い。しかし、こうした好循環、ないしハウスマンとウィーランドが期待した底上げは金融政策では起きなかった。

実際、金融政策効果の基本は需要の「底上げ」ではなく、「前倒し」にある、という点は、中央銀行関係者には幅広く認識されている。たとえば、長年にわたり米国におけるマネタリストの牙城として知られてきたセントルイス連銀のブラード総裁は、2016年10月に刊行された同行の機関誌への寄稿で、「金融政策をトレンド成長率の引き上げ手段にしたい、と思う人がいるかもしれないが、金融政策で長期的な成長率を上げることはできない。金融政策は経済成長に一時的な効果しかなく、中長期的な効果は中立的だからだ。金融政策は、将来の成長を犠牲にして幾分の成長を前倒しできるにすぎない。この政策は、成長率を均す——いわゆる安定化政策——を可能にするが、追加的な成長が得られるわけではない」[*68]、と述べている。

第2章の概念図に即して考えると、金融政策で来期の需要を今期に前倒しし、成長率を高めることに成功すれば、前倒しした分の需要が来年以降は剥落してしまうため、来年のIS曲線は下方にシフトする。結果として、来年の自然利子率は低下するはずである（**図表7-3**）。

つまり、金融政策によって自然利子率を追いかけていくことの問題点は、この政策によって需要を前倒しする結果、将来の自然利子率をむしろ下げてしまう、という「不都合な真実」にある。

「前倒し」と「底上げ」の違い

「前倒し効果」と「底上げ効果」との違いは、需要を前倒しすれば反動があることである。典型的な前倒し効果の例として家電エコポイントの導入の経験をみてみよう。

家電エコポイント制度は、地球温暖化対策、経済の活性化および地上デジタル対応テレビの普及を図るため、「グリーン家電」[*69]の購入によりさまざまな商品・サービスと交換可能な家電エコポイントが取得できる、という制度である。

当初は2010年中に終わる予定だったが、最終的には2011年3月まで延長されることになり、2010年12月からは、制度終了に向けたソフトランディング（徐々に終わらせること）のため、ポイント付与額が半減された。

2010年12月からの家電エコポイントの付与額が減るのを目前に控えた時期の、家電量販店の賑わいはいかばかりだったか。同年11月26日付の『日本経済新聞』は「全国の家電量販店の販売動向を調べているBCN（東京・千代田）によると、10月の販売台数は前年同月の3・2倍。11月はさらに4・6倍になると予測している。伸び率、台数とも2004年10月の調査開始以来で最高という。量販店の店頭は大混雑が続いている。ビックカメラ有楽町店（東京・千代田）では『すでに年末のボーナス商戦を上回る人出』で、てんやわんやだ。販売員を増やしたほか、整理券の配布や、案内カウンターの設置などで対応している」などとその熱気を紹介している。

これに対し、エコポイントが打ち切られたあとはどうだったか。2012年12月29日付の同じ日本経済新聞のコラムでは、「国内のテレビ販売は年末商戦も決め手を欠き、2012年の出荷台数は前年比7割減の600万台強になりそうだ。主因は家電エコポイント制度の終了による反動減。電機大手や家電量販店からは『需要の先食いを誘発しただけで、制度そのものが失敗』という恨み節が聞こえてくる。……11年は21％減の1982万台、12年は600万台強と10年の4分の1以下に落ち込む見通しだ。メーカーの倉庫には在庫が山積みされ、大赤字の原因になった。8月下旬、2000人の希望退職を募ることを決めたシャープの奥田隆司社長は労働組合に『エコポイントなどでテレビが売れたため、市場が回復したと判断を誤った』と釈明した」と紹介されている。

底上げと先食いの違いを示すもうひとつの例として、水産資源を挙げておこう。[*70] 資源量への影響を考慮せずに、漁獲量を増加させれば資源は枯渇する。70年代まで、太平洋の「マサバ」の資源量は推計で300万〜500万トンに上ったが、日本の漁業者が取りすぎたことから、2001年には一時、15万トンまで落ち込み絶滅が危惧された。こうしたときに網の目を一層細かくして、とりあえずの漁獲量を維持し、漁民の生活を維持しようとすれば、資源量はさらに先細るだろう。

日本ではその後、資源保護に取り組み、2014年に資源量は150万トン程度まで回復したとみられている。しかし、海外漁船の活動が近年活発化していることから、水産庁はかつての苦い経験を踏まえ、2016年8月24日から「北太平洋漁業委員会」という国際会議で、サバの漁獲に規制を導入するよう関係国に呼びかけている。

金融政策による需要前倒しは自然利子率を低下させる

以上のような前倒し効果の帰結を念頭において、住宅投資を例に、金融政策の需要前倒し効果の長期的な意味について考えてみよう。それは黒田総裁が、たとえば2016年6月16日の会見で、「住宅投資がかなり明確に伸びてきており、再び持ち直しています」と指摘し、そのうえで、「マイナス金利政策の効果は、実体経済面にも徐々に波及してきており、今後、より明確になっていくのではないかと思っています」と述べているように、日銀が金融緩和の効果として最も期待していることのひとつが、住宅投資の回復だからである。

いま、実質金利の低下に日銀の期待通り住宅投資を増やす強力な効果がある、としよう。問題は、住宅投資を増やす効果は、需要を底上げする効果ではなく、需要を前倒しさせる効果だ、という点にある。この点に着目すると、長期停滞下では、長期的に自然利子率をむしろどんどん低下させる政策になることがわかる。

金利政策で住宅投資が増えるのは、金利低下がエコポイントのように需要を前倒しさせる効果がある場合だ。しかし、金利低下が、需要前倒しに有効だったとしても、それは、後年の需要を減らす効果をもつ。

金融政策では、住宅需要を前倒しすることはできても、底上げすることはできない。長期的に建てられるべき家の総数は人口動態や家族形態、家屋の耐久性などに規定され基本的には金利では増やせない。他方、日本では近年、空家率の上昇に関心が集まっている。その長期予測はいくつかあるが、いずれをみてもかなりのテンポでの上昇が避けられない。ここでは、一例として野村総合研究所の推計[*71]を上げておく（**図表7-4**）。この推計では、2030年の新設住宅着工戸数は、人口・世帯数減と住宅の長命化の影響により、54万戸と2015年より4割以上の減少を見込んでいるが、それでも2033年の空家率は30%を超えている。

図表7-4　空家率の長期予測例

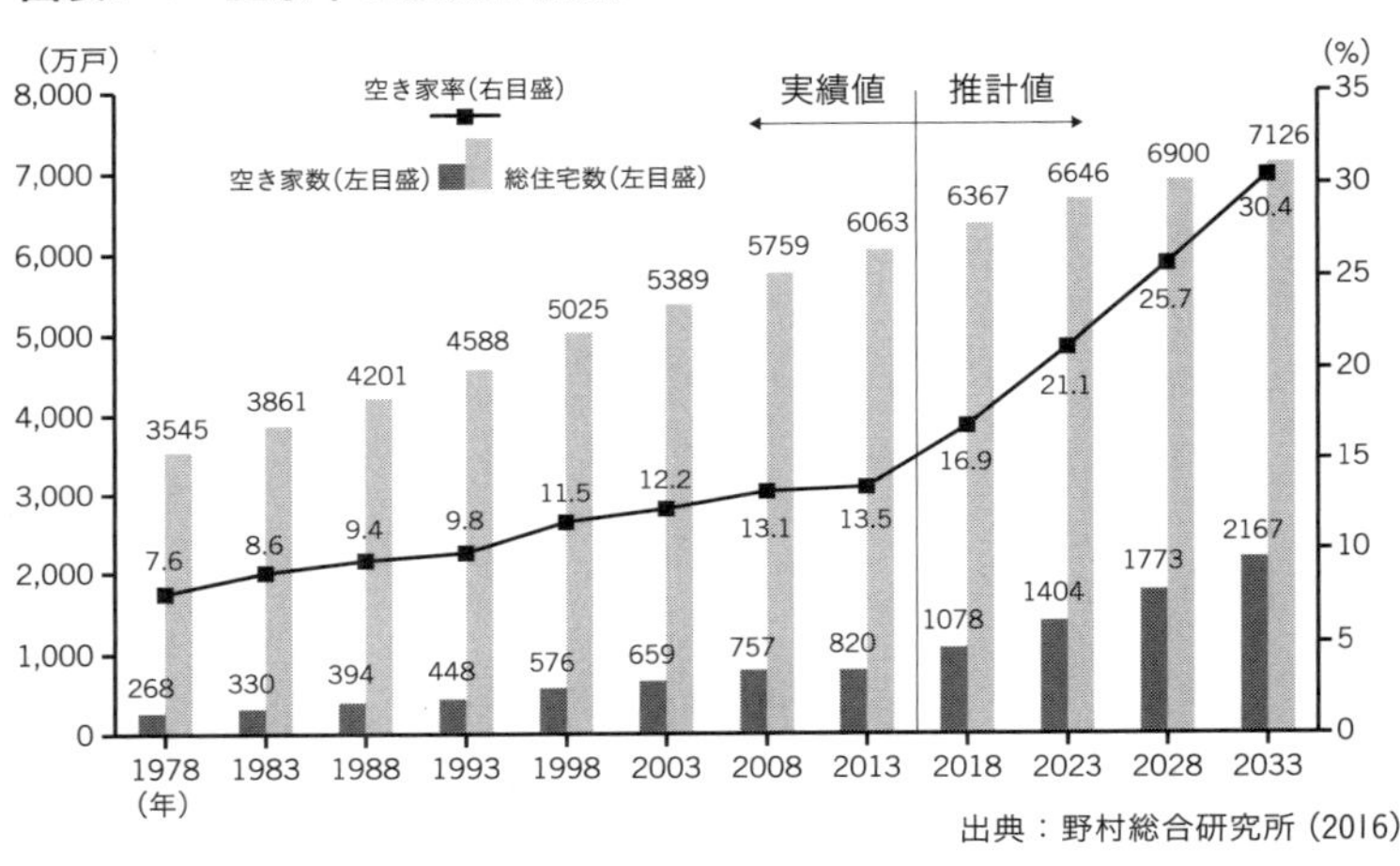

出典：野村総合研究所（2016）

人口減少のなか空家率が上昇している日本において、金融政策でどんどん需要を前倒しして現在の需要不足を埋めていこうとすれば、網の目を細かくして幼魚、稚魚まで取りつくす漁法の改善が水産資源を先細りさせるように、将来の住宅需要を減らし、自然利子率を下げていくだろう。

金融政策手法を改善し、実質金利を低下させることで需要を前倒しできるとしても、その効果が発揮されれば発揮されるほど、自然利子率が低下するという悪循環により、インフレの加速が必要になる。日銀のように予想インフレ率を上げて実質金利を下げようとすれば、結果として2％のインフレ目標はどこかで破綻する。

これに対し、自然利子率を上げる政策とい

うのは、「サバの資源量」を回復させるような底上げ型政策である。自然利子率が傾向的に低下したりマイナスにとどまる場合に重要なのは、自然利子率の低下をどうすれば食い止められるかであって、その主役は金融政策ではありえない。

サプライズ頼みの金融政策がはらむ3つの弊害

「総括的な検証」は、予想インフレ率の引き上げに向けてフォワードルッキングな期待形成を強める、という方向感を示している。上記のように、金融政策で実質金利を下げて需要を前倒しさせる、という戦略の妥当性には根本的な疑問がある。しかし、それでもインフレ率を上げ、インフレ目標を達成するために予想インフレ率を引き上げることには意味がある、という立場はありうる。そのために期待への働きかけを重視するならば、異次元緩和導入以降のコミュニケーションのあり方は、重点的に検証されるべきだった。

まず、量的・質的金融緩和導入後の日銀は、期待への働きかけを意識したためか、展望レポートでは、非現実的なインフレ率の上昇予想経路を出し続け、「願望レポート」と揶揄されてきた。中央銀行が「予想」という名目で願望を語ることでそれが自己実現すれば、有効性がある。しかし、自己実現が成功しなかったあと客観的な裏付けをもたず、現実と乖離したまま、予想として願望を語り続けることは、信頼の低下につながるだろう。

また、黒田総裁の金融政策運営の顕著な特徴は、サプライズを好む点にある。14年10月の追加緩和の際にも、直前まで「物価は日銀の想定通り順調に上昇している」と強調し続けた。16年1月のマイナス金利政策の導入でも、直前まで国会などで「(マイナス金利政策を)検討してもいないし、考えが変わることもない」と明確に否定していながら、直後にマイナス金利政策を導入し、「これまでの中央銀行の歴史のなかで、おそらく最も強力な枠組み」と自画自賛した。ただ、14年10月の追加緩和の際には、サプライズによる演出効果が比較的長くみられたが、マイナス金利政策の導入では演出の効果は小さく、しかも、ごく一時的だったのに対し、多くの副作用が顕現化した。

説明責任を果たさないという問題

そもそもサプライズには、3つの問題がある。

第1は、中央銀行としての説明責任を果たしていない点である。一昔前——たとえば、元号が昭和であったころには——たしかに「公定歩合操作については嘘をついてもよい」とされていた。しかし、いまは独立性の高い中央銀行は、国民や市場に説明を尽くし、金融政策の予見可能性を高めることが大切である、というのが主要中央銀行や学者の間では主流の考え方である。第2章でも触れたように、米国議会では連邦準備制度に対して金融政策運営ルールの公表を義務づけさせ、予見可能性を高めようという動きすらある。[*72] その背景には、連邦準備制度の金融政策は裁量的すぎ予見可能性が低いことで経済が不安定化している、というジョン・テイラー（スタンフォード大学）など一部有力学者の根強い連邦準備制度批判がある。他方、欧州中央銀行はマイナス金利導入4か月前のロイターのユーロ圏サミットで、「欧州中央銀行内でこの政策を非常に真剣に検討している」とクーレから説明させるなど、導入がサプライズにならないよう周到に配慮していた。

金融政策の予見性を極力高めようという世界的な流れや主要中央銀行の努力に照らすと、日銀の政策運営スタイルはきわめて異質にみえる。もともと黒田総裁の発言は期待への働きかけのために、強い自信を誇示する特色があった。その自信のあらわれとして、「すべて想定どおりに展開している」「金融政策は所期の効果を発揮している」「2％の目標達成に必要であれば躊躇なく政策を調整する」という決まり文句が繰り返し使われてきた。

しかし、実際にはインフレ目標達成時期の見通しは総裁就任当時の「2年程度」からどんどん後ずれし、ほぼ3年半が経過した時点でも物価上昇率はマイナスである。結果として黒田総裁の講演や記者会見での発言は説明責任を果たすためではなく、市場心理を操作するためのものという認識が、市場に刷り込まれてしまった。

サプライズが引き起こす想定外の事態

2つ目の問題は、サプライズには想定外の反応がありうる、という点を無視したことである。日銀によるマイナス金利政策は、上記のように政策の整合性にあえて目をつぶって銀行経営にそれなりに配慮をしたものだったと考えられるが、銀行収益への懸念から銀行株が急落した。その後、ただちにメガバンクがベア凍結を発表するなど、インフレ率を高めるうえで政府・日銀が大きな期待をかけていた賃上げ全般にとっても、大きなマイナスとして作用した。

さらに、金庫が急に売れ始めていると報道されるなど、日銀の想定外とみられる反応が続いた。「マイナス金利」は事後的にみれば、いかにもデフレ的な語感をもつキーワードであり、その唐突な導入が、人々や市場のデフレ心理を強める方向に作用してしまった可能性が高い。2016年9月21日の「総括的な検証」ではこの点に触れていないが、「マイナス金利付き質的・量的金融緩和」から「長短金利操作付き量的・質的金融緩和」に名称を変更したのは、この点についての反省を反映しているとみられる。というのは、日銀の反省は「マイナス金利付き量的・質的金融緩和」導入後、ほどなく掲載された日銀ホームページの「5分で読めるマイナス金利」という広報コラム（2016年3月25日作成）における次の部分からもみてとれるからである。

・話を聞くとわかったような気もするけれど、『マイナス金利』と聞いて不安になってしまったんだよね。

・『マイナス』という言葉の響きも悪かったかもしれません。……

市場は新たなサプライズを催促する

3つめの問題は、サプライズは、次のサプライズへの期待を呼び、期待がエスカレートする点にある。マイナス金利の導入は、本来は追加緩和の余地を作り出すメリットがあるものの、今回の導入では期待されたような効果がみられず反発も大きかったため、日銀の予告した第2弾、第3弾のマイナス金利の深化を市場が待望しているとは、とうてい思われない展開になった。黒田総裁が、「緩和手段には限りがない」とつねに強調してきたことと相まって、市場はマイナス金利の深掘りとは異なる「次のサプライズ」を求め、期待値を上げて新たな緩和を催促し続けることになった。追加緩和が見送られた2016年4月会合、ETF買い入れペースを年間約6兆円と倍増させる思い切った決定をしたにもかかわらず追加緩和が期待外れとされた7月会合では、失望を反映したネガティブな反応が市場に生じた。

2016年9月の「長短金利操作付き量的・質的金融緩和」導入以降、追加緩和期待を断ち切るため、追加緩和がないことを国会などで事前に示唆するケースが増えてきているのは、こうした悪循環を引き起こしたことへの反省を反映していると思われる。

システムへの影響とシナリオへのリーク

なお、2016年1月のマイナス金利導入時のサプライズに固有の問題として、マイナス金利導入はシステム対応を必要とする性格のものであることが無視されてサプライズが強行されたこと、決定会合終了前に「マイナス金利が提案され、反対票は出るが、執行部提案が多数を占め、採用される予定である」ことがリークしてしまったこと、の2点が挙げられる。これらは、いずれも無視できない問題であり、大きな禍根を残した、といえる。

前者については、必ず来るとわかっていた西暦2000年の到来に伴ういわゆる2000年問題の際も、システム対応が間に合わないのではないか、と大騒ぎになったこと、金融関連のシステムを構築するとき、マイナス金利の導入はまったく予想されていなかったはずであったこと、に照らすと、マイナス金利の導入により、当然にいろいろなところでシステム対応が必要な問題が生じることはほぼ自明であった。

金融取引全般において金利がマイナスになることはまったく想定されていなかった、という点については、2016年の2月19日に金融実務の専門家である弁護士や学者で作る金融法委員会が、マイナス金利と預金・貸出金利との関係を法的にどう解釈するかの見解を急遽まとめたことにも表れている。[*73] 金利がマイナスになることを想定せずにいろいろなシステムが作られている以上、マイナス金利政策の導入に関してはあらかじめ金融機関にその場合の対応を準備する時間を提供することが必要だった。その観点からみて、日銀もECBと同様に、事前にマイナス金利導入の可能性を伝えておく必要があったのである。

第2の問題も、別の意味で深刻である。2016年1月29日の会合当日、会合終了前の時間帯に、まず「日銀　マイナス金利導入を検討」という趣旨のテロップが日本経済新聞の電子版で流れ、次いで「マイナス金利が提案され、反対票は出るが、執行部提案が多数を占め、採用される予定である」との決定にいたるシナリオまで漏れた。

金融政策決定会合の決定内容が、事前に特定の外部者に漏れることを厳重に禁止しているのは、その情報を利用すれば、誰かが大儲けをすることができる可能性があり、市場の公正性を大きく損なうからである。報道機関である日本経済新聞社へのリークであればよい、ということにはならない。以前にも何回か同様の問題は起きていたが、いずれも日銀内部からのリークではなかった可能性が高い。しかし、日銀内部からのリークでないとしても、それが、結局うやむやになったことは、非常に大きな問題をはらんでいる。なぜ、どういう形で、外部に漏れたのかがわからなければ、再発防止はできない。また、サプライズ型の政策運営ほど、リークした情報は大きな利益機会につながるだろう。

「衝撃と畏怖」を目指すのはなぜか

そもそもサプライズ型の金融政策は、経済を不安定化させる恐れが高い。マネタリズムの総帥として名高い経済学者のミルトン・フリードマンは、中央銀行万能論者のような印象をもたれているが、中央銀行の裁量的行動が経済危機を招くことが多いため、中央銀行を廃止してマネーサプライを一定の率で伸ばす制度的ルールの導入を提唱していた。サプライズ的金融政策は、単なる裁量的政策を超えた、より危険性が高い政策といえる。

それにしても黒田総裁は、なぜ近年の金融政策論の常識を無視するように、サプライズを繰り返してきたのか。

推測できるひとつの可能性は、黒田総裁がかつて国際金融局長、財務官として外為市場と向き合ってきた経験が、その市場観に非常に強く影響しているのではないか、ということである。ポンド危機でソロスと対峙したＢＯＥ（イングランド銀行）に典型的にみられるように、為替市場では通貨当局と市場参加者、とりわけソロスのような投機筋は勝敗をかけて戦う敵対関係になることがあるからだ。

１９９２年8月、ジョージ・ソロスは英国ポンドが本来の価値以上に高止まりしていると判断して、大規模なポンドの空売りを仕掛けた。これに対しイングランド銀行は、ポンド買いや公定歩合の大幅引き上げ（10％↓12％↓15％）等で防戦したが、ポンド相場を維持することができず、同年9月17日、欧州通貨制度（ＥＭＳ）からの脱退を余儀なくされた。この事件で、ジョージ・ソロスの名は国際金融界にとどろき、ソロスに敗れたイングランド銀行は大きな屈辱を味わった。財務官として、通貨当局は投機家を含む市場参加者に怖れられる存在になる必要がある、と考えていてもおかしくない。

黒田総裁は金融市場の参加者に対しても、為替市場の投機家に対するのと同じように接しているようにみえる。異次元緩和導入の際、麻生財務大臣はこれを「衝撃と畏怖」と形容したが、これはイラク軍の戦意を喪失させようとした米軍の作戦を指し、力を見せつけ敵を平伏させる、というキャッチフレーズであり、そうした色彩が濃いものだった。サプライズ好みも「敵である市場を出し抜き、動揺させる」という感覚に近いようにみえる。

実際、2016年4月28日の記者会見では、「金融政策を実施するに当たっては、金融機関は重要な役割を担っていると思います。そうしたところから公の場で、金融政策に対して批判があがることが健全な状態だとお考えか」という問に対し、「金融政策は、金融機関のためにやっているものではなく、日本経済全体のためにやっているわけです。そうした意味で、金融政策について、緩和であろうと引き締めであろうと、金融機関が賛成するか反対するかで、金融政策を決めるということはない」と一蹴した。金融機関を含め、金融市場参加者との間の連帯感と信頼関係がきわめて重要であるはずの中央銀行のトップの発言としては、戸惑いを感じさせるほど突き放した物言いであることは否めないだろう。

サプライズを封印している理由

もっとも黒田総裁は、マイナス金利付き量的・質的金融緩和をサプライズで導入した約4

か月後の2016年6月20日に慶応義塾大学で講演し、次のように述べた。

「金融政策の有効性を確保していくためには、民間部門が予想していないショックを与えることではなく、一貫性・予見可能性の高い政策対応を継続していくことが重要です。こうした政策運営の考え方は、非伝統的な政策の運営においても、基本的に共通したものと言えます。そのため、平時から、ゼロ金利制約に直面するようなきわめて大きな外的ショックへの政策対応のオプションを示しておくことが、金融政策の有効性を高めていくうえで重要と考えられます」

これは、現代の金融政策理論の標準的見解であるものの、黒田総裁の実際の政策運営方針とは大きくかけ離れている。この発言が、単に建前を述べただけなのか、今後の実際の政策行動にも反映され続ける反省として語られたのか、という点は重要である。しかし、「総括的な検証」では、サプライズ重視の政策運営の功罪には触れられなかった。サプライズ重視の政策運営についての日銀の公式見解は不明なままであり、常用して演出効果を失ったサプライズが、一時的に封印されているにすぎない可能性も否定できない。

金融政策と為替レートの関係を検証する

「総括的な検証」では、金融政策と為替レートの関係に焦点を当てた検証はされていない。

これは、為替レートを金融政策運営の目的としていない、という建前からは理解できる。しかし、第5章でみたように、欧州におけるマイナス金利政策導入の経緯は、デンマーク、スイスの事例に典型的にみられるように、建前はともかく本当の狙いは、自国通貨を減価させる、ないし自国通貨増価を抑止することだった、と考えられる。日本も2016年初来の円高、株安、という流れのなかで、とにかく円高を阻止することが一段の株安阻止のためにも重要と判断され、結果としてマイナス金利政策が導入されたはずであり、円高抑止効果は実際にはきわめて重要である。

中央銀行の当座預金課金が自国通貨安につながるメカニズムは、日本でも欧州でも基本的に変わりはない。前述のように、銀行は顧客から円預金を受け入れ、日銀に預けるとマイナス金利が適用されてしまうため、円預金を抑制するために外貨預金へのシフトを進め、マイナス金利の課金を避けるとともに、為替手数料収入を増加させ円資金の利鞘圧縮による減益を補おうとするはず、ということである。

この点でマイナス金利政策は、定性的には円安をもたらす効果はありえたはずである。しかし実際には、円高阻止には成功しなかった。この点を考えるうえでは、一番うまくいったときとの比較、つまり、安倍政権の発足以前にアベノミクスが立ち上がったときの円安を考えるとわかりやすい。

外部環境に恵まれた安倍自民党総裁の円安誘導

民主党政権で野田佳彦総理（当時）が衆議院を解散し、総選挙に向けた選挙戦のさなかの２０１２年11月15日、安倍氏は自民党総裁として、円高是正とデフレ脱却を同時に打ち出し、これに対し為替市場が強く反応した。

安倍氏がその時点で首相であれば、主要国から近隣窮乏化政策として強烈な反発に直面したはずである。しかし、次期首相は確実といっても、この時点で安倍氏まだ野党の党首であり、円安への反発は安倍氏の首相就任後までは鈍いものだった。中国やスイスの為替レート操作への強硬な懲罰政策を主張していた米国ピーターソン国際経済研究所の論文でも日本については、「もし安倍新首相がドルを購入することを通じて円を急速に減価させるという発言を実行に移すなら、報復リストに加える必要があろう」と述べ、報復リストでなく監視対象にとどめた。野党党首の口先介入については、懲罰や報復の対象にすることはできないから、これは当然の判断だろう。

このように安倍氏は、総理就任まではきわめて大胆な円安誘導発言に歯止めをかけずに済んだ。安倍氏は総理就任が確実であるために、その発言で市場には大きな影響力を発揮できる一方で、まだ野党の党首であるために、国際社会からの反発は小さくて済む、という微妙な時期をきわめてうまく使って大胆な発言を成功させた、といえる。

安倍氏にとって幸運だったのは、この円安誘導発言の時期が、円高トレンドの修正局面と

図表7-5　株価と円ドルレート

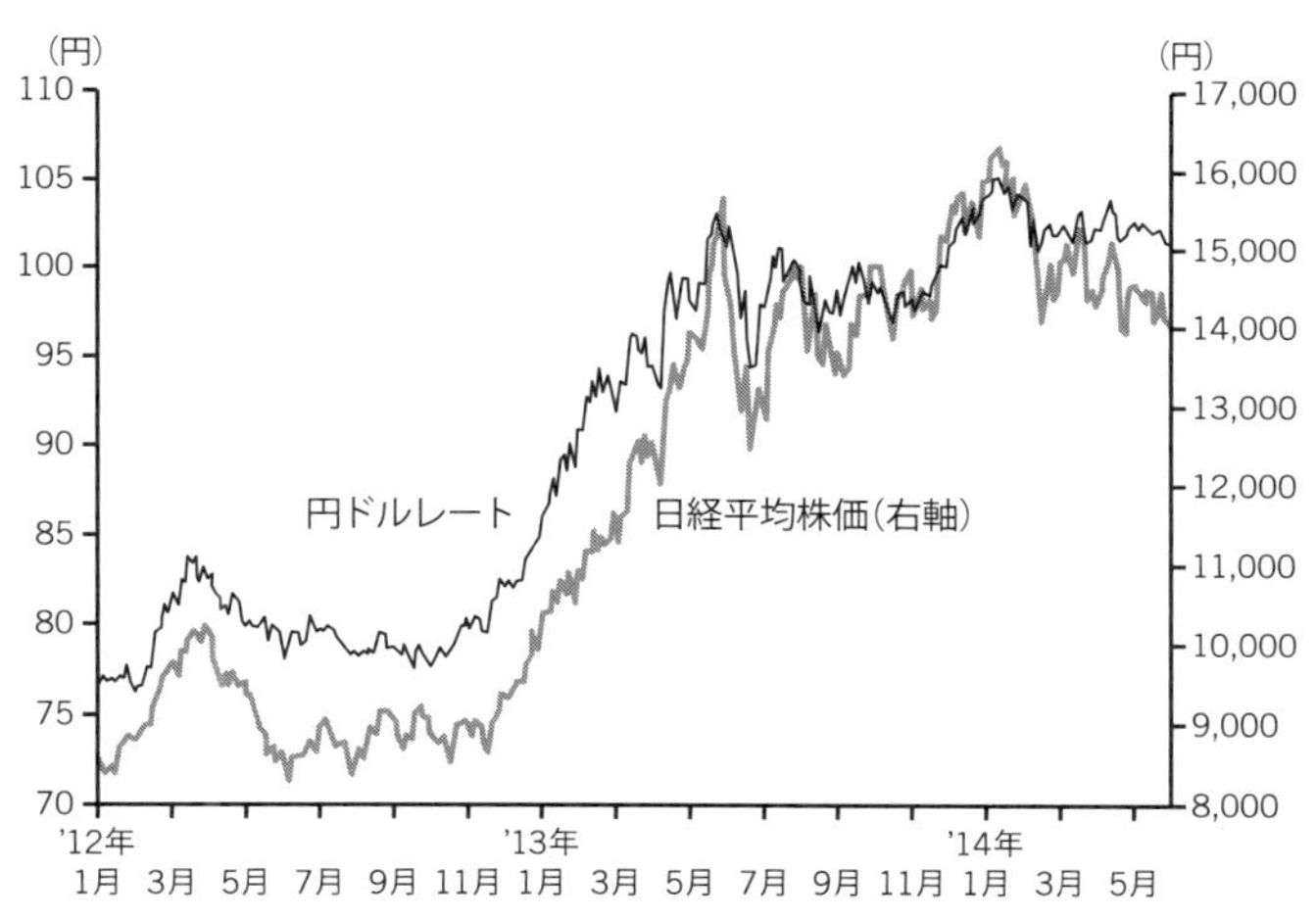

出典：岩田規久男「『量的・質的金融緩和』とわが国の金融経済情勢」2014年5月26日

重なっていたことである。

安倍氏の一連の発言に先立って、日本の貿易収支は赤字に転落していた。東日本大震災後の原発の稼働停止が長期化するにつれ、原燃料輸入依存の増加などが一過性のものではなく、それゆえに今後も貿易収支の赤字が持続し、経常収支の黒字も大幅に縮小する、との予想が定着しつつあった。

他方、円高やスイスフラン高をもたらしていた欧州債務問題も、この年の7月のマリオ・ドラギ欧州中央銀行総裁の「ユーロを守るためには何でもする、信じてほしい」という歴史に残る有名な発言をきっかけに危機感が後退した。イタリア、スペインなどの国債金利も低下し、ドイツ国債との間の極端な利回りの差も縮小に向かった。円買いやフラン買いの背景にあったとされる国際的な投資家の極端なリスク回避姿勢はドラギ発言をきっかけに後退し、「逃避通貨」とされていた円やスイスフランへの買い圧力は大幅に低下していた。スイスフランも秋以降、減価傾向に動き始めた。

つまり安倍総裁発言は「円高トレンドの修正」のタイミングにきわめてうまくマッチして、円安への流れを引き寄せたといえる。むろん、為替レートの意図的な円安誘導発言に対する国際的な反発や懸念は、総選挙で勝利した安倍氏が組閣し政権が発足した後は、当然に高まる。このため、政権発足後はレトリック上の軌道修正が図られ、円安誘導論は封印された。

そして、2013年4月4日にいわゆる異次元金融緩和（量的・質的金融緩和）が導入されたが、その翌月の同年5月には、それまでの急速な円安への動きは止まった。しかし、2013年5月ごろまでの円安・株高は顕著であり（**図表7-5**）、それは、実際の物価動向および予想インフレ率動向に影響を与えたから、あたかも異次元緩和が成功した、との印象を当初は強く与えることにつながった、といえる。

マイナス金利導入時の環境は円高方向だった

このときの状況を、マイナス金利付き量的・質的金融緩和が導入された2016年初の状況と比べてみよう。まず、2011年から2013年にかけて大幅な赤字拡大が続いていた貿易収支は、原油価格の低下によって大幅に好転し、所得収支の安定的な拡大と相まって、

図表7-6　貿易収支・経常収支などの動向

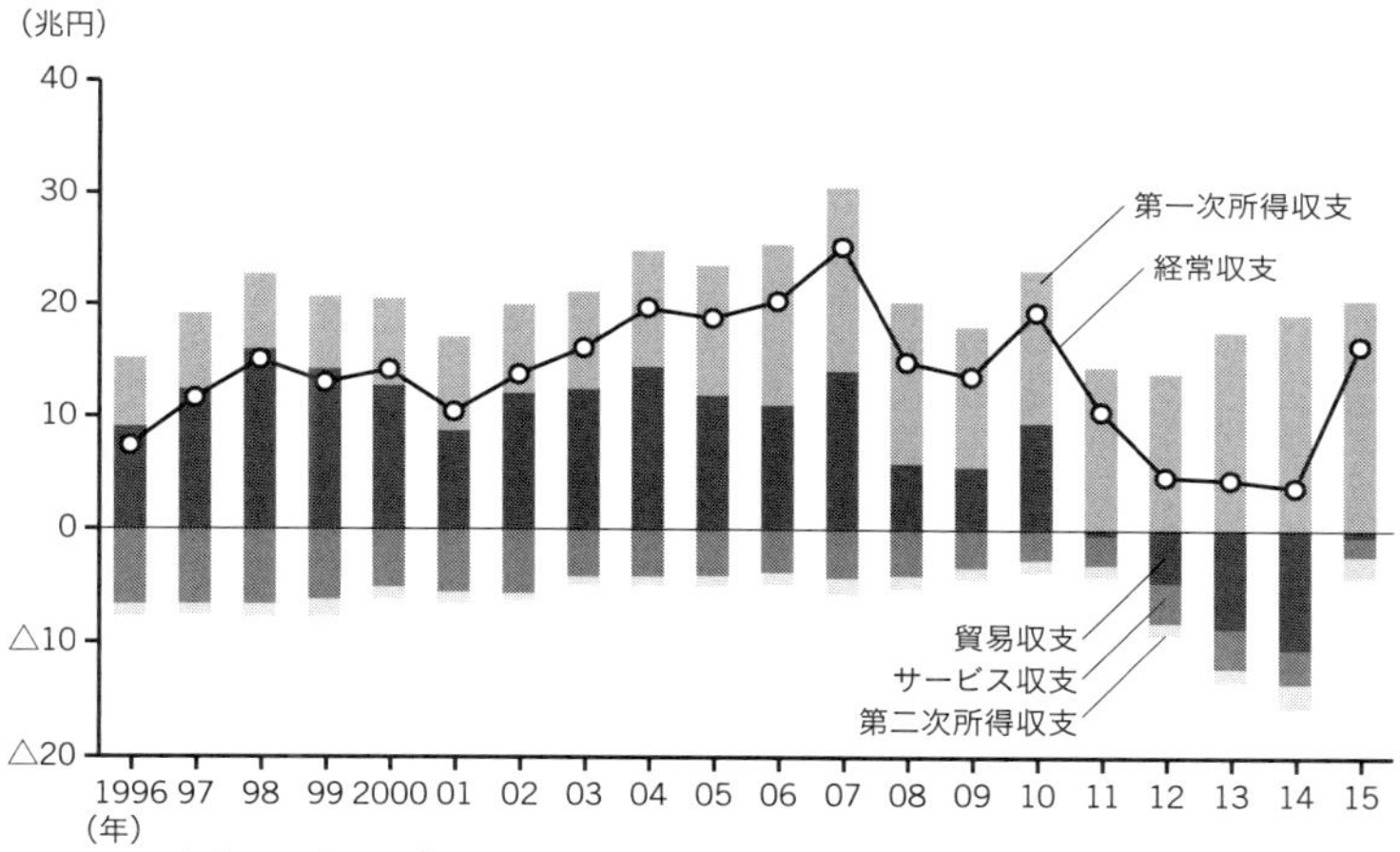

出典：日本銀行「2015年の国際収支動向および2015年末の本邦対外資産負債残高」

一時は赤字に転落しそうだった経常収支が大幅な黒字を回復している。国際収支要因からみると、為替レートが円安を志向できる、というような状況ではなくなっていた（**図表7-6**）。

他方、新興国経済や欧州債務問題、地政学的リスクは、いずれも逃避通貨である円とスイスフランの買い圧力を再び高める方向に作用した。２０１６年1月30日に公表された日銀の展望レポートでは、中心的な経済見通しの説明の後、「上記の中心的な経済の見通しに対する上振れ、下振れ要因としては、第1に、海外経済の動向に関する不確実性がある。中国をはじめとする新興国や資源国については、引き続き不透明感が強いことに加え、資源価格下落の影響もあって、その成長ペースと世界経済への影響には不確実性がある。また、米国経済の動向やそのもとでの金融政策運営が国際金融資本市場に及ぼす影響、欧州における債務問題の展開や景気・物価のモメンタム、地政学的リスクなどもリスク要因として挙げられる」とし、海外経済のリスクが下振れにつながることへの警戒を示している。これはドラギ総裁の発言によって、そうした懸念が一時的に払拭された2012年後半とは正反対の情勢展開である。

さらに2016年には、国際的な通貨間競争懸念のなか、円安誘導には非常に厳しい視線が向けられていた。米国では秋の大統領選挙を控え、民主党の大統領候補であるヒラリー・クリントン前国務長官が2016年2月23日、米東部メーン州の地方紙への寄稿で「中国や日本、他のアジアの国々は通貨の価値を低くし、商品の価格を人為的に安く抑えてきた」と指摘した。不公正な行為で米国への輸入が増え、国内の労働者は職を失うなどの被害にあうと説明、「為替操作には断固たる措置を取る必要がある」とし、効果的な対応策として為替操作への報復関税の導入を挙げた、と報道された。[*74] 他方、共和党候補になったドナルド・トランプも「友人がコマツのトラクターを買ったのは、円安・ドル高のせいで米国が日本との価格競争に勝てなくなったからだ。機械の性能差ではない。このレベルの円安誘導では競争自体が不可能だ」（2015年9月、エコノミスト誌のインタビュー）等と述べた、とされている。[*75]

また、同年2月のG20では、出席者のひとりであるユーロ圏財務相会合（ユーログルー

図表7-7　マイナス金利付き量的・質的金融緩和導入前後の円・ドルレート

プ）のデイセルブルム議長が、閉幕後の2月27日に記者団に対し、「正直に言って日本についても討議された。競争的な通貨切り下げの状況に陥るのではないかとの多少の懸念があった」と発言。「他が追随し、競争的な切り下げとなるリスクは非常に大きい」と述べた、と報道された。[*76]

以上のように、国際収支、海外情勢、日本の政策への国際的な視線――いずれもきわめて円安に向かいにくい情勢であったといえる。結果として、1月末のマイナス金利付き量的・質的金融緩和政策の導入決定にもかかわらず、急速な円高が進行した（**図表7-7**）。金融政策は、円高や円安のトレンドないしトレンド変化の背中を押すときには効果を発揮できるが、強い流れに逆らってそれを押しとどめることは相当難しい。

必然性があるヘリコプターマネー待望論の高まり

米国大統領選におけるトランプの勝利や、欧州におけるポピュリストの台頭は、拡張的な財政政策への期待を高めている。しかし、長期停滞的状況に対する金融政策の構造的欠陥は、金融政策を強化しても効果は弱く副作用が目立つ、という形ですでにあらわれていた。このため金融政策を強化すればするほど、その限界を印象付ける結果になった。そして、それはトランプの登場以前から、財政政策への期待を高めてきた。しかし日本では、政府債務残高のGDP比がきわめて高いうえに、プライマリーバランスの大幅な赤字が続いている。

結果として、金利政策への関心は景気刺激効果から財政の持続性を担保する役割へとシフトしつつある。近年のヘリコプターマネー待望論の急浮上はその意味で必然的現象といえる。この点に照らすと、日銀が「イールドカーブ・コントロール」で10年物長期金利を0％程度に誘導することにコミットしたことは重要な意味をもつ。

というのは、長期金利の上限設定は、国債管理政策の観点からいえば、米国の連邦準備制度が財務省の利払費抑制のため1942年から採用した、長期国債の上限利回りを2・5％とする政策と効果はまったく同じだからだ。連邦準備制度はその後1951年までの10年間、この国債管理政策上のコミットメントに縛られて金融政策の自由度を大きく制約された。1

951年3月5日、財務省と連邦準備制度のいわゆるアコードによって連邦準備制度は長期金利をくぎ付けにする国債管理政策の軛（くびき）から解放され、この日は連邦準備制度の〝独立記念日〟とさえいわれている、という。*77

長期金利水準は、利払費を通じて財政運営に大きな影響を与える（とりわけ政府債務比率の高い日本政府にとって、長期金利動向は決定的に重要になるだろう）。中央銀行が長期金利をコントロールできる場合、財政運営への影響は無視して長期金利を誘導し、政府はそれを所与として行動するのが当然といえるだろうか。これは、政府が財政政策を主導し中央銀行がこれをファイナンスするヘリコプターマネーの対極にあるような前提になる。多くの中央銀行が長期金利への明示的なコミットメントを避けてきた大きな理由のひとつも、国債管理政策との不可避的な一体化にあるだろう。

日銀が長期金利を0％に誘導することにコミットしたことは、長期的に財政運営に大きな影響を与えるはずである。しかし、日銀が財政ファイナンスに踏み込めば、政府債務の問題にどのように影響するのか。巷間いわれているように、ヘリコプターマネーは政府の利払い負担を軽減することになるのか。次章では、この問題を取り上げる。

資　料

「量的・質的金融緩和」導入以降の経済・物価動向と政策効果についての総括的な検証：【基本的見解】

1．総括的検証

(1)「量的・質的金融緩和」のメカニズム

「量的・質的金融緩和」は、予想物価上昇率の押し上げと名目金利の押し下げにより、実質金利を低下させた。自然利子率は趨勢的に低下しているが、実質金利はその水準を十分下回っており、金融環境は改善した。その結果、経済・物価の好転をもたらし、物価の持続的な下落という意味でのデフレではなくなった。

(2) 2％の実現を阻害した要因

しかしながら、2％の「物価安定の目標」は実現できていない。その点については、上記メカニズムのうち予想物価上昇率の動向が重要である。すなわち、ⅰ①原油価格の下落、②消費税率引き上げ後の需要の弱さ、③新興国経済の減速とそのもとでの国際金融市場の不安定な動きといった外的な要因が発生し、実際の物価上昇率が低下したこと、ⅱその中で、もともと適合的な期待形成の要素が強い予想物価上昇率が横ばいから弱含みに転じたことが主な要因と考えられる。

(3) 予想物価上昇率の期待形成メカニズム

2％の「物価安定の目標」を実現するためには、予想物価上昇率をさらに引き上げる必要があるが、実際の物価上昇率が当面低い水準で推移する中にあって、適合的な期待による引き上げには不確実性があり、時間がかかる可能性に留意する必要がある。それだけに、フォワード・ルッキングな期待形成の役割が重要である。

マネタリーベースの拡大は、「物価安定の目標」に対するコミットメントや国債買入れとあわせて、金融政策レジームの変化をもたらすことにより、人々の物価観に働きかけ、予想物価上昇率の押し上げに寄与したと考えられる。一方、マネタリーベースと予想物価上昇率は、短期的というよりも、長期的な関係を持つものと考えられる。したがって、マネタリーベースの長期的な増加へのコミットメントが重要である。

(4) マイナス金利と国債買入れによるイールドカーブの押し下げ

マイナス金利の導入は、国債買入れとの組み合わせにより、短期金利のみならず長期金利も大きく押し下げた。中央銀行がイールドカーブ全般に影響を与えるうえで、この組み合わせが有効であることが明らかになった。

(5) イールドカーブ引き下げの効果と影響

国債金利の低下は、貸出・社債・CP金利の低下にしっかりとつながっている。金融機関の貸出態度は引き続き積極的である。これまでのところ、マイナス金利のもとで、金融環境は一段と緩和的になっている。もっとも、貸出金利の低下は金融機関の利鞘を縮小させることで実現しているため、さらなる金利低下に伴う貸出金利への波及については、金融機関の貸出運営方針にも依存する。

イールドカーブの形状に応じた経済・物価への効果や金融面への影響については、以下の点に留意する必要がある。①経済への影響は、短中期ゾーンの効果が相対的に大きい、②ただし、マイナス金利を含む現在の金融緩和のもとで、超長期社債の発行など企業金融面の新しい動きが生じており、こうした関係は変化する可能性がある、③イールドカーブの過度な低下、フラット化は、広い意味での金融機能の持続性に対する不安感をもたらし、マインド面などを通じて経済活動に悪影響を及ぼす可能性がある。

1．示唆される政策の方向性

こうした検証からは、以下のような政策の方向性が示唆される。

(1) 2％の「物価安定の目標」を実現するためには、予想物価上昇率をさらに引き上げる必要がある。その際、適合的期待による予想物価上昇率の引き上げには不確実性があり、時間がかかる可能性があることを踏まえ、フォワード・ルッキングな期待形成を強める手段を導入する必要がある。また、より持続性があり、状況に応じて柔軟に対応できるスキームとする必要がある。

(2) マネタリーベースについては、長期的な増加にコミットすることが重要である。

(3) マイナス金利と国債買入れを適切に組み合わせることにより、イールドカーブ全般に影響を与えることができる。

(4) イールドカーブの適切な形成を促すにあたっては、①貸出・社債金利への波及、②経済への影響、③金融機能への影響など、経済・物価・金融情勢を踏まえて判断することが適当である。

以上

第8章 「財政政策の時代」と金融政策

トランプノミクスの登場

本書執筆の最終段階で、ドナルド・トランプが米国大統領選挙に当選し、大幅な円安・ドル高が起きている。トランプは、経済政策だけをみても過激な主張を展開してきた。中国やメキシコからの輸入に高い関税を課す、北米自由貿易協定（NAFTA）の再交渉を求める、環太平洋戦略的経済連携協定（TPP）から撤退する、メキシコなどからの不法移民を強制的に退去させる、などの主張は、貿易摩擦の激化や、すでにほぼ完全雇用の状態にある米国企業の人手不足を深刻化させる、といった懸念をもたれてきた。

このため米国株は、同氏の予想外の当選当初はパニック状態に陥り、当選確定後、通常取引開始前の時間外取引では急落した。しかし、その後、トランプが公約してきた減税とインフラ投資に関心が集まり、それらの政策が総需要を押し上げる、という期待から、米国の長期金利が急騰した。日本との金利差が急拡大し、11月の3週間余りで、1ドル10円程度の大幅な円安となり、株高も進んだ。

トランプノミクスの不確実性

以下でみるように、トランプの経済政策が大規模な財政拡張を意味するなら、このマーケットの反応は、一面ではきわめて自然にみえる。

ただし、トランプの経済政策（トランプノミクス）が総需要の押し上げに直結する、と解釈すべきものかどうかは、トランプがまだ大統領に就任していない本稿執筆時点では明確ではない。トランプの大統領選挙におけるキャンペーン期間中の主張は、財政収支に中立的なインフラ投資への税額控除システムにより民間企業に橋や道路を作るインセンティブをもたらす、というものであった。つまり、連邦政府が財政赤字を拡大させて大規模なインフラ投資を行う（それによりＩＳ曲線を直接右に動かし、自然利子率を上げる）、というケインジアン的な総需要の底上げ政策ではない。

マーティン・フェルドスタインは、巨額の税額控除提案に米国議会が同意するかどうかは明らかではないが、仮に同意したとして民間企業がこれに反応する保証はない、とする。通常の生産設備に対する税額控除は、これまで、たしかに投資を刺激してきたが、企業が橋や道路やトンネルを作って儲けることができるのか疑問だからだ。また、大型減税についても、共和党はその原資を各種の控除の縮小に求めようと知るかもしれない、とする。実際、下院議長のポール・ライアン（共和党）は慈善事業への寄付と住宅ローンの金利以外のすべての控除を廃止することを要請している、とし、それによる税収増はＧＤＰの１％にも相当することを指摘している。[*78]

トランプの登場は、経済だけでなく軍事・外交を含め、世界にきわめて大きな影響を与える。トランプノミクスの展開が世界および日本経済に与える影響に絞っても、それは本書の射程を超える。しかし、上記の点を踏まえると、本書を執筆している2016年12月末の段階で、内外市場は米国の財政拡張期待へユーフォリア的に反応しているようにみえる。その分、行き過ぎている可能性も相応に高いことに注意しておく必要がある。

トランプの主張の危うさに照らすと、トランプ当選がユーフォリア的なドル高・株高の動きにつながることは、筆者にはまったく予想外だった。しかも、2016年末時点でも、国際政治的な危うさが緩和はないし解消されるような軌道修正がなされたわけではない。米国第一主義を掲げ、保護主義的な姿勢を標榜するトランプの具体的な外交政策方針は依然として未知数であり、氏の当選によって世界経済は大きな不確実性を抱えたままである。しかし市場は、とりあえず全貌がみえず価格形成に織り込みにくい不確実性は捨象し、大規模な拡張的財政出動や、規制緩和予想などプラスの期待のみを織り込んでいるようにみえる。

トランプノミクスとレーガノミクス

トランプによる拡張的財政が期待されている一方で、連邦準備制度は、2016年12月14日のFOMC（連邦公開市場委員会）で目標金利を0・25%引き上げた。FOMCメンバーによる2017年の利上げ回数の中心的想定も、前回FOMC（同年9月）の2回から3回に増やした。

このことは、市場の見方が正しければ、米国の財政政策と金融政策の組み合わせ（ポリシーミックス）が、財政は拡張方向に、金融は引き締め方向になることを意味している。これは、1980年代前半のレーガノミクスと同じ組み合わせである。レーガノミクスのもとでは、日米金利差の拡大からドル高が進行した。こうした米国のポリシーミックスは、短期金利マイナス0・1％、長期金利0％程度、という日銀のイールドカーブ・コントロールと相まって、当面、強いドル高・円安圧力をもたらすことが予想される。

ただし、レーガノミクスによる一時的なドル高は、日本にとって中・長期的には福音にならなかった。米国がドル高に伴う経常収支赤字拡大に耐え切れなくなり、1985年9月の先進5か国財務大臣・中央銀行総裁会議（G5、参加国は米国、日本、西ドイツ、フランス、英国）で他国にドル高是正を強力に働きかけ、合意を取り付けた（プラザ合意）からである。これを契機に円相場は一気に反転急騰し、1年で1ドル＝240円から150円台になった。日本経済は円高不況に転落し、超緩和政策がとられ続けた。そして日本経済は、バブルの生成と崩壊に突入していくことになる。前述のように、トランプは競争相手国の自国通貨安誘導による米国産業界の衰退を批判してきたから、いずれかの時点で大きな巻き戻しのリスクがありうることは注意しておく必要があるだろう。

今後、問題になるのは、トランプ政権がドル高を巻き戻そうとするときに、どのような手段をとるか、という点にある。この点について、国際金融の権威であるカルメン・ラインハート（ハーバード大学）は、プラザ合意当時は主要なプレイヤーではなかった中国だけでなく、日本、ユーロ圏にとってもドル高是正にはメリットがないことから、プラザ合意的な政策協調が実現することには懐疑的な見方を示し、米国の単独介入を予想している。[*79]

主要国の協調介入に比べ、単独介入は為替レートへ働き掛ける効果が小さいことが知られている。しかし、実際に、介入が実効性をもたなかったときに、それで話が終わらない可能性もある。１９７１年8月のニクソンショック（リチャード・ニクソン大統領が、金とドルの交換を停止し、10％の輸入課徴金をかける等の政策を発表）のように、新たなマクロ的通商政策に踏みこむことも考えられるし、個々の企業の経営方針に個別にミクロ的な介入を展開することも考えられる。

このうち、保護主義的な介入はすでに顕在化しつつある。２０１7年1月5日、トランプは「トヨタはメキシコのバハに新工場を建て、米国向けの『カローラ』を作ろうとしている。ありえない。米国に工場を建てろ。そうでなければ、高い輸出税をはらえ」とツイッターに投稿した。ロイター通信は、トランプのツイートがすでに稼働しているトヨタのバハ工場と前年11月に着工したグアナファト工場を混同していること、グアナファト工場で製造されるカローラはカナダの小型車工場の生産をシフトさせるものである（したがって米国の雇用をうばうものではない）ことを指摘している。しかし、6日の東京市場でトヨタの株価は急落、トヨタが標的になったことで、すでにメキシコに工場をもつ日産やマツダ、ホンダなどにも動揺は広がり、これらの株価も軒並み下落した。トランプのこうした直接的な介入が、大統領就任後にどうなるかは予測しがたいが、国際的な生産最適化が阻害される方向にあることは間違いない。

財政出動が自然利子率に与える影響

新政権が新たな政策レジームを掲げることで登場し、資産市場がユーフォリア的に反応している、という点からみると、トランプノミクスは、金融政策のレジームチェンジを掲げたアベノミクスの財政政策版のようにみえる。

ただし、同じマクロ経済政策でも、財政政策と金融政策が自然利子率に与える影響は異なる。それゆえ、長期停滞的な状況のもとでは財政政策のほうが有効、という議論はトランプの登場以前から有力だった。しかし、拡張的な財政政策については、早晩、増税が必要になることから、むしろ将来不安を招き、消費を抑制するのではないか、という問題が指摘されることが多い。そこで、中央銀行が財政資金をファイナンスする「ヘリコプターマネー政策」を採用すれば、増税が不要になり、望ましい経済状況が実現できるはず、という議論が台頭している。本当に、中央銀行による財政ファイナンスで国民負担を軽減できるのだろうか。この章では、そうした問題を考えてみたい。

図表8-1　財政政策拡張の効果

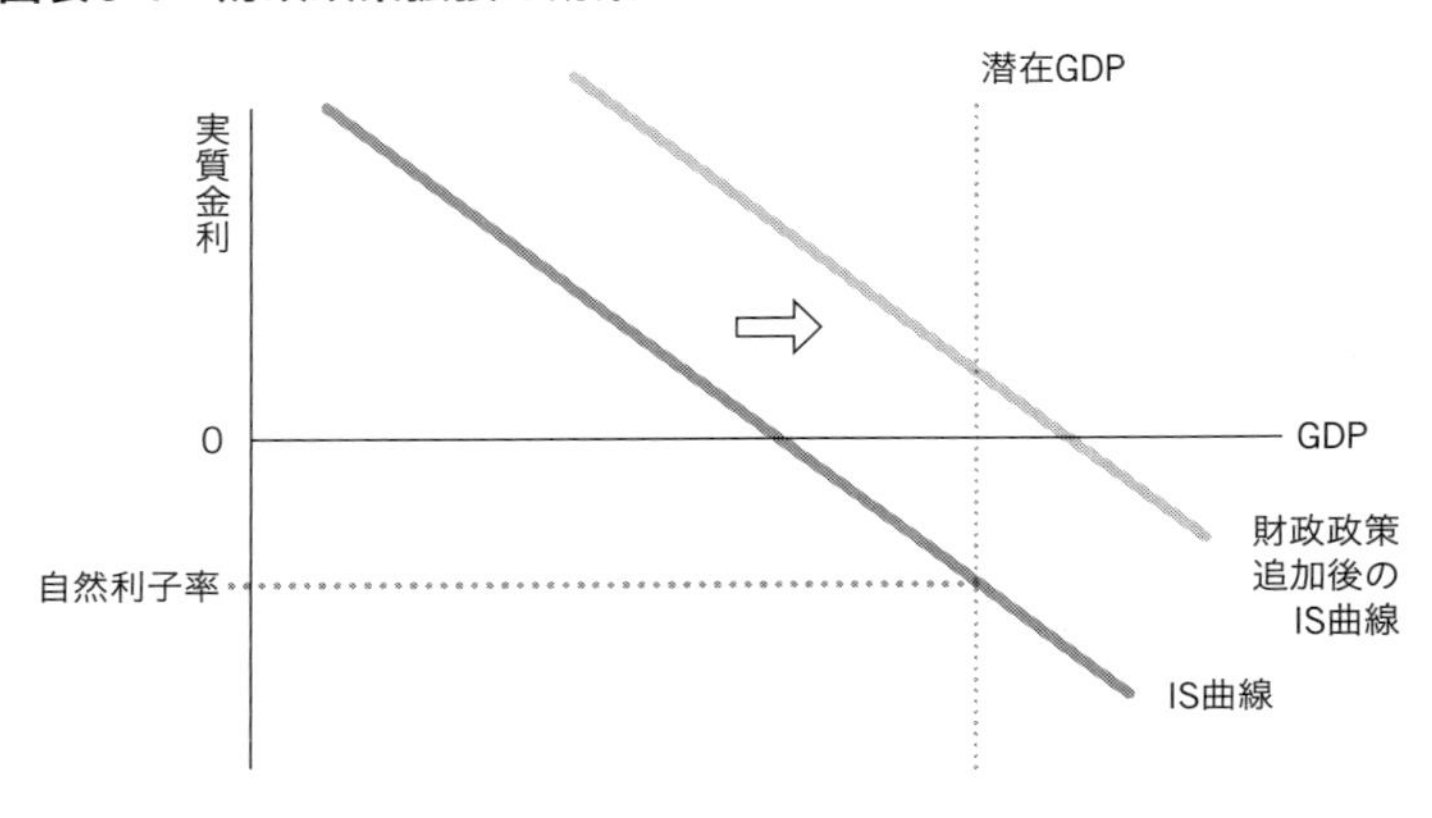

手始めに、財政支出が自然利子率に与える影響を考えてみる。財政支出を拡張すると、同じ金利水準で総需要が増えるためにIS曲線は右に移動し、今期の自然利子率を上昇させる。来期、財政支出が拡張前の水準に戻ると、IS曲線は元の位置に戻り、自然利子率は元の水準に低下する。社会にとってプラスになる公共投資の機会が社会的に限られているとすれば、こうした財政出動は需要前倒しの要素も含むかもしれないが、それによって先行き自然利子率が一段と押し下げられる、という副作用は金融緩和ほどの必然性はない（**図表8-1**）。さらに、良質の公共投資機会が残っていれば、民間投資の収益率を高め、IS曲線を右にシフトさせてもおかしくない。こう考えると、前述のようにサマーズらが、長期停滞下の先進国においては、金融政策よりも大胆な財政出動こそが必要だ、と主張してきたのは理解

できる。

実際、日本経済はこれまでのところ、クルーグマンの「日本再考」における考察のように、大規模な財政出動に相当程度は支えられてきた。しかし、この政策対応はクルーグマンの指摘しているもうひとつの大きな問題につながる。それは、GDP水準を維持するために、日本は今日にいたるまで大幅な財政赤字をなお出し続けており、それが低成長経済のもとで政府債務のGDP比を上昇させ続けていることだ。前述のように、クルーグマンはこのことを景気循環調整後のプライマリーバランスのグラフで示して指摘しており、日本経済の最大の問題は財政の持続性にある、としている。

財政の持続性と財政拡張を両立させる手段はないのか。そこで関心が高まってきたのが「ヘリコプターマネー」である。[*80]

ヘリコプターマネーの効果：バーナンキによる整理

ヘリコプターマネーは、もともと1969年にミルトン・フリードマンが論文で提起した「もし、ある日、ヘリコプターからドル紙幣をばら撒いたら何が起きるか」という思考実験に由来する。[*81] この思考実験は、「財政支出を中央銀行の資金でファイナンスすることで需要を拡大すれば、必ずインフレを起こすことができる」ということを直感的に示すものとしてしばしば引用されてきた。

「ヘリコプター・ベン」の異名をとるベン・バーナンキ前連邦準備制度理事会議長は、2016年4月11日に公表したブログで、米国における追加緩和策候補のひとつとしてヘリコプターマネーを取り上げている。[*82]その結論は、将来、米国で必要とされる可能性はきわめて低く、ガバナンスを含め多くの実務的困難を伴うけれども、ある種の極限状況のもとでは、利用できる最善の手段になる可能性がある。だから、完全に排除してしまうのは時期尚早、というものだった。このため、このブログはかなり大きな反響を呼んだ。

バーナンキはこのブログで、ヘリコプターマネーの4つの効果をあげている。

(1) 公共投資がGDP、雇用、所得に与える直接効果
(2) 減税が家計の所得を増加させることによる消費刺激効果
(3) マネーサプライの増加により、インフレ期待が一時的に高まり、実質金利が低下することによる刺激効果
(4) 将来の財政負担を増やさないという効果

これらのうち、(1)～(3)は、教科書的な金融・財政政策の効果を並べたにすぎない。興味深

いのは、増税回避につながる(4)の論点である。もし、将来の財政負担を増やさない効果が本当なら、財政運営への制約緩和という直接的メリットに加え、「財政支出拡大が将来の増税予想を招くことで消費などを抑制する」という、いわゆる非ケインズ効果を通じて財政支出拡大が景気にマイナスに作用するという副作用も回避でき、まさに一石二鳥になる。このため、近年のヘリコプターマネー支持者は「財政支出を国債発行でなく中央銀行の資金でファイナンスすれば将来の増税を回避できる」というメリットを強調することが多い。

これに対し、ヘリコプターマネー政策への批判者は、いったん中央銀行による財政ファイナンスに手を染めると、その安易さから財政規律が破壊され、結局インフレに歯止めがかからなくなる、という点を強調する。

たとえば2016年4月、浜田宏一氏は「プロジェクト・シンジケート」のウェブサイト上で、高橋財政の経験を引き合いに出してヘリコプターマネーによる財政規律破壊リスクに警鐘を鳴らした[*83]。ヘリコプターマネーの熱烈な支持者で、この政策の採用を慫慂する論文・エッセイを発表し続けている英国の元FSA長官のアデール・ターナーさえ、政治が適切な財政規律を確立し、維持することができると信頼することができるかどうかは決定的に重要だ、と認めている[*84]。

通説どおり、将来の財政負担は増えないか

しかし、ヘリコプターマネーには、通説どおり「将来の財政負担を増やさない」という効果があるのだろうか。ここでは、前ミネアポリス連銀総裁のナラヤラ・コチャラコタが2016年3月24日にブルームバーグのウェブサイトで展開した議論[*85]を踏まえた思考実験で、この点を検証してみよう。

この思考実験では、まず以下の点を前提とする。

(1) 日銀の短期金利誘導目標は、2%のインフレ目標に到達するまではゼロ、到達後は2%とする。

(2) 日銀は、超過準備全体に誘導目標金利を付利する。したがって、インフレ目標到達前はゼロ、到達後の付利水準は2%である。

ここでのゼロや2%という数字には、数値例以上の意味はない。しかし、「短期金利を上昇させる際には、超過準備全体に誘導水準金利を付利する必要がある」という点は重要である。

一般に、超過準備への付利水準と短期市場金利の間には強い裁定が働き、金利均等化圧力が働く。だから超過準備に付利しなければ金利はゼロになる。それが、ゼロ金利政策のメカニズムであった。

超過準備とゼロでない金利を両立させるには、超過準備に付利する必要が出てくる。第6章では、「量的緩和で短期資金がだぶついていても、日銀が0・1％の金利で預かってくれる限り、市場の短期金利はそれ以上、下がらない。低い金利で貸さなくとも、日銀に預けておけばよいからだ。有利な利回りのほうで資金を運用ないし調達する、という金利裁定を通じて、結局、日銀当座預金金利にサヤ寄せされる形でコールレートが形成される、ということになり、このメカニズムで金利の下限を形成できる」と説明した。

逆に、日銀のマイナス金利政策で、短期金利をマイナスに誘導できているのも、マイナス金利が課せられる超過準備部分（政策残高）があるからである。金融機関は超過準備を少しでも高い金利で運用しようとして、政策金利残高より高い金利（それがマイナスでも）である限り、短期市場に放出することで金利が0％以下にまで下がるからだ。

金融機関が大量に超過準備を抱えている場合、基本的に超過準備への付利水準が短期金利の誘導水準になる（なお、金利の異なる階層構造を維持する前提では、超過準備の一番低い付利水準である政策残高に付利する金利が誘導目標金利になり、基礎残高、マクロ残高はこれよりさらに高い金利を付けることができる。しかし、金利上昇局面では、市場金利より高い金利で超過準備を受け入れ補助金を提供する必要性はなくなるので、ここでは超過準備に階層性を設けず、全体に誘導目標金利を付利する、と仮定して議論している）。もし政府ないし中央銀行が金利をプラスに誘導すると同時に金融機関への利払いを避けたい、と考えるならば、法定準備率を上げ、銀行が無利子でも義務としてもたなければいけない準備預金を増やす（これ自体、実質的な課税措置である）か、利払いと等価な課税で利払い分を相殺するしかない。

ただし「準備預金制度に関する法律」の第４条第３項では、日銀は、準備率変更にあたっては、金融機関の預け金の保有に伴う負担を考慮しなければならない、とされている。準備率操作が事実上、金融機関への課税措置であることに鑑みれば、付利しない所要準備を大幅に引き上げて金利上昇のコストを金融機関にすべてしわ寄せするのは、法の精神に照らして問題がある。また、唐突な準備率の大幅引き上げ等は、銀行株を急落させるリスクが高い点にも注意する必要があるだろう。

次に、⑴、⑵の前提のもとで、以下の３つのケースの財政負担を比較し、ヘリコプターマネーは財政支出拡大と増税回避を両立できる政策なのかを確認してみよう。

⑴　政府が短期金利に金利が連動する永久債（コンソル：償還せず永久に利子を払い続け

る国債）を発行してX兆円の公共投資を実施、コンソルは民間金融機関が購入する。

(2) 政府が無利子のコンソルを発行してX兆円の公共投資を実施、コンソルは日銀が引き受ける。

(3) 日銀がX兆円の銀行券を国民に直接配布する（純粋なフリードマン型ヘリコプターマネー）。

政府が発行する国債としてコンソルを想定することは、本書執筆時点では、やや非現実的である。しかし、以下でみるとおり本書の関心である「利払いコストの比較」についての議論の見通しをよくするのに役立つ。

なお、以下、この章で比較するのは、統合政府（政府＋中央銀行）全体の財政支出コストの変動である。中央銀行の利益が増減すれば国庫納付金に跳ね返るから、結局は政府の財政収支に影響する。統合政府の財政コストを検討することで、トータルな政策コストをみることができる。統合政府のバランスシートは**図表8-2**のようになる。

ちなみに最近、異次元緩和の結果、民間が保有する国債残高は激減し続けているから、統合政府でみると日本の財政状況は劇的に好転している、という議論をみかけることがある。しかし、この議論は、異次元緩和で民間の保有する国債は減っている反面、民間に対する負債として日銀当座預金が増えていることの評価を誤っている。上述のように日銀当座預金は

図表8-2　統合政府のバランスシート

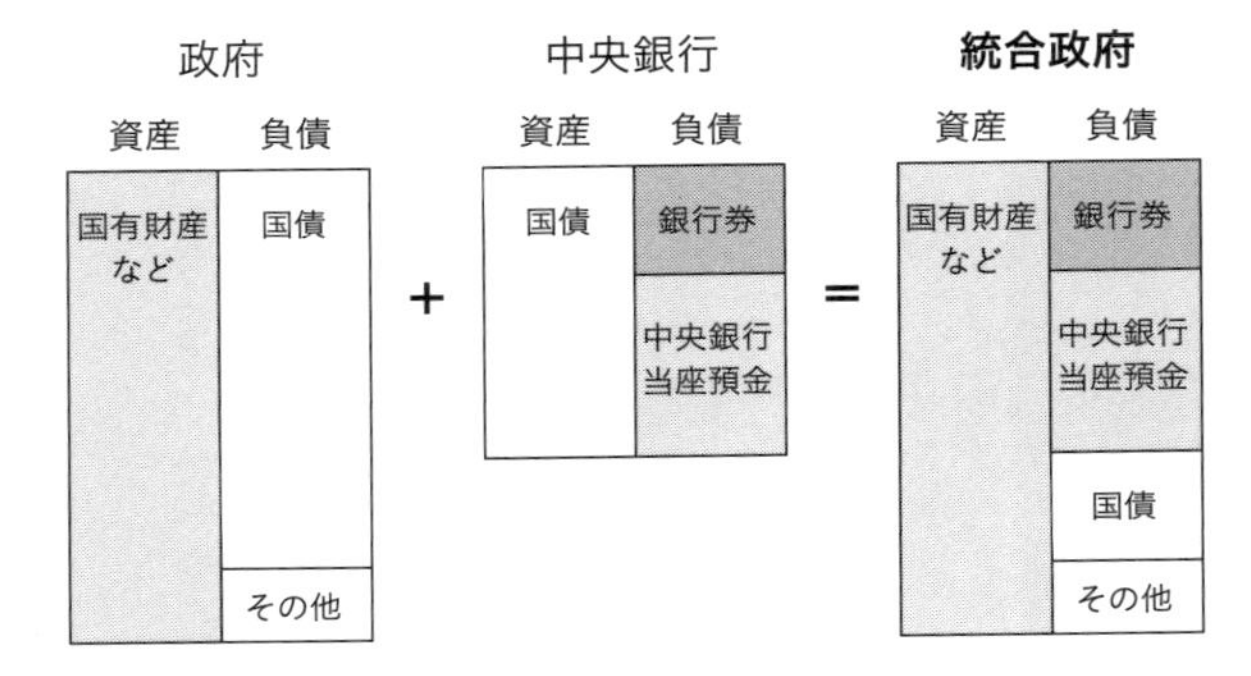

図表8-3　統合政府のバランスシート
（日銀が民間保有の国債を全部買い上げた場合）

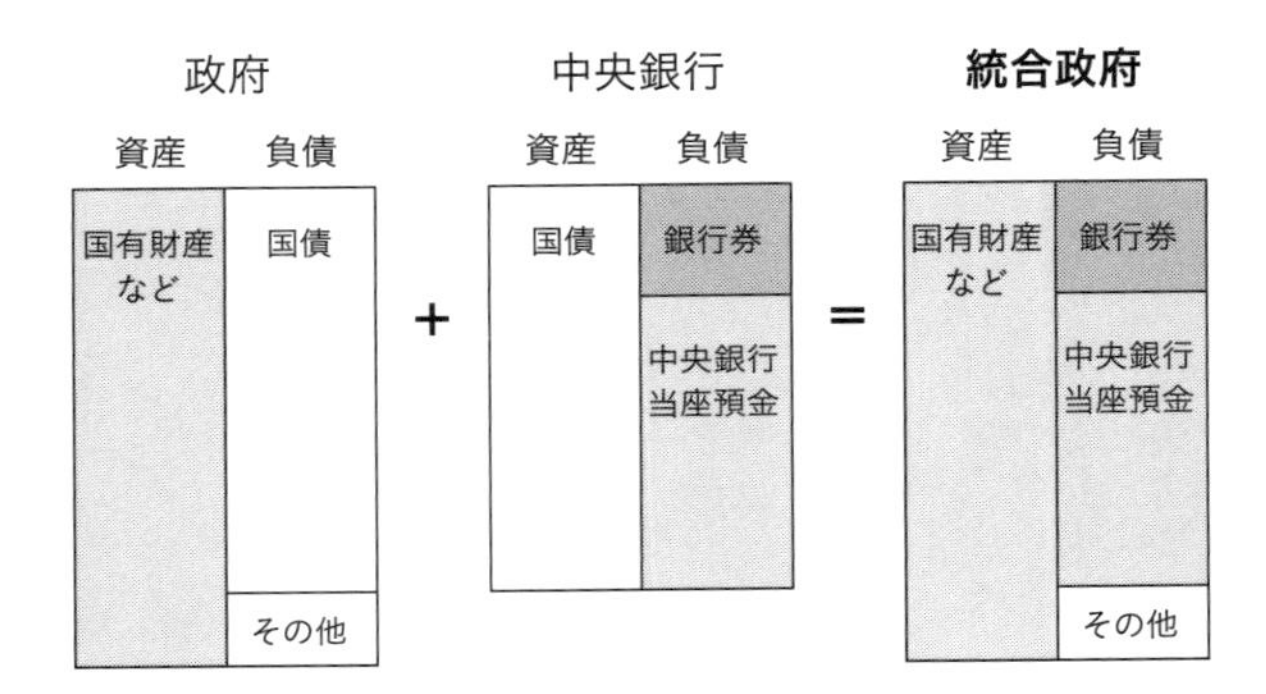

銀行券のように無利子を前提にすることはできず、金利を引き上げるには超過準備への付利が不可欠だからだ。この観点からは、日銀が長期国債を大量に購入することによって起きていることは、統合政府の負債の期間構成が短期化しているにすぎず、必ずしも有利子の負債が不可逆的に減少しているわけではない（図表8-3）。

以上で分析の準備は整ったので、さっそく思考実験を始めよう。

(1) 政府が国債の市中公募でX兆円の資金を調達するケース

① まず、政府当座預金口座に、民間金融機関から国債購入の代わり金X兆円が振り込まれ、民間金融機関の中央銀行当座預金は、最初X兆円減る。

② しかし、財政支出時にX兆円が民間企業に振り込まれ、それが民間金融機関に還流して中央銀行当座預金は元のレベルに戻る。

この場合、中央銀行当座預金は最終的には不変だから、統合政府の追加的コストはX兆円の国債への利払いになる。したがって、ゼロ金利が続く間はゼロ、インフレ目標が達成された時点で、０・０２X兆円になる。

(2) 日銀がX兆円の無利子国債を引き受けるケース（広義のヘリコプターマネー）

① まず、政府当座預金口座に、日銀から国債引き受けの代わり金X兆円が振り込まれる。

民間金融機関の中央銀行当座預金は、最初は変化しない。

② しかし、財政支出時にX兆円が民間企業に振り込まれ、それが民間金融機関に還流して中央銀行当座預金はX兆円増加する。

この場合、統合政府の追加的コストは、X兆円の日銀当座預金への利払いになる。したがって、ゼロ金利が続く間はゼロ、インフレ目標が達成された時点で0・02X兆円になる。

以上の思考実験からわかることは、量的緩和で銀行が大量の超過準備を抱えている状況を前提にすれば、中央銀行による引き受けと国債の公募で統合政府の負担する利払費は変わらない、ということである。

(3) 日銀によるX兆円の銀行券配布（純粋なヘリコプターマネー）

最後にミルトン・フリードマンの想定にそって、日銀がヘリコプターを借り、X兆円の銀行券を撒布したとしよう。もちろん、現行日銀法上はこのヘリコプターマネー政策は不可能であり、「紙幣撒布」は減税などなんらかの財政政策として行われる必要がある。しかし、純粋な思考実験であれば、こうした政策を考えてみてもよいだろう。

一見、金利ゼロの負債である銀行券を撒布すれば、財政コストを増加させずに、財政を拡張できる、という結論になりそうに感じる。しかし、意外にも答えはノーである。理由は、

図表8-4　コールレートと日銀券残高の関係（1991年1月〜2016年5月）

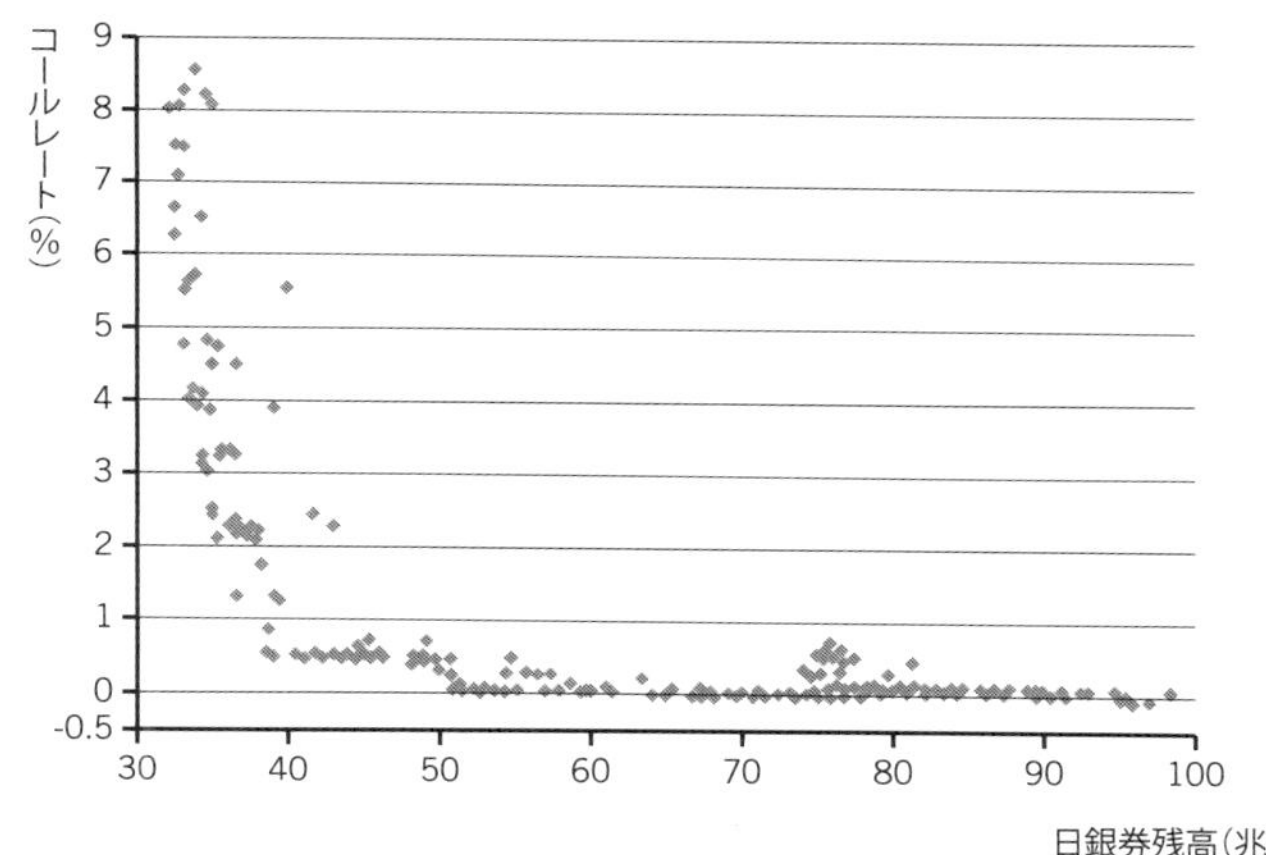

出典：翁邦雄「検証ヘリコプターマネー」『週刊金融財政事情』2016年7月25日号

金利がゼロの間は、家計・企業は拾った銀行券を手もとに保有しておくかもしれないが、金利がプラスなら家計は銀行券を預金し、銀行券が銀行に還流してしまう可能性があるからだ。

それでは、家計の銀行券需要はどの程度、金利感応的なのだろうか。この点を考えるために、コールレートと日銀券残高の関係をプロットしたものをみてみよう（**図表8-4**）。

過去の金利と銀行券の関係をみると、コールレートが0・5％を上回るあたりから日銀券需要が激減しているから、人々は手もとにある日銀券を銀行に預金し、それが日銀に還流して金融機関の日銀当座預金残高がふくらむことが予想される。本書で想定する思考実験では、インフレ目標達成後の短期金利は2%であるが、それよりかなり低くても、タンス預金化している日銀券の多くが日銀に還流するだろう。

純粋なヘリコプターマネーによるX兆円撒布の利払いコストは、ゼロ金利が続く間はゼロ、インフレ目標が達成された時点では、銀行券が日銀に還流し、X兆円だけ日銀当座預金への利払いが増える結果、0・02X兆円になる。これは、前記の(1)、(2)と変わらない。

なお、預金不可能な政府紙幣を作り、これをばら撒いたとしても、人々は拾った政府紙幣のほうを決済に使い、余分になった手持ちの銀行券を銀行にもっていくはずだから結論は変わらない(ヘリコプターマネーを採用しなくとも、金利が2%になった段階で日銀券発行残高の過半が日銀に還流しそうである。この効果は、それでなくても日銀当座預金への利払費膨張に苦労する統合政府の負担をさらに高めるはずである)。

「永遠のゼロ」か、銀行課税か

以上の試算から、金利がゼロから上昇させることで統合政府の利払いは不可避的に増加する。利払いを増加させないためには、日銀が無利子永久債を引き受ければよいわけではなく、金利を恒久的に上昇させない、「永遠のゼロ」の金利政策が必要になる。ヘリコプターマネーや無利子永久国債の日銀引き受けを採用しても、それだけでは政府の利払費を節約することはできない、という結論となる。

実は、バーナンキもブログでこの点に言及し、超過準備に付利が必要である以上、ヘリコプターマネーでは財政コストが節減できないことに言及している。そして、この問題への対応策としては、ヘリコプターマネーの導入と同時に利払費増加額と同額の銀行課税導入が必要である、と論じている。大規模な銀行への課税は、銀行の収益基盤を揺るがしかねない。銀行収益への悪影響を避けるには、銀行の利用者である家計や企業に、何らかの形で税負担を転嫁するしかない。

つまり通説とは異なり、政府の利払費を節約するメカニズムはヘリコプターマネー自体にはないので、つじつまを合わせるために、金融機関への課税措置や法定準備率の劇的引き上げを追加することが必要になり、それは最終的には家計や企業の負担になる。このことは、ヘリコプターマネーが、非ケインズ効果の期待できる「増税を伴わない財政拡張策」ではありえないことを意味する。

異次元緩和が財政規律にもたらす副作用は大きい

それでは、財政規律維持の観点から、ヘリコプターマネーまで踏み込まず、量的・質的金融緩和にとどめるほうがよい、という議論についてはどう考えるべきだろうか。

ヘリコプターマネー政策の先例として名高い高橋財政では、日銀が国債引き受けを実施した。しかし、高橋蔵相在任中は、日銀は売りオペで資金の90%を回収し、民間資金による財政ファイナンスへの橋渡しをしたにすぎない。それでも、この枠組みが過度に財政の資金調達を容易にしたため、高橋蔵相暗殺後、財政規律は完全に失われた。この点で、ヘリコプターマネーには財政規律を崩壊させかねないリスクが、たしかに存在する。

これに対し現在の日銀は、いったん銀行が購入したものを買うという手順を踏んでおり、この点で高橋財政との違いが存在する。しかし、いまの日本には、発達した金融市場が存在するから、国債発行時の日銀の直接引き受けはそもそも必要がない。そのうえ、発行された新発債の大半は、銀行を一瞬経由したあと「日銀トレード」で日銀が買っており、財政資金は最終的に日銀によって拠出されている。これは、高橋財政期の資金の流れ——日銀が買った国債の大半を売りオペで民間金融機関に転売し、財政資金のファイナンスは民間金融機関に委ねていく——とは真逆の資金の流れである。

さらに日銀は、2016年9月21日に導入した「イールドカーブ・コントロール」で日銀が指定した利回りで国債を購入する指値オペも用いて10年物の長期金利をゼロ%程度に誘導することにコミットした。日銀の誘導目標金利水準で指値オペを用いることを前提にすれば、国債の利回りが日銀の誘導目標より高く（国債が安く）なりそうであれば、日銀が指定した価格で国債の買い手になるから、国債の利回りが日銀の誘導目標より高く（国債が安く）なることはない。国債利回りに指値で天井をつくることで、長期国債金利の財政への警報機能は完全に失われることになる。

黒田総裁は2016年6月16日の記者会見で、「日銀の金融政策は財政ファイナンスを目的にしたものでは全くありませんし、物価の安定を目的として現在の金融政策を行っています。従いまして、財政ファイナンスであるとは考えていませんし、(…中略…)財政規律云々の話は、(中略)政府と国会において議論され、決定されるものであり、そこでしっかりした財政規律を引き続き確立していかれるものと考えています」と述べており、財政規律への影響は「総括的な検証」には含まれていない。

しかし、目的が正しければ所管外の副作用は無視してもよいという議論には危険が伴う。身近な例を挙げよう。うつ病を緩和する薬には、食欲を著しく亢進させる副作用をもつものがある。この副作用について取り上げたブログには、食べても・食べても飢餓感に襲われ、恐怖で泣きながら食べ続けたといった体験談もみられる。このため、医師は糖尿病併発患者にこうした抗うつ薬を投与することは極力、回避しているようである。医師なら、「投薬の目的はうつ状態の治療であり、副作用としての食欲亢進は関知するところではない。患者本人が自己責任で対処すればよい」という法律家のような処方にはおそらく与(くみ)しないだろう。

高橋財政時の国債引き受けも、財政ファイナンスを目的としていたわけではまったくない。それゆえ日銀は売りオペを活用して国債購入資金の大半を吸収していったのである。あくまで不況脱却のための「一時の便法」であり、その意味で目的も正当であった。しかし、きわめて安易な資金調達方法を提供したために、政府は軍事費も含む財政膨張に歯止めをかけることができず、そのことが日本にとっての大きな厄災につながっていった。

中央銀行は一国経済全体の健全さを保つ医師のようなものであり、金融政策についても物価安定という目的だけが達成されればそれでよいわけではない。前章でも触れたように日銀法は第2条で「日銀は、通貨及び金融の調節を行うに当たっては、物価の安定を図ることを通じて国民経済の健全な発展に資することをもって、その理念とする」としており、日銀の最終的な目的は「国民経済の健全な発展に資すること」であって物価安定は中間的な目標にすぎない。そうであるとすれば、「物価安定をめざす政策」が国民経済の健全な発展に資するかどうかを考える必要があり、経済運営全体に与える副作用は当然、考慮されるべきだろう。とりわけ、財政規律を解除するような強い副作用をもたらす、という点はきわめて重要なチェック項目と考えるべきはずである。

財政・金融政策の一体化という現実

なお、黒田総裁は6月の記者会見でヘリコプターマネーについて問われ、これは「金融政策と財政政策を一体として運営するということ」という定義を示したうえで、「この点、わが国を含む先進国では歴史的な経験も踏まえて、財政政策は政府、議会の責任において行う、金融政策は独立した中央銀行が行うという考え方、制度的仕組みが確立しておりますので、（…中略…）わが国の現行の法制度のもとでは、実施できないと考えています」と述べている。

しかし、そもそも現在の異次元緩和は「アベノミクスの第1の矢」と位置づけられており、およそ政治と独立の政策ではない。中央銀行に独立性を与える以上、中央銀行が政府および政治から独立を保つことで、政権交代があっても、金融政策はそれに大きな影響を受けず政策の一貫性が損なわれないようにする必要がある。

日銀法改正の議論を積み重ねた有識者は、金融政策を決定する政策委員会のメンバーは、人選が特定の政治的立場に偏ることなく、多様な立場・見解の人を集めて、全体としては政治的には中立になるようにし、多様な見解のなかでコンセンサスを形成していくことを想定していたはずである。しかし、安倍政権になってからは、総裁、副総裁に限らず、審議委員も政府・与党とリフレ的な考えを共有できる人たちだけが選ばれてきている。

これは個々の人の適性とは、別の問題を提起する。偏ったボードメンバーからなる中央銀行は政府の別働隊になるからである。このような状況では、中央銀行に独立性を与えるのは適当ではない。政権交代が起きればこの中央銀行は非常に難しい状況に置かれるし、また、政権交代がなかったとしても、与党と同じ考えで意思決定をする人たちに独立性を与え、この人たちには国会などで政府のように厳しく責任を問われることなく、財政にも大きな影響を与える政策を実施させることになるからだ。

これは民主主義の観点からも非常に危険なことだろう。この運用をするなら、日銀に独立性を与えるべきではない。中央銀行省として政府として責任をもつほうが民主主義の理念に適うはずである。

財政破綻を回避する道

ヘリコプターマネー論の動機となった、財政の持続性の問題に話を戻そう。ヘリコプターマネーで財政コストを抑えつつ財政拡張を継続する、ということが困難だとすると、どうやって財政の持続性を担保すればよいのか。最近、目に留まった道は2つある。

重力圏を脱出できるほどの高いインフレ

ひとつの道は、クルーグマンの「日本再考」による提案の方向である。

日本がある種の臆病の罠に直面していることを、クルーグマンは示唆している。いま、2％のインフレ率を達成できる、と人々に確信させることができた、と仮定し、そこで財政再建に着手する、と想定する。そうすると、需要不足が生じる。2％程度のインフレにみあう実質金利水準では、緊縮財政への移行を穴埋めできるほどの需要前倒しはできないから、結果としてインフレ率は2％を大きく下回り、この時点でプロジェクトの全体が破綻する。この場合、信認が傷ついたことで、再挑戦へのハードルははるかに高くなるだろう、というのである。

では、日本はどうすればよいのか。クルーグマンは、日本が必要とするのは（それ以外の国も同じ道をたどる可能性は十分に存在するが、としたうえで）、インフレ率を高めるための拡張的な財政政策と金融政策を組み合わせたきわめてアグレッシブな政策であり、インフレ目標は政策が破綻しないだけ十分な高さでなければならない、という。それは、重力圏から脱出して、周回軌道に乗るだけのスピードに到達していなければならないのであり、そしてアベノミクスはそこに届くだけアグレッシブではない、というのである。

この日本に対する新たな政策提言について、クルーグマン自身「論理的だが、あまりに直感に反するので、『採用される見込みがない』」とする。たしかに、財政再建という目的を前面に押し出す限り、そのために超大型財政をくみ、結果としてきわめて高いインフレを起こす、というクルーグマンの提案への抵抗感は強そうである。

長い時間をかける英国型

これと対照的な考え方は、英国の先例から学ぼうとする方向である。英国経済の歴史的展開について、2016年8月に筆者と対談した北村行伸・一橋大学経済研究所長は、長期停滞仮説に関連しておおむね以下のように述べていた。[*86]

北村氏によれば、1873〜1897年ぐらいに英国で大不況があり、英国経済がデフレに陥って不況が20年ぐらい続いたので、長期停滞論の事例としてよく使われるという。このとき米国やドイツなどの新興国に産業革命が起こり、よい製品が出てきて、英国の製品が売れなくなり、英国経済では物価がどんどん下がった。英国政府は、ナポレオン戦争のときに莫大な借金を抱え、1815年ごろにGDP比で260%と、いまの日本のレベルを超えるくらいにまでなった。しかし、1873〜1897年のときの大不況でも、英国の金融政策は、低金利ではあったけれどもゼロ近傍になるほど下げたわけではない。債務は、それ以降、第2次世界大戦まで100年かけてずっと払い戻していった。インフレで帳消しにした部分はあまりなく、植民地からの収益などいろいろな手段によって償還していった。その間、英国の政治家たちは、この借金を返さなくてはいけないことを意識し、そのための減債基金を作ったり、負債を整理・統合したりしていった、という。

どうして当時の英国の政治家はそんなに政府債にセンシティブだったのか、という筆者の問いに対し、北村氏いわく、名誉革命以降にシティができ、そこが金融を握っていた。当時のシティには税金で裏打ちされた国債でないと買わない、という非常に厳しいルールがあり、英国国王など政府債務を出す人に対して、金融市場における資金の出し手は非常に厳しく対応していった、という。英国の政治家とはいえ、もしそういう緊張関係がなければ従わなかったと思うが、そうでないとお金が調達できない、借り換えができない、そうした状況を実現するように常にシティが規律付けをしていたことが強いと思う、と論じている。なお、イングランド銀行はその際、政府のエージェントではなく民間銀行の代表であり、財政規律をかけるほうの立場であった。

しかし、英国型の道は気が遠くなるほど長く険しい。当時はパックス・ブリタニカで、1870年代は英国がまだ世界中を支配していた。財政問題について、インフレに頼らずに時間をかけて超長期的に問題を解決しよう、という方向は、短期的な成功を支持率向上の原動力としたい各政党にとっては魅力の乏しい、苦しく長い道のりになる。こういう理想主義的な政権が国民の支持を得るにはどうすればよいのか、という問題がある。

どちらが選択されるか

この2つの道を比べた場合、第2の道は、政治的にはまるで「受けない」だろうから、近年の世界的なポピュリズムのうねりに照らすと、第1の道への誘惑は大きい。むろん、この方向には、大きな危険がある。この政策は将来の自然利子率を大きく下げるはずだから、先行きさらに実質金利を下げるためのインフレ・スパイラルが必要になりかねず、悪循環に陥るリスクが高い。

ただ、日本では、国内の自然利子率（潜在成長率）が低いため、企業は海外経済情勢に過敏になっている。他方で、異次元緩和以降、金融市場からの財政規律へのシグナルは遮断されているため、海外経済への不安が高まると、財政出動論が容易に高まる構造にある。２０１６年前半にヘリコプターマネーへの期待がマーケットで盛り上がったように、現在の日本は、むしろクルーグマンが「非現実的」とした後者に傾斜しつつあるようにもみえる。しかし、それは「日本再考」でクルーグマンが論じているような財政再建を目的とするものではない。日銀のマイナス金利付き量的・質的金融緩和以降、国債を発行すればするほど政府が儲かる、という誤解が生じ、財政への関心は盛り上がっていない。ヘリコプターマネーに踏み込めば、納税者のコストを増やさずに財政がファイナンスできてしまう、という誤解に基づくヘリコプターマネー待望論のほか、最近ではＦＴＰＬ（物価水準の財政理論）への関心の再燃も財政拡張を後押ししている。

物価水準の財政理論は指針になるか

２０１６年11月15日付の『日本経済新聞』で、金融緩和主導のアベノミクスの理論的支柱とされ、前述のようにヘリコプターマネーには財政規律毀損の観点から否定的な論陣を張っていた浜田宏一・内閣官房参与が、アベノミクスの４年をどう評価するか、というインタビュー記事のなかで、「私がかつて『デフレは（通貨供給量の少なさに起因する）マネタリーな現象だ』と主張していたのは事実で、学者として以前言っていたことと考えが変わったことは認めなければならない」と語って大きな反響を呼んだ。

浜田氏は、この変心の理由について「ジョージ・ソロス氏の番頭格の人からクリストファー・シムズ米プリンストン大教授が8月のジャクソンホール会議で発表した論文を紹介され、目からウロコが落ちた。金利がゼロに近くては量的緩和が効かなくなるし、マイナス金利を深掘りすると金融機関のバランスシートを損ねる。今後は減税も含めた財政の拡大が必要だ」と説明している。[*87]

シムズの理論は、FTPL（物価水準の財政理論）と呼ばれ、必ずしも新しい議論ではない。日本でも、リフレ派の論理に懐疑的な人たちによって2000年代から注目されはじめ、金融緩和とインフレの結びつきが希薄化するなかで関心を呼んできた。[*88] シムズは、2015年8月のインタビューのなかで、この理論の骨子について、均衡では政府債務を物価水準で割った実質価値が政府の将来のプライマリーバランスの割引現在価値と一致しなければならない、というものであり、企業金融で企業の株価が将来の予想配当の割引現在価値と一致しなければならないのとロジックは同じ、と説明している。

この関係からは、政府債務が増加したのにプライマリーバランスの予想が変化しなければインフレになり、プライマリーバランスの予想が好転したのに政府が財政を拡大しなければデフレになる、ということが予想される。

浜田氏に衝撃を与えた、という2016年8月のジャクソンホールのスピーチのドラフト[*89]で、シムズは日本についても触れており、インフレ目標が達成される前に、消費税を引き上げたことがデフレ脱却を妨げたのではないか、としている。

上記の理論に照らすと、消費税増税で人々がプライマリーバランスの予想を好転させたのに、政府が財政支出を拡大しなかったので、物価が下がる必要が生じデフレになった、というロジックになる。

興味深いのは、シムズはインタビューのなかで、長期停滞論についての論争をどう思うか、と問われ、「長期停滞論のような議論は不況が長期化したときに出てくるものだ。しかし、それが正しいかどうかは確かめようもない。われわれは、金融政策と財政政策のまずい組み合わせで低成長に陥っている。そこから抜け出せば再び成長するだろうし、成長の余地はいくらでもある」と述べている点である。[*90]

シムズが考えているように、長期停滞仮説が、1930年代のハンセンの議論と同様に、時代の空気に流された悲観的仮説だとすれば、第2次大戦当時の軍需が米国の需要不足を一気に解消したように、トランプノミクスの処方箋が成長への突破口になり、米国に関しては長期停滞仮説が棄却される可能性がありうるだろう。[*91] 米国は、先進国では例外的に人口減少・高齢化の影響が相対的に小さいから、その可能性は相対的に高いはずである。

ただし、日本の場合、サマーズやクルーグマンが指摘しているように長期停滞仮説の根底にあるのは人口減少・高齢化である。

ここで思い出されるのは、サマーズが、まだ彼自身も米国が長期停滞に巻き込まれていることに懐疑的だった2011年11月に行ったクルーグマンとの討論での発言だ。米国は深刻な需要不足に直面し、それが深刻であることを認めたうえで、それでも米国の主要な問題は、銀行券を刷ってインフラを作れば解決できるものだと述べた。それは、日本が直面している状況と問題の程度、構造的な根の深さ、世界における相対的な展望、経済システムの耐久性、のいずれの点においても深刻さの次元が異なっている、と主張し、日本の長期停滞の可能性と米国の間に一線を画していたのである。[*92]

日銀も指摘しているように自然利子率の趨勢的な低下は顕著であり、財政の持続性ももっとも危機的な状況にある。通貨量の増加というリフレ政策が失敗したのは事実としても、日本の人々が「消費税増税でプライマリーバランスの予想を好転させたのに、政府が財政支出を拡大しなかったので、物価が下がる必要があると考えた」という部分だけをとり出して政策を立案するのは危険だろう。

出口に向けた課題

財政再建についての選択は、きたるべき金融政策の出口にも大きくかかわる。いま、日銀は消費者物価上昇率の実績値が安定的に2％の「物価安定の目標」を超えるまでマネタリーベースの拡大方針を継続する「オーバーシュート型コミットメント」を採用し、その先にある出口の問題を封印し続けている。

そもそも出口について、検討すべき課題はなんだろうか。第1に、財政の持続性に懸念を与えることを避け、財政に過大な負荷をかけることを避けること、第2に、中央銀行の自己資本を大きく毀損させて金融政策の自由度を失わせないようにすること、そして、第3に、金融システムの安定性を維持すること。この点は、民間銀行のバランスシートを毀損させない、ということにつながっていく。

2016年5月、岩村充氏（早稲田大学大学院商学研究科教授）が日経ナウキャストでひとつの試案（「日銀保有国債の変動利付永久債化プラン」）を公表して話題になった（**図表8-5**）。

一見、非常に複雑なパッケージだが、岩村提案は、上記3つの課題を同時に解決するため

図表8-5　岩村教授の提案するスキーム

A)　現在の準備預金を、①銀行券による払い出しが可能な第Ⅰ階層預金と、②銀行券への払い出しができないが第Ⅰ階層比で上乗せ金利が得られる第Ⅱ階層預金とに分離する。第Ⅱ階層預金には一定の最低保証利率（フロア条件）を定めておく。

B)　準備預金保有金融機関相互での第Ⅱ階層預金の譲渡は可能とする。また、第Ⅰ階層への振替も（一定のペナルティを日銀に支払うことにより）可能とする。第Ⅰ階層預金の第Ⅱ階層預金への振替は、下記Cに応募する以外にはできないものとする。

C)　日銀は、上記AおよびBの条件を提示して、準備預金保有金融機関に対し、第Ⅱ階層への振替を、金利上乗せ幅入札方式により募集する。落札額は日銀が決定する。

D)　上記Cによる落札額の範囲内で、政府と日銀は、日銀保有国債の相当部分につき永久債に転換する。永久債の金利は、上記Cにより決定された第Ⅱ階層準備預金の金利上乗せ幅に準じた上乗せ金利（およびフロア条件）を付したO/N市場金利連動とする。

E)　政府は、本永久債につき、額面での繰り上げ償還権を持つ。

出典：https://docs.google.com/a/nowcast.co.jp/viewer?a=v&pid=sites&srcid=bm93Y2FzdC5jby5qcHxub3djYXN0fGd4OjI0NjNjOTM2YjIyODI1YzY

の模索のひとつといえる。

岩村提案の中核的な部分は、日銀がもっている長期国債を市場金利連動のコンソルに置き換えることで、日銀のバランスシートを金利変動リスクから遮断し、金融政策の自由度を回復させる点にある。同時に、コンソルに置き換えることで政府はこの分を借り換えなくて済むという安定感をマーケットに与えて、財政の持続性にも寄与することを企図している。さらに、岩村提案が用意している2階層の預金システムは、これと連動する形で銀行が保有している日銀当座預金の資金運用上の不確実性を減らす、という金融システム上の配慮も織り込んでいる。

この岩村提案の特色は、上記の2つ

の道にも中立的な作りになっている、という点にある。岩村提案のオーソドックスな解釈は金融システムの安定を損なわずに金利正常化への道をつけ金融政策の自由度を回復するもの、ということだろう。しかし、岩村提案とバーナンキが２００３年に日本金融学会の講演で提案した「日銀のマネタイゼーションを可能にする政府・日銀の金利スワップ提案」との類似性からすれば、日銀がバランスシート毀損を気にすることなくマネタイゼーションに邁進することを可能にする、という提案にもなっている。この場合、財政規律をどう担保するかが重要になる。政府、日銀は岩村提案も踏まえて、出口をどう考えていくのかを明らかにすべきだろう。

日本経済の長期展望と望ましい処方箋

ここで、これまでの各章の議論を手短に総括しておきたい。自然利子率が趨勢的に低下している日本の現状に照らすと、金融政策は適切な処方箋ではない。一般論として財政政策は、金融政策よりは適切な処方箋になりうる。しかし、財政発動の余地は国により異なる。たとえば米国には、まだかなり大きな財政拡大の余地が残されているが、日本の場合は、同時に財政の持続性をどのように担保するか、ということを考える必要性がきわめて大きい。この間、ヘリコプターマネーのような中央銀行による財政ファイナンスは、それだけでは利払い節約にはつながらない。

自然利子率を上げるのに必要なこと

こう書くと、八方ふさがりにみえるかもしれない。しかし、筆者の主張はそうではない。たしかに、自然利子率の趨勢的な低下を所与とする限り、成長率は右肩下がりだから、短期的にはともかく、中・長期的には日本経済のじり貧状態はまったく改善しない。しかし、これは本質的に必要な長期的処方箋は、マクロ経済政策ではなく、自然利子率を引き上げるための取り組みにあるからである。日本経済を隘路(あいろ)――ボトルネック――に追い込んでいるのは、自然利子率の趨勢的な低下だからだ。自然利子率を上げるための取り組みこそが重要である。

前著『経済の大転換と日銀』でやや詳しく論じたが、筆者はアベノミクスの新3本の矢のなかで、名目GDPの600兆円達成だけでなく希望出生率1・8の実現、介護離職ゼロを謳っていることは高く評価している。むろん、希望出生率1・8の実現ではなく、希望出生率そのものを大幅に高める社会を志向する必要があり、希望出生率を上げるには、マタニティ・ハラスメントが起きたりせず、子供を産みたいと自然に思える社会を作る政策が大事になるだろう。

また、介護離職ゼロには、健康寿命を延ばすための政策や質の高い介護を少ない労働投入で実現することが必要になる。そのためには、健康寿命を延ばすための生活指導、創薬、ロボットによる介護補助といった領域から、単身高齢者の生活を支える物流システムの改善まで多くの要素が含まれる。そうした努力は、需要創出と同時に自然利子率の向上にも資する。自然利子率を上げるためには、人口問題と正面から向き合うことで高齢化をイノベーションと需要増につなげ、成長の源泉に転換していく必要がある。

インフレ目標達成は不可能ではない

それでは、インフレ目標の達成についてはどうだろうか。

異次元緩和の挫折は金融政策の限界（あるいは金融政策による期待への働きかけ）にすぎない。たしかに、サマーズがいうように自然利子率を上げる「機械仕掛けの神」は存在しない。しかし前述のように、自然利子率は外生的な所与の変数ではない。政策的努力によって上げる余地はあるはずであり、それを模索することがなにより重要だろう。

ただ、もしインフレだけが目的であれば、政府がインフレを作り出すこと自体は難しいことではない。かつてフェルドスタインが主張していたように、消費税を毎四半期1％ずつ挙げ、同額で所得税を減税すれば、経済にほぼ中立的な形でインフレ率も予想インフレ率を上げることもできるからである。

成長に目をつぶってインフレの醸成に的を絞るなら、有力なのは金融政策より所得政策だ

図表8-6　アベノミクス定着後の3年間における労働需給と実質GDP

	2013年 第3四半期	2014年 第1四半期	2016年 第3四半期
実質GDP （季節調整済実額、兆円）	**512.2**	**517.3**	**523.0**
有効求人倍率 （季節調整済）	**0.95**	**1.05**	**1.38**
完全失業率 （季節調整済、期末月（%））	**4.2**	**4.1**	**3**

注：2013年第３四半期：消費税引き上げによる駆け込みが起きる前のGDPのピーク。2014年第1四半期：消費税引き上げ前のGDPのピーク
出典：労働力調査、国民経済計算、一般職業紹介状況

ろう。２０１６年12月にあらたに公表された国民経済計算では、これまでと推計方法が大きく変更され、過去３年間の成長率が平均で０・５％程度上方修正されたが、それでも日本の実質ＧＤＰ水準はこの３年間５２０兆円程度で大きく変化しているわけではない。これに対し、労働市場はこの間に急激にタイトになっている（**図表8-6**）。

この対照的な数字は、労働市場のタイト化がアベノミクスの成果というより、人口動態の影響が強いことを物語っている。それと同時に、金融政策の効果がどうであれ、マクロ的にはいずれは労働市場発でインフレ的になってもおかしくない要素をはらんでいることを示している。

筆者自身、「団塊の世代」が定年を迎え労働市場からリタイアするという、いわゆる２０１

2年問題を契機に、賃金を起点とするインフレが比較的早く起きる可能性もあるのではないか、と思っていた。人口減少の影響には二面性があり、発現のタイミングは異なる。先行するのは人口減少予想であり、需要を押し下げてデフレ圧力になる。しかし、実際に働き手が減り、労働力が経済のボトルネックになると、ケインジアン的な需要経由ではなく、コスト経由で物価上昇圧力として働く。原油を含む輸入価格上昇によるコストプッシュ・インフレ同様、この力が強ければ、自然利子率が低下を続けるなかでもインフレは発生しうる。この点は、人口構造が安定的な米国と異なる要素であり、サマーズ、クルーグマンらはあまり重視していないようにみえる。

ただ筆者の予想に反して、賃金上昇を始発点とするインフレは起きなかった。2013年、吉川洋氏はベストセラーになった本[*93]のなかで「なぜ日本だけがデフレなのか」という問いに対し、それは日本だけで名目賃金が下がっているからだ、と結論づけ、名目賃金はデフレ期待によって下がっているわけではなく、大企業における雇用システムが名目賃金を抑える方向に変貌を遂げたからだ、とした。

この認識は政府・与党にも浸透し、政府が経済界や労働界のトップと雇用問題などで意見を交わす「政労使協議」の初会合が2013年9月に官邸で開かれた。この会合で安倍首相は「経済はデフレ脱却の方向に向かっている。この動きを企業収益、賃金、雇用の拡大を伴う好循環につなげられるかが勝負どころだ」と述べ、賃上げや雇用拡大への協力を求めた。

デフレ脱却の近道が、賃上げであることは間違いない。それを政策的に支援しようとすれば、所得政策に踏み込むことになる。筆者も2013年末に、「金融政策で物価はコントロールできるか」という小論[*94]のなかで「1970年代、賃金と物価のスパイラル的上昇によるスタグフレーションを断ち切ることの必要性が叫ばれ、一部の国では、賃金上昇を抑える所得政策が導入された。現在、日本で実験されようとしているのは、この時に必ずしも成功しなかったとされる所得政策を逆方向にあてはめ、金融政策を補完・代替する試み、と言えるだろう」と書き、その影響に強い関心をもっていた。賃上げへの政府の働きかけの試みはその後も続けられているものの、これも、これまでのところ所期の成果を上げたとは言い難い。筆者の予想に反して賃金がなかなか上がらなかったが、その一因は、雇用システムが日本の社会経済システム全体と連動している点にあるのだろう。労働市場を取り巻く環境は大きく変化しているものの、雇用部分だけが独立に動くことはとても難しい（制度的補完性の問題）のである。

IMFは対日4条協議で所得政策強化を推奨

この点で興味深いのは、IMFによる2016年の対日4条協議の審査報告書である。この報告書でIMFは消費者物価のインフレ率2%、実質成長率2%、2020年までの基礎的財政収支の均衡というアベノミクスの野心的な目標は、現在の政策では手が届かなくなっている、とし、その理由として日本の金融政策と財政政策による刺激余地は限られていることを挙げている。公的債務は総額としても正味額としても大きく、２０１６年の財政赤字額はＧＤＰの約５％に達し、日銀のバランスシートは先進国中で最も肥大化したグループに入り、政策金利はすでにマイナスになっているからだ。そして、これらの目標を達成するには日本はより大胆な改革が必要だ、として所得政策の再充填（不思議な言葉だが）、労働市場改革、財政の持続可能性達成への取り組みを提言している。

所得政策については、最低賃金を３％上昇させることに加え、当局が税制上のインセンティブを拡大したり、インフレ目標に整合した行政的に管理された賃金と物価の引き上げなどによって、民間企業に賃上げを促す必要があるとする。そして、所得政策が有効性をもつためには、大規模な労働市場改革と持続的な財政・金融政策による需要の下支えが並行的に必要と主張し、労働市場改革は、雇用保障と賃金上昇のバランスをよりよく取った雇用契約での新たな雇用を促進し、現在の正規社員と賃金の低い臨時雇用社員の分断を消滅させ「同じ仕事には同じ報酬を」与えるプログラムを加速する必要がある、としている。また、当局に対しては税および社会保障システムの改革、利用可能な育児施設の増設、外国人労働者の受け入れ促進を通じてフルタイムの正規労働への障害を取り除くことを求めている。

なお報告書では、同時に消費税の段階的ながら着実な引き上げをできる限り早期に着手し、社会保障支出の伸びを抑制する明確な支出規則を制定することを勧告している。この文脈では、たとえば、より現実的なマクロ経済の姿の予想に基づいた予算想定を確実にするような、より独立的なマクロ財政予想による財政制度の強化が不可欠、とした。ＩＭＦに限らず、デフレ脱却のための処方箋としての所得政策への関心は、金融政策への関心と反比例して高まっているようにみえる。[*95]

インフレは自然利子率の上昇をもたらさない

労働市場の逼迫が労働市場の構造改革の動きや所得政策と相まって、賃金を大きく上げていく方向に作用すれば、インフレへの糸口になると考えられる。ただ、労働市場の逼迫が起点となってインフレーションが起きたとしても、それで「めでたし、めでたし」ということには少しもならないだろう。それがボトルネックによるコストプッシュを可能にしただけなら、成長につながり財政を安定させる必然性はないからだ。

最近、第2次大戦前の代表的エコノミストであり、戦後、総理大臣に上り詰めた直後、病を得て辞任した石橋湛山の評論集を読む機会があり、いくつか筆者にとっては興味深い発見があった。たとえば、石橋湛山は、戦争直後のインフレーションのさなかの昭和21年、財務大臣として興味深い財政演説を行っている。そのなかで石橋湛山は「終戦後、多くの企業は収支つぐなわず、生産は停頓、減少し、はなはだ憂うべき状態を示している。これはもちろんインフレ現象ではない。と同時に、またデフレ現象、すなわちふつうの景気循環の場合の不景気とは異なる現象である。……したがって、われわれは、ここに単なるインフレを克服する政策を今日否とするとともに、またデフレを克服するのとも異なった政策を遂行する必要があると信じる」と論じている。

インフレ克服や、デフレ克服というマクロ政策とは異なった政策の中身は、湛山の場合には、石炭の増産に代表されるボトルネックの打開策だった。経済に真のボトルネックがあるときに、表面的なインフレやデフレだけに目を奪われると、一国の経済政策を誤る、ボトルネック打開にこそ全力を尽くすべきだ。これが湛山の財政演説の主張であり、今日にも通じる視点である。日本経済の本質的なボトルネックは、自然利子率の趨勢的な低下にあり、さらにその背後には、人口動態の変化にまだ正面から向き合いきれず、高齢化に伴うチャンスも活かせていない政府や企業の姿勢がある。

湛山の評論集を読んで筆者がもうひとつ感じたことは、日銀法の理念は、石橋湛山の経済政策の思想と非常に親和性が高い、ということである。前述のように、日銀法第2条は、物価安定は国民経済の健全な発展に資することを理念とするとしており、物価安定そのものが最終的な目的とされていないからだ。湛山の考え方を敷衍（ふえん）すると、国民経済の健全な発展に要請されるインフレ率、それは戦争直後の経済だったら高くてもやむをえない、ということになる。それゆえ、石橋湛山にはインフレーショニストの批判がつきまとった。

しかし、湛山と同じように考えれば、日銀法の要請する物価安定は経済状況により高くも低くもなりうるはずである。クルーグマンが正しければ、それはきわめて高率になる。しかし野口悠紀雄氏のように、円安によるインフレが消費停滞を招いたという判断から「現在の日本で必要なのは、インフレ目標を達成しようとすることではなく、その逆に、物価を引き下げることである」という興味深い主張もある。[*96] また、過去の英国の足跡をなぞることができれば、インフレ率が高率である必要はない。

2%という特定の数値が達成されれば、自動的に国民経済が安定的に発展するという保証はまったくない。それゆえ、そのためだけに膨大なコストをかけることが当然に許されるものでもない。なにより、ボトルネックを見極める必要がある。それは、石橋湛山が必死になって訴え続けてきたことでもある。自然利子率を上げていくことができない限り、労働市場の逼迫を起点にインフレが起きたとしても、成長を取り戻すことはできない。

おわりに　日本はどこに向かうのか

筆者は、２００９年に京都大学で勤務を始めてから、幸い何冊かの著作を公刊する機会に恵まれてきた。その多くは、金融政策と日本経済をテーマとするものである。内容的に深く関連しており、次の本に問題意識のバトンを受け渡すようにして書き継いできた。

２０１１年６月に出した本（翁二〇一一）の終章で、筆者は次のように書いた。

デフレから脱却すること自体が目的であれば、政府がその方向に思い切って舵を切ればそれほど難しいわけではない。しかし、中央銀行が単独でデフレ脱却を完遂するのはむずかしい。その状態のもとで日本社会が選択しうるオプションは次の三つである。

第一のオプションは、中央銀行が単独でデフレ脱却へ立ち向かう、というもの。

第二のオプションは、中央銀行のデフレ脱却に対し、政府が支援する、というもの。

第三のオプションは、政府が前面に出てデフレ脱却を目指し、中央銀行の協力を要請する、というもの。

問題は、その各々のオプションがどのような帰結を社会にもたらすかである。まず、第一のオプションである中央銀行が単独でデフレ脱却へ立ち向かう場合には、デフレからはなかなか脱却できないが、それで社会が壊れることはない。中央銀行はスケープゴートになるが、そのことによって社会は守れるメリットがある。

これに対し、中央銀行のデフレ脱却を政府が支援するという第二のオプションの場合、中央銀行は自己資本の制約を超えて大胆な政策を採ることができる。しかし、それが財政政策的な色彩を強める場合、本来は中央銀行を介さずに、政府が行うことが民主主義の理念に適う。

そして政府が前面に出てデフレ脱却を目指し、中央銀行の協力を要請する、という第三のオプションの場合には、政府がどのようなデフレ脱却策を採るかが重要になる。実効性のある成長戦略の策定により潜在成長力が高まれば、金融政策の景気支援力は高まる。他方、例えば、政府が政府紙幣の発行などを財源としたばらまき型の財政支出拡大に踏み切ると、中央銀行のインフレ抑止力は無力化する。したがって、デフレ脱却時に歯止めが掛けられる、きわめて意志強固で強力かつ安定した政府を必要とする。

そして、2015年3月に出した本[*97]のイントロダクションでは、この部分を引用したうえで異次元緩和について次のように書いた。

中央銀行だけの努力ではデフレを脱却できない理由は、金利を全般的にゼロ以下に下げることは困難、という一般の人には実感しにくい技術的な問題である。他方、現代の中央銀行は、基本的に物価安定を使命として与えられており、日銀法も、その第2条で「日銀は、通貨及び金融の調節を行うに当たっては、物価の安定を図ることを通じて国民経済の健全な発展に資することをもって、その理念とする」とされている。したがってデフレ的な環境が続けば、中央銀行への不満は高まる。経済の閉塞感の根源がそこにあるかのように批判される。大胆な非伝統的金融政策の発動への圧力が高まるのは不可避であり、第2のオプションに進む可能性がある、と筆者は考えていた。

2012年秋にアベノミクスが登場し、大胆な金融政策が第1の矢とされた。金利がゼロまで下がってしまった段階における大胆な金融政策は、中央銀行が通常の金融政策で認められる範疇を超えて財政政策に踏み込んでいく、ということに直結する。

財政政策に関しては、国民の経済的負担となる政策はすべて議会の承認を得なければならない、とする財政民主主義の大原則がある。筆者が先に挙げた第2のオプションは、政府との協議を経て、議会の了承のもとに中央銀行が財政的な領域に踏み込んでいくことで民主主義的なプロセスと整合する形になりうる。そのように進めば、非伝統的金融政策から脱却する時に表面化しうる日銀の巨額の損失と財政民主主義との軋轢を避けることができるだろう。筆者はそう考えていた。

しかし、現実はそうは進まなかった。量的・質的緩和は、アベノミクスの一環とされながら独立性をもつ中央銀行である日銀の「自主的判断」としてなされ、政財界に大歓迎された。この間、この政策の財政政策的側面や、民主主義社会における中央銀行の独立性の前提について目を向けられることはほとんどなかった。

この前著を出してから、さらに2年が経過した。2年間で何が起き、何がみえてきただろうか。

量的・質的金融緩和は2年で2%の目標インフレ率を達成する、という短期決戦型の枠組みとして構築され、前述のように当初は大歓迎されたが、開始から3年半がたっても、インフレ率はマイナスであり、金融政策だけではデフレを脱却し、インフレ目標を達成することができないことは、だれの目にも明らかになってきた。

むろん、前章で書いたように、そのことは金融政策以外の契機によりインフレが起きないことを意味しない。労働市場の状況が当面はインフレーションを惹起しない場合でも、海外経済動向の影響でインフレの展望は変わる。2016年末時点で、米国は完全雇用に近づき、インフレ率がようやくインフレ目標に近づきつつある。このため、連邦準備制度も利上げを再開している。もし、トランプが大統領就任後に本当にダメ押し的に大規模な財政出動を行うとすれば、米国がインフレになり、米国金利が上昇するレーガノミクス・シナリオが実現する可能性が高い。米国がインフレになるなかで、米国の金利高と日銀のイールドカーブ・

コントロールの維持によって円安が進行するなどの展開になれば、国内物価には強い押し上げ圧力がはたらく。

しかし、出口の議論は一貫して「時期尚早」として封印され続け、また、いわゆる異次元緩和で発生するコストやその責任は曖昧にされたままである。この間、出口の段階で日銀のバランスシートが毀損されることへの認識は広がり、エコノミストによる問題提起や試算もいくつもなされてきた。[*98] しかし、筆者にとって予想外だったのは、マイナス金利政策下の「日銀トレード」により日銀が損失覚悟で大量に国債を買っていることにより、出口以前に日銀のバランスシート毀損が顕在化してきたことであり、会計検査院も大きな関心をもつに至ったことである。[*99]

他方、2016年に入ってからは、第2のオプション（非伝統的金融政策）への失望が強まり、第3のオプション（財政政策）への社会的関心が非常に高まった状態にある。

その関連で、量的・質的金融緩和が、おそらく意図せずに実現したことがひとつある。それは、日銀が大量の国債を購入し、国債利回りのシグナル機能を失わせることで財政規律を麻痺させ、財政拡張への抵抗感を弱めたこと、さらには、日銀の損失が前提となる「日銀トレード」で長期国債の利回りを大きくマイナスにしたことで、マイナス金利を財源とする積極財政論を台頭させたことである。

第3のオプションである大規模な財政拡張、とりわけヘリコプターマネーへの関心が一段と高まっているなかで、日銀は、「長短金利操作付き量的・質的金融緩和」で長期金利を0%程度にコントロールする、という国債管理政策に大きく踏み込む決定を行った。

この地点からは、2015年のクルーグマン提案――大規模な財政拡張により「大気圏離脱」が可能なほどの高いインフレ率を実現する――までの距離はそれほど遠いものではなく、いまや提案者のクルーグマン自身が考えているほど非現実的ではなくなってきている。

ただし、大気圏離脱を目指すほどのインフレ率への挑戦が財政再建への最終兵器になるかどうかは未知数である反面、「社会が壊れてしまう」リスクも相応にきわめて高い、といえるだろう。

旧大蔵省で主税局総務課長を務めたことのある黒田総裁は、財政再建の必要を痛感していたはずであり、おそらくは量的・質的金融緩和で早期に2%のインフレ目標が達成されれば、財政再建にも貢献する、と考えていただろう。しかし黒田総裁は、インフレ目標達成は日銀の責任、財政再建は政府の責任という形式的な議論で押し通し、財政規律への影響を無視して非伝統的金融政策をすすめ、結果的に財政規律を大きく破壊している。

クルーグマンがこれに気付けば、欧米で大きな障害になってきた財政規律へのこだわりを巧妙に破壊することに成功したことこそが異次元緩和の最大の成果だ、と高く評価するかもしれない。この道をもう一歩進めば、クルーグマンの日本再考で提案された爆発的な財政拡張によるきわめて高いインフレ率の醸成、という道になる。そこでは、「臆病の罠」をもたらす2%のインフレ目標は破棄されるべきことになる。

最近、しばしば目にするようになった警句として「じり貧を避けんとしてドカ貧にならないよう」という言葉がある。米内光政・海軍大臣が、米国の経済封鎖によって、じりじり状況が悪化する苛立ちのなかで、高まる対米開戦論に警鐘を鳴らした発言として知られる。しかし、世論は気短で、理性的に長期的にみて望ましい選択に向かうとは限らない。日銀の異次元緩和だけでなく2016年に相次いだ英国のEU離脱、トランプ大統領誕生などの出来事は、そうした危惧を強く感じさせる。

安倍総理はインタビューで「アベノミクスは『やってる感』なんだから成功とか不成功とかは関係ない。やってるってことが大事」と述べた、とされる。[*100]もし政治的にこの路線が成功し「やってる感」で高い支持率を得られているとすれば、これ以上、大規模なマクロ経済政策で一発逆転的な成功を狙うべきではない。ただ、「やってる感」を醸成する政策だけでは、日本経済の隘路は解消しない。日本経済を考えるうえでは、なにより日本の社会経済の中長期的な姿を踏まえて、健全な自然利子率の上げ方について考える必要がある。自然利子率が上がらない限り、日本経済が抱えている根本的な問題は解決しないからだ。

本来、その観点からは、日本にとってもっとも実効性のある短期および中・長期の成長戦略はいったいどのようなものなのか、という問題を、お題目でなく、突き詰めて検討する必要がある。前著で指摘したように、そのための多くの施策は長期的な取り組みを必要とし、即効薬はない。どの国でも国民は気長には待ってくれないから、国民の理解を得るためには、既存統計での成長だけではなく、成長の中身を問うこと、経済成長の成果として生活の質の向上、生活水準の向上を訴えることも重要になるだろう。政策の効果を測る指標は何を用いるべきか、もう一度冷静に考える、といった議論も必要になるかもしれない。

本書の執筆にあたっては、北村行伸氏（一橋大学）、白川方明氏（青山学院大学）、藤木裕氏（中央大学）（五十音順）に初稿をお読みいただき、きわめて有益なコメントを頂戴した。また、柴田むつみ氏（ダイヤモンド社）には本書の企画段階からさまざまな提案とコメントをいただいた。筆者の力量不足で生かせてはいない点が多々あることをお詫びするとともに、これらの方々にあらためて篤くお礼を申し上げたい。

注と参考文献

第1章

＊1 http://www.bankofengland.co.uk/Pages/home.aspx

第2章

＊2 Laubach, Thomas, John C. Williams, "Measuring the Natural Rate of Interest Redux." *Federal Reserve Bank of San Francisco Working Paper* 2015-16, 2015. http://www.FRBsf.org/economic-research/publications/working-papers/wp2015-16.pdf

＊3 教科書的な枠組みとしてよりぴったりなのは、デビッド・ローマー（カリフォルニア大学）の提唱している説明の仕方（ＩＳ－ＭＰモデル）である。http://eml.berkeley.edu/~dromer/papers/Romer%20Short-Run%20Fluctuations%20January%202012.pdf

＊4 館龍一郎・浜田宏一『金融』岩波書店、１９７２年。

＊5 Greenspan, Alan, "*The Age of Turbulence: Adventures in a New World*" The Penguin Press, 2007. 邦訳として、グリーンスパン著、山岡洋一・高遠裕子訳『波乱の時代――わが半生とＦＲＢ――』日本経済新聞出版社、２００７年がある。引用は邦訳版より。

＊6 翁邦雄「グリーンスパンの金融政策」池尾和人・21世紀政策研究所編『金融依存の経済はどこへ向かうのか』日本経済新聞出版社、２０１３年、第２章

＊7 グリーンスパン（２００７）、下巻１８４～１８６ページ。

＊8 グリーンスパン（２００７）、上巻３３２～３３３ページ。

＊9 グリーンスパン（２００７）、上巻３３３ページ。

＊10 “Secular drivers of the global real interest rate” *Staff Working Paper*, No.571, Bank of England, December 2015.

＊11 Mervyn King and David Low, “Measuring the “World” Real Interest Rate” *NBER Working Paper*, No. 19887, February 2014

第３章

＊12 Larry Summers, Breaking new ground on neutral rates http://larrysummers.com/2015/12/14/neutral-rate-news/

＊13 Eichengreen, Barry “Secular stagnation: A review of the issues” *In Secular Stagnation: Facts, Causes, and Cures* A VoxEU.org eBook edited by Coen Teulings and Richard Baldwin, 2014. http://voxeu.org/content/secular-stagnation-facts-causes-and-cures

＊14 長期停滞論についてさまざまな論者の見解が詳しく紹介されている論文集としては、前注のebookがある。なお、日本語の最近のサーベイとしては、岩田一政・佐三川郁子『マイナス金利政策』日本経済新聞出版社、２０１６年、第５章がある。

＊15 Summers, Lawrence, “IMF Economic Forum: Policy Responses to Crises”, Speech at the IMF Fourteenth Annual Research Conference, Washington, DC, 9 November, 2013.

＊16 Hansen, Alvin, “Economic Progress and Declining Population Growth,” *American Economic Review* (29), March 1939. 収録されている会長講演は１９３８年に行われたものである。

＊17 Gordon, Robert J, “Is U.S. Economic Growth Over? Faltering Innovation Confronts The Six Headwinds” *CEPR Policy Insights* No.63, 2012.

＊18 Cowen, Tyler, "The Great Stagnation: How America Ate All the Low-Hanging Fruit of Modern History, Got Sick, and Will (Eventually) Feel Better," 2011. 邦訳はタイラー・コーエン著、池村千秋訳『大停滞』ＮＴＴ出版、２０１１年。

＊19 Piketty, Thomas, "*Le capital au 21e siècle*" Seuil, 2013, *Capital in the Twenty-First Century*, Harvard University Press, 2014. 邦訳はトマ・ピケティ著、山形浩生・守岡桜・森本正史訳『21世紀の資本』みすず書房、２０１４年。

＊20 OECD "*In It Together: Why Less Inequality Benefits All*" 2015. http://www.oecd.org/social/in-it-together-why-less-inequality-benefits-all-9789264235120-en.htm

＊21 柯隆「中国の所得格差の拡大とジニ係数」２０１３年２月８日。http://www.fujitsu.com/jp/group/fri/report/china-research/topics/2013/no-164.html

＊22 Fueki et al. (2016) は構造ＶＡＲという手法を用いて原油価格動向を要因分解している。それによると、原油価格の変動のうち40%以上が、将来の需要・供給要因と金融要因によって説明され、２０１４年１月から２０１５年1月にかけては、将来の供給要因が原油価格下落の主因、２０１５年６月から2016年2月にかけては、世界経済の減速と成長率見通しの下方修正が原油価格を相当程度押し下げていた、とされている。(Fueki et al. "Identifying Oil Price Shocks and Their Consequences: Role of Expectations and Financial Factors in the Crude Oil Market" *Bank of Japan Working Paper* No.16-E-17 November 2016.)

＊23 吉川洋『人口と日本経済』中公新書、２０１６年。

＊24 詳しい議論は翁邦雄『経済の大転換と日本銀行』岩波書店、２０１５年、第4章参照。

＊25 成長理論の枠組みでは、今期と来期の消費量がそのまま効用に反映される状態（相対的リスク回避度＝１）、消費からの効用が今期と来期で無差別である状態（時間選好率＝０）、技術進歩率が潜在成長率に一致する（労働力人口増加率＝０）とみなすことができると、長期自然利子率≒潜在成長率となることが知られている。この点については、たとえば、小田信之・村永淳（２００３）参照。小田信之・村永淳「自然利子率につい

て：理論整理と計測」日本銀行ワーキングペーパーシリーズ　No. 03-J-5 ２００３年10月　https://www.boj.or.jp/research/wps_rev/wps_2003/data/wp03j05.pdf

＊26 平田渉「人口成長と経済成長：経済成長理論からのレッスン」『日本銀行 ワーキングペーパーシリーズ』No.11-J-5, ２０１１年８月。

第４章

＊27 Krugman, Paul R. "It's Baaack : Japan's Slump and the Return of the Liquidity Trap", Brookings Paper on Economic Activities No.2, 1998.

＊28 この点については、たとえば、池尾和人『連続講義・デフレと経済政策』日経ＢＰ社、２０１３年や、吉川洋『デフレーション』日本経済新聞出版社、２０１３年などでは、この問題に限らず、本書に関連するさまざまな話題について本書とは異なる視点から平易な解説を提供している。

＊29 たとえば、http://krugman.blogs.nytimes.com/2010/11/04/generating-inflation-expectations

＊30 詳細は翁邦雄『ポスト・マネタリズムの金融政策』日本経済新聞出版社、２０１１年、第８章参照。

＊31 リーマンショック後の比較的早い時期に大きな反響を呼んだのは、Blanchard et. Al, *IMF Staff Position Note*, SPN/10/03 Rethinking macroeconomic policy, 2010 など当時ＩＭＦ調査局長だったブランシャールの一連の論考であり、最近では、たとえばウィリアムズ・サンフランシスコ連銀総裁の議論などが反響を呼んだ。(http://www.FRBsf.org/economic-research/publications/economic-letter/2016/august/monetary-policy-and-low-r-star-natural-rate-of-interest/) なおマイナス金利政策と高いインフレ目標政策のメリット・デメリットを比較したものとしては、バーナンキのブログでの議論もある。(https://www.brookings.edu/blog/ben-bernanke/2016/09/13/modifying-the-feds-policy-framework-does-a-higher-inflation-target-beat-negative-interest-rates/)

＊32 日本銀行百年史編纂委員会『日本銀行職場百年』日本銀行、１９８２年、下巻、16〜17ページ。

*33 Olivier Blanchard "Rethinking Macroeconomic Policy" IMFdirect April 29, 2013 https://blog-IMFdirect.IMF.org/2013/04/29/rethinking-macroeconomic-policy/ この議論のより詳しい説明については、翁邦雄『日本銀行』筑摩書房、２０１３年、第10章参照。

*34 Summers, Lawrence H. "*Where Paul Krugman and I differ on secular stagnation and demand*" http://larrysummers.com/2015/11/02/paul-krugman-and-i-on-secular-stagnation-and-demand/

*35 Kenneth E. Boulding: *Economics as a Science*. McGraw-Hill, 1970.

*36 このジョークはBoulding（1970）ではThe physicist and the chemist each devised an ingenious mechanism for getting the can open; the economist merely said, "Assume we have a can opener"!となっている。

*37 "Adam Smith" (George J.W. Goodmanのペンネーム), *Paper Money*, Summit Books, 1981.

*38 https://en.wikipedia.org/wiki/Assume_a_can_opener#cite_note-3

*39 http://krugman.blogs.nytimes.com/2015/10/20/rethinking-japan/?_r=0を参照。

*40 http://blogs.ft.com/larry-summers/2015/11/02/paul-krugman-and-me-on-secular-stagnation-and-demand/

第５章

*41 Andreas (Andy) Jobst and Huidan Lin "Negative Interest Rate Policy (NIRP): Implications for Monetary Transmission and Bank Profitability in the Euro Area" *IMF Working Paper* WP/16/172, August 2016.

*42 リファイナンスの金利はゼロに据え置かれている。

*43 Benoît Cœuréの２０１６年7月28日Yale Financial Crisis Forumにおける講演（https://www.ECB.europa.eu/press/key/date/2016/html/sp160728.en.html）

*44 たとえば、Claudio Borio, Leonardo Gambacorta and Boris Hofmann, "The influence of monetary policy on bank profitability" BIS Working Papers No 514, October 2015, Claessens, S, N Coleman and M Donnelly

(2016) “Low interest rates and banks’ net interest margins”, VoxEU.org, 18 May, Arteta, C, M, A Kose, M Stocker and T Taskin “Negative interest rate policies: Sources and implications”, *CEPR, Discussion Paper* 11433, 2016.など。

＊45 厳密には、その後の現金の増減が調整される。

＊46 このリクスバンクの決定後のマイナス金利導入当時の議論については、翁邦雄『ポスト・マネタリズムの金融政策』日本経済新聞出版社、２０１１年、第９章参照。

＊47 http://www.economist.com/news/finance-and-economics/21704807-some-europeans-are-more-attached-notes-and-coins-others-emptying-tills

＊48 http://dent-sweden.com/sweden/scandinavian-culture/cash-free

＊49 加藤出「キャッシュレス化の急先鋒 北欧では『現金』消失議論まで」ダイヤモンドオンライン２０１６年１月15日　http://diamond.jp/articles/-/84457?page=2

＊50 ２０１６年５月４日のＥＣＢのプレスリリース（https://www.ECB.europa.eu/press/pr/date/2016/html/pr160504.en.html）による。

＊51 http://www.nikkeibp.co.jp/atcl/column/16/ronten/112200024/

＊52 最近のサーベイとしては、たとえば、岩田一政・佐三川郁子『マイナス金利政策』日本経済新聞出版社、２０１６年、第６章がある。

＊53 岩村充『中央銀行が終わる日』新潮社、２０１６年は、こうした可能性をふくめ、将来の貨幣と中央銀行の関係についてきわめて多様な示唆を与えるものになっている。

第６章

＊54 Serkan Arslanalp and Dennis P. J. Botman “Portfolio Rebalancing in Japan : Constraints and Implications for Quantitative Easing" 3 August, 2015.　https://www.imf.org/external/pubs/cat/longres.aspx?sk=43161.0

*55 岩田一政・左三川（笛田）郁子・高橋えり子「日本銀行の量的・質的金融緩和（ＱＱＥ）政策、２０１７年半ばにも量的限界に」『２０１５年度金融研究班報告②概要』日本経済研究センター、２０１５年。

*56 日本でかなり以前からしばしばマイナス金利が生じた一因として、ジャパン・プレミアム（邦銀がドル資金を調達する際に要求される上乗せ金利）の影響もある。この点については、たとえば徳勝礼子『マイナス金利』東洋経済新報社、２０１５年。

*57 http://www.nomura.co.jp/terms/japan/ni/A02606.html

*58 翁邦雄『期待と投機の経済分析』東洋経済新報社、１９８５年。

*59 http://www.newyorker.com/news/john-cassidy/interview-with-eugene-fama

*60 のちに行動経済学の記念碑的論文になるエイモス・トベルスキーとダニエル・カーネマンの論文（Judgment under Uncertainty: Heuristics and Biases, *Science*, New Series, Vol. 185, No. 4157）は１９７４年に学術誌に掲載されていたが、経済学へ広がりをもつのははるかに後のことである。

*61 比較的最近の研究を見ても、Lars E.O. Svensson "Cost-Benefit Analysis of Leaning Against the Wind: Are Costs Larger Also with Less Effective Macroprudential Policy?" *IMF Working Paper* 16/3, 2016, Hiroshi Fujiki, Sohei Kaihatsu, Takaaki Kurebayashi, Takushi Kurozumi "Monetary Policy and Asset Price Booms: A Step Toward a Synthesis" *International Finance* 16 (1), 2016, 23-41　など見方はわかれている。

*62 上川龍之進『日本銀行と政治』中公新書、２０１４年。

*63 「週刊東洋経済」２０１４年12月6日号掲載。

*64 http://www.fsa.go.jp/news/28/20160915-4/01.pdf

*65 http://www.boj.or.jp/research/brp/fsr/data/fsr161024a.pdf

第7章

*66 http://www.boj.or.jp/announcements/release_2016/k160921c.pdf

*67 Hausman, Joshua K. and Johannes F. Wieland (2014) "Abenomics: Preliminary Analysis and Outlook" March 2014 http://www.brookings.edu/~/media/projects/bpea/spring%202014/2014a_hausman.pdf)

*68 James Bullard "Higher GDP Growth in the Long Run Requires Higher Productivity Growth" Federal Reserve Bank of St. Louis The Regional Economist, October 2016.

*69 グリーン家電とは、統一省エネラベル星４つ相当以上の「地上デジタル放送対応テレビ」、「エアコン」、「冷蔵庫」の家電であり、２００９年5月15日から２０１１年3月31日までに購入した製品が対象となった。

*70 サバに関するこのパラグラフは、ＮＨＫのNews Webの２０１６年8月31日の記事（http://www3.nhk.or.jp/news/business_tokushu/2016_0831.html）を参考にしている。

*71 http://www.nri.com/jp/event/mediaforum/2016/pdf/forum236.pdf　ほかに、米山秀隆２０１６年2月24日「富士通総研　特別企画コンファレンス『循環型住宅市場の構築による豊かな住生活の実現を目指して』報告資料による試算なども同様の結果になっている。

*72 H.R. 3189: Fed Oversight Reform and Modernization Act of 2015

*73 この見解では、たとえば預金の利息については、金融機関が預金者に支払うべきもので、規定上も預金者による支払いを想定していない、とし、市中金利がマイナスになっても預金金利はマイナスにできないとした。しかし、そのうえで、「サービスの対価を預金約款に従って徴収する余地はある」とし、手数料を設けることは問題がないとした。詳細は金融法委員会ホームページ（http://www.flb.gr.jp/）参照。

*74 日本経済新聞電子版、２０１６年2月25日。

*75 清水崇史「記者の目」日経ビジネスＯＮＬＩＮＥ　２０１６年3月9日。

*76 日高正裕、藤岡徹 Bloomberg、2016年3月1日JST配信記事。

*77 富田俊基「財務省・連銀によるアコードの検証」『知的資産創造』2004年1月号（http://www.nri.com/jp/opinion/chitekishisan/2004/pdf/cs20040108.pdf）

第8章

*78 https://www.project-syndicate.org/print/trump-plan-infrastructure-tax-cuts-demand-boost-by-martin-feldstein-2016-11

*79 https://www.project-syndicate.org/print/dollar-strength-and-currency-market-intervention-by-carmen-reinhart-2016-12

*80 以下の本章の議論は、「週刊 金融財政事情」2016年7月25日号への寄稿を一部利用している。

*81 Milton Friedman, "*The Optimum Quantity of Money*," Mac-millan 1969

*82 https://www.brookings.edu/blog/ben-bernanke/2016/04/11/what-tools-does-the-fed-have-left-part-3-helicopter-money/#ftn6

*83 https://www.project-syndicate.org/columnist/koichi-hamada

*84 https://www.project-syndicate.org/commentary/helicopter-money-political-control-by-adair-turner-2016-05?barrier=true

*85 https://www.bloomberg.com/view/articles/2016-03-24/-helicopter-money-won-t-provide-much-extra-lift

*86 翁邦雄・北村行伸対談「経済セミナー」2016年10・11月号。

*87 シムズの理論への浜田氏のより詳しい見解については浜田宏一「アベノミクスとマイナス金利政策」『激論マイナス金利政策』日本経済研究センター編、日本経済新聞出版社、2016年参照。

*88 包括的な研究書として、渡辺努・岩村充『新しい物価理論』岩波書店、2004年がある。

＊89 https://www.kansascityfed.org/media/files/publicat/sympos/2016/econsymposium-sims-paper.pdf?la=en

＊90 http://www.centralbanking.com/central-banking-journal/interview/2421579/nobel-economist-sims-on-fiscal-stimulus-eurozone-loss-sharing-and-role-of-central-banks

＊91 これに近い立場に立つ有力学者の議論としては、ケネス・ロゴフの議論がある。（https://www.project-syndicate.org/commentary/trump-business-confidence-growth-boom-by-kenneth-rogoff-2016-12）

＊92 http://www.munkdebates.com/debates/north-american-economy

＊93 吉川洋『デフレーション』日本経済新聞出版社、２０１３年。なお、人口減少の影響の二面性については、２０１６年6月24日のＢＩＳコンファランスにおける白川方明氏のコメントが興味深い。（http://www.bis.org/events/conf160624/shirakawa_presentation.pdf）

＊94 「統計」２０１４年1月号寄稿。若干加筆したものは原田泰・齊藤誠編『徹底分析 アベノミクス』中央経済社、２０１４年第1章として収録されている。

＊95 たとえば、早川英男『金融政策の「誤解」』慶應義塾大学出版会、２０１６年、第4章参照。

＊96 野口悠紀雄「日銀の金融緩和は実体経済にプラスの影響を与えていない」ダイヤモンド・オンライン、２０１６年８月25日。

＊97 翁邦雄『経済の大転換と日本銀行』岩波書店、２０１５年。

＊98 問題提起としては、たとえば河村小百合「非伝統的金融政策運営をめぐる課題」参議院『経済のプリズム』No.143、２０１５年9月。試算としては、たとえば藤木裕・戸村肇「『量的・質的金融緩和』からの出口における財政負担」TCER Working Paper J-13、２０１５年9月（http://tcer.or.jp/wp/pdf/j13.pdf）がある。

＊99 会計検査院「量的・質的金融緩和の導入及びその拡大の日本銀行の財務への影響について」（http://www.jbaudit.go.jp/report/new/characteristic26/fy26_kanshin_ch12.html）

＊100 芹川洋一・御厨貴『政治が危ない』日本経済新聞出版社、２０１６年。

［著者］
翁 邦雄（おきな・くにお）
京都大学公共政策大学院教授。1974年日本銀行入行。同調査統計局企画調査課長、同金融研究所長などを歴任。2009年4月より現職。専門は金融論、金融政策論、国際金融論。『期待と投機の経済分析』（東洋経済新報社、1985年、日経・経済図書文化賞受賞）、『ポスト・マネタリズムの金融政策』（日本経済新聞出版社、2011年）、『日本銀行』（ちくま新書、2013年）、『経済の大転換と日本銀行』（岩波書店、2015年、石橋湛山賞受賞）など著書多数。東京大学経済学部卒業、シカゴ大学Ph.D.（Economics）取得。

金利と経済——高まるリスクと残された処方箋

2017年2月16日　第1刷発行

著　者——翁 邦雄
発行所——ダイヤモンド社
〒150-8409　東京都渋谷区神宮前6-12-17
http://www.diamond.co.jp/
電話／03･5778･7236（編集）　03･5778･7240（販売）
装丁————石間 淳
装画————オオヒロ ヨーコ
図表作成——うちきば がんた
DTP　———桜井 淳
校正————加藤義廣(小柳商店)、聚珍社
製作進行——ダイヤモンド・グラフィック社
印刷————慶昌堂印刷
製本————宮本製本所
編集担当——柴田むつみ

ISBN 978-4-478-10168-1